刘小枫 主编

尼采全集
注疏版

快乐的科学

尼 采（F. Nietzsche）◎著
黄明嘉◎译

华东师范大学出版社
·上海·

华东师范大学出版社六点分社　策划

出版说明

汉语学界过去几十年围绕尼采的翻译、研究和出版，已相当可观，累积的成果足以支持编辑出版"汉译尼采全集"，为尼采思想学术研究开新。

"尼采全集"编辑说明如下：

1. "尼采全集"收录尼采已发表的全部著作，亦选编其未刊文稿。

2. "尼采全集"的翻译，以 KSA 版为底本（其原文页码作为编码随文用方括号注出，便于研读者查考），广泛采纳德、法、英文本的校勘性和解释性注释，如不同版本的注释有重复，则存德文版注释，去重复注释。

3. 除以上权威版本的注释性材料之外，亦辑译其他研究性注释，必要时增补中译者注或按语。

4. "尼采全集"基于"经典与解释·尼采注疏集"的既有成果和经验，收入"全集"时，对已出版的译本，要么经译者重新校订、增补注释；要么重新翻译，力求传达汉语学界对尼采研究理解的进阶。个别尚未出版的,推举新人新译。

尼采的书好看,却实在不容易读懂,而精准翻译和把握其思想要义则更难。新版"尼采全集"是汉语学界尼采研究学者和德语学者通力合作的结果,每位译者都有很好的翻译经验——这并不意味着译本无懈可击。编译者的心愿是:为尼采著作的汉译提供一种新的尝试。

刘小枫
2021 年 8 月

目　　录

KSA 版编者说明 …………………………………… 1
Pütz 版编者说明 …………………………………… 6

第二版前言 ………………………………………… 36
戏谑、计谋与复仇——德国韵律短诗序曲 ………… 51

第一卷 ……………………………………………… 77
第二卷 ……………………………………………… 145
第三卷 ……………………………………………… 213
第四卷 ……………………………………………… 293
第五卷 ……………………………………………… 359

附录："自由鸟"王子之歌 ………………………… 447

KSA 版编者说明

倘若你经常阅读《快乐的科学》,你会觉得此书有些特别,有些新意,尽管主题似乎容易理解,语言又明白晓畅、稳健平和,也没有扭曲的论证和意义层面上的暧昧。这兴许与这位康复者同"斥责"保持距离或将"斥责"摈弃有关——大凡斥责者便不快乐,便呈病态——这委实让读者有些迷惑。本书的一个着重点乃是严酷的论战,这就使作者的意图昭然若揭,并且造成读者对本书的解释呈现单一化。

在《快乐的科学》这本书里,尼采所有的矛盾处均露出蛛丝马迹,但并不过分醒目,也不伤人,是啊,几乎看不出有什么矛盾。姑举一例,以概其余:尼采在别的文章里毫不懈怠地严斥形而上学者的"表象"概念,并且自己也阐发了一种世界即是欺骗的观点(欺骗与"表象"何其相似乃尔),现在你且读一读《快乐的科学》第一卷第 54 节警句,那么你就会发现这一明显的矛盾在一种比较高尚、明晰、深沉和了无反感的观点中变得和缓了。

事实上,此书在尼采一生中处于"中心"位置。从表面上看,它是尼采文学作品的中心,从精细周密的角度看亦如是,它有如一段平和稳健的魔术时刻镶嵌在他的文集里,是他完全"健康"的特有体验。尽管存在各种极端,但它们却以一种轻松的方式相互结合着,一并受控制,没有任何狂热。尼采深知,对他而言,狂热——确切地说,狂热系指无法抵御的激情,亦即将自己的观点无限夸大,或用一些不着边际的荒谬观念作杀人武器——乃疾病的征兆。

说《快乐的科学》是"中心",还有一个方面的原因,即尼采处在艺术和科学的彼岸。尼采为这个主题倾注了持续不断的热情,这反映出他肩负这对反题斗争的内心使命,而他的每部作品正是披露了这种斗争的结果。与此相反,此书的标题就已经表明一种新的解决办法:内心斗争——"疾病"的另一种称谓——并不导致排除艺术和科学这两个敌对双方中的一方(艺术和科学是他本人生活中至为重要的一部分,压抑和窒息二者并非真的康复),而是将二者置于一个美化的领域使之达到共存。这是真正的"健康":诗人和科学家合二为一,共同致力于一种科学,这科学既不忧郁、死板,又不只有严肃。在《人性的,太人性的》这部著作里,尼采就建议创立一种直觉的科学,然而它以伤害内心、谴责艺术为代价,这艺术比之任何东西又更适宜于他的禀性。这不是康复,所以,在这本书里用诗歌来宣布并证明这种新的——"快乐的"——科学,甚而将诗歌与科学等同就绝非偶然了。

由是之故,《快乐的科学》恰好具备革新的特性,它是尼采采用哲学的叙述方式最成功的尝试。身为哲学家的尼采与科学对立,又以哲学家的身份抗拒艺术,但同时他又抵制哲学的历史及其语言。这种哲学已不复存在,而哲学家则必须继续存在:他们将不再在这类概念中谈论这些内容,须以一种新的方式说话。其方法是夺去科学和艺术的种种叙述手段,把它们当成哲学加以运用。这儿或许可援引一个例子:且读一读第一卷第 49 节有关"雅量"的警句吧:

> 我以为,宽宏大量的人……是极度渴望报复的人。他们在意念中像饮醇酒似的将满意一饮而尽,厌恶便接踵而至……他们原谅了敌人,甚至还对敌人表示祝福和尊敬哩。

对哲学传统而言,此处所界定的客体定然不具备典型性——尽管在亚里士多德看来,雅量与权力意志有着复杂的关联——但它已使人明白,哲学家如此研究这个问题是得当的。拥有对"大人物"的直接认识虽不属于科学家的经历、体验,但尼采应用的方法却是科学的方法:面对诸如宽宏大量者那些反常的行为方式,关键是要发现这种反常的原因。诚然,这种科学是"快乐的",就是说,它在这里或在别处所关心的,莫不是异常的个体和行为方式,而不屑顾及科学的"严肃"方面:丰富的经历和体验,收集和总结经历、体验所耗费的辛劳,对普通行为的研究，对规范准则的寻求，提出假设时的小心谨慎。只有当我们考虑到每一种新获得的知识对尼采的感觉和生活体验意味着什么的时候，我们才会对科学和艺术之间那至今尚未描述过的平衡之易碎性和达到这种平衡的艰巨性以及对无法摆脱的矛盾性作出正确的评价。如果说，尼采认为追求认知的客观和纯洁比追求任何东西都更加值得并由此导致其艺术使命对他产生激励作用，那么，这个问题为何没有随《人性的，太人性的》这部著作而得以解决呢？对此具有决定性影响的是尼采那招牌式的认知体验特质：他的认知体验不论何时何地总与痛苦、焦虑和匆遽相伴。在他的青春岁月里，其心醉神迷的音乐体验与哲学知识的艰辛和严谨尖锐对应，嗣后到了《悲剧的诞生》时期，尼采将源于我们人生那令人悚惧的、使人醒悟的酒神直觉称为知识和真理。后来又有其他的知识相随：历史是由人的谬误和惊吓有意创造的；历史是揭露往昔压在我们身上那无法补偿的命运打击之总和；研究这种历史会绞杀生命，钝化创造力；而科学终究将显得高大的东西变得渺小，使种种评判变得具有相对局限性，令诸多安慰化为乌有。

这就是尼采的知识。在他内心，造成痛苦的知识乃是最强有力的精灵，它如此强大，以至尼采断言，"生活是获取知识的途径"（第324节警句）。尼采不时密切注意一种新的知识类型，希望能找到一种具有温和相貌的知识。但在这种情况下，他却最终碰到了永恒复返这一观念（第341节警句），碰到了这个比任何真理都要可怕的真理。由恶行和恐惧组成的人类历史不仅是不可弥补的,而且永远不会让位于欢乐的未来,这历史注定是要永恒地、不变地复返。于是,尼采又与艺术接近了,决意不完全扼杀他的另一个使命:他不再期望找到那颠扑不破的真理,而知识的快乐——比极度兴奋的闪现更为重要——他现在只有放弃。

不应作如下断言:这样的观察有助于人们理解《快乐的科学》的爽朗情绪及其保持自主的、轻盈的飘浮状态。尼采是哲学家,他以卓越的技巧处理这些抽象概念,以不可估量的方式将各种类型的概念编织在一起。然而,标明尼采之特点、揭示其非凡艺术才华的东西却是素材那炫人眼目的可变动性。他的每一种类型概念都是由素材重新组合而成的。其抽象概念由于时机不同在相同名称的背后就隐藏着不同的内容。

《快乐的科学》第二版于1887年问世,尼采添加了前言、第五卷和附录"'自由鸟'王子之歌"。此书第一版业已表明达到了魅力无限的和谐之高潮,极具表现力,而后来添加的部分则未能保持这个异常敏感的平衡。这里仅举一例,请读者将第373节警句同前面第293节警句做一比较便会明白。前者愤怒地批评科学;后者则平和地、敏锐地要求人们承认科学。

吉奥尔吉·科里

Pütz 版编者说明

本书的问世和结构

《快乐的科学》1882 年 8 月问世,1887 年出了一个新版本,新版包括添加的前言、第五卷、附录"'自由鸟'王子之歌"以及副标题"快乐的科学"(原文 la gaya scienza),副标题是尼采从法国普罗旺斯艺术家那里借用来的,当时他正在研究这些艺术家的诗歌形式。尼采写于 1881 年前后的残稿——按蒙梯纳利的说法,残稿的出处已无从稽考——并入新版即表明"快乐的科学"之旨意。此外,《瞧,这个人》这部著作也给出了提示,尤其大多竣稿于西西里岛的"'自由鸟'王子之歌"与普罗旺斯人"快乐的科学"这一概念十分相似,这个概念就因为普罗旺斯的爱情诗人体现了歌手、骑士和自由精神的三位一体。尼采尤其注重书末的那首题为"Mistral——舞曲"的诗,它作为舞曲犹如普罗旺斯之狂飙超越道德的界限。

起先，尼采打算把《快乐的科学》文稿当作《朝霞》的续篇。《朝霞》分五卷，1881年出版。1882年1月25日尼采致信佩特尔·加斯特（笔名海因里希·科塞利兹），告知数天来他已写完《朝霞》第六卷至第八卷；而第九卷和第十卷留待来年冬季撰写。然而，尼采在1882年上半年结识莎乐美后便改变了原先的计划，于5月8日告知克姆尼兹市的出版商恩斯特·施梅茨纳，说要用这些手稿出版《快乐的科学》，并认为加入用诗写就的许多警句尤为重要！

致加斯特的信十分重要，它既让人了解这些手稿同业已出版的《朝霞》的联系，又让人看到他未来写作的愿景。这里涉及尼采的一个"基本思想"，阐述这个思想他还缺乏勇气，这个思想还不成熟，而要完全理解这一思想则需要几千年时间。相关的笔记标明的日期是1881年8月初，写于西尔斯马利亚，尼采在此地首次直觉性地抓住了"永恒复返"这一观念。更详细的情况，尼采后来在《瞧，这个人》一书"扎拉图斯特拉"的一节中做了说明：那天（1881年8月）他在西尔瓦普兰湖畔的林中漫步，在苏莱附近一金字塔形山岩边驻足，也就在这里，他产生了"永恒复返思想"，此乃"肯定人生的最高形式"。稍晚，他又把当年的状况称为"千真万确的肯定人生的激情"——是年春季赐予他同加斯特在山地浴场雷科阿洛邂逅的良机，令他兴奋异常。这个基本思想在《快乐的科学》第四卷倒数第二段中才表露出来，也就是在第一版的书末，而且使用预备性的绕弯式话语，没有明言"永恒复返"这个概念。由于《快乐的科学》首版最末一段与《扎拉图斯特拉如是说》的开头部分几乎相同,所以,这种写法以及思想和词语上的衔接都表明《快乐的科学》是介于《朝霞》和《扎拉图斯特拉如是说》两部著作之间的过渡,后者的中心思想除"超人"外就是"永恒复返"的观念了。

《快乐的科学》1887年出了新版——本书即依据此版——其核心由箴言式的五卷构成,尤其是第三卷篇幅较长,以简短的随笔形式行文,其余各卷亦如是。除第四卷("圣雅努斯")和第五卷("我们这些无所畏惧的人")外,其余各卷均没有标题。诗歌构成了一个框架,开头部分是标题为"戏谑、计谋与复仇"(借用歌德同名的小歌剧)的63首诗,书的末尾是以14首"'自由鸟'王子之歌"作结。其他五卷一共含383节,分布不平衡(每卷的内容在41节至167节之间),第三卷节数最多,第五卷最少,然而篇幅最大。这种差异是由简短的箴言和扩展的随笔交替更迭造成的,它们对思想实质的描述与其说是详细阐述还不如说是草草勾勒。第三卷中,尼采用很少几句话甚至一句话便浓缩成一则箴言,可谓惜墨如金。

尼采较早的著作《人性的,太人性的》(1878—1880年)和《朝霞》(1881年)的写作和思想方针在《快乐的科学》中业已得到继续并导向了新岸,然而在《快乐的科学》中却找不到系统的上下文联系,各种观察、评价和结论没有固定在某个主题中,也没有结论性的论证。相同的或变换的主题用重复的和稍作变化的表述加以突显,视角被调整,主题常常如闪电般地灵光一现,使人茅塞顿开,但一种光痕又不与另一种光痕结合,也看不出有某种可以验证的知识层面上的逻辑关联。思维方式为开放式、实验式,而不是得出最后结论,这种"不守成规"和"不庄重"的思考方式早就把哲学科学界的严谨作风吓得退避三舍了,尽管每次可以转译的深思熟虑不是出于识辨的无能,而是出于理性的诚实,佯装失灵。在哲学研究传统的连续性中出现这类以怀疑、倨傲而宽容的方式进行观察的跳跃、缝隙和断裂,在尼采看来并非缺点,而是他特有的思维方式和陈述风格的长处。在上文已经提及的致加斯特的书简中,尼采谈及他得益于阅读《朝霞》的快乐,并自觉地同其他每本论道德的书籍进行比较,他很懂得,什么东西是对他本人的奖赏:"我一向拥有自己的跳跃。"

警　句

非连续出现的警句和简短随笔全都具有同样的思辨特征,其指向不是针对混乱的,而是针对彼此近似的主题和问题,亦即针对存在于认知理论原则、道德原则和心理原则中的偏见。这些偏见因受到长期的保护而具有效力,甚至拥有笃信宗教一般的庄严,它们于是成了颠扑不破的原则和被人盲目接受的公理。这对那种以为知识重于意志、认知重于欲望的错误观点有利,对各个领域宣布善与恶的分野有利,对那个绵延数千年之久的对人的要求有利:不惜代价追求真理。受到尼采怀疑的东西除这些原则外,还有被虔诚信奉和口口相传的一些基本概念:物质与因果律,存在与变化,意义与目的。

打破成见、揭发偏见和公布"真理"之反面的适宜手段——符合逻辑和雄辩的手段——是反命题,颠倒和二律背反。《快乐的科学》第三卷第 259 节"远离天堂"中说:"'善与恶皆为上帝的成见。'蛇如是说。"在《创世记》中,蛇——动物中最狡黠者——怂恿人类之母偷食禁果;然后亚当和夏娃眼界大开,他们也像上帝一样,能分辨善恶。反观《快乐的科学》之蛇,凡是它所预言的,都超过类似上帝的东西,毋宁说在修正上帝制造的世界道德规范。人不应从造物主的眼光仰观道德,而应以蛇的眼光尾随道德进行观察,以便识辨出道德的虚伪性。于是人不再像上帝,而是高于上帝,他们把上帝的道德偏见看成是预先判决尘世的法理——傲岸自负的法理——并对此加以揭露,蛇于是从诱惑者变成反上帝的证人了。

再举一例:"最终的怀疑。——究竟什么是人的真理? ——不可驳倒的谬误便是。"(第三卷第 265 节)如果说在上述警句中,数千年以来有关善与恶那些无可争辩的通用标准,亦即迄今的道德基础受到质疑,那么,真理与谬误这一对被人错误理解的矛盾概念就变为动态的了,极易扰乱人心。把真理与谬误等同,已属人们重要的判断力;更可悲的是谬误不可驳倒,这又有更深刻的、在原则问题上很不确定的意味。既然作为谬误的真理不可驳倒,那么真理作为谬误也得不到证实,因为谁是审判真理即谬误的法官呢? 因为真理本身就是谬误,所以谬误的法院不可能对谬误作出判决。从这个观念得出的结论只能是,区分真理和非真理只能依靠对真理进行验证,验证便使它的脆弱和失效暴露无遗。真理并非因为其对立面谬误而瓦解,而是因为缺乏一种区分真理和谬误的具有约束力的标准,真理崩溃的原因在于,人们对原则失去信任。

警句的思想就是为这类认知服务的。"警句"一词源于希腊文动词 aphorizein,意即"界定"。所以,警句的任务似乎就是下定义,通过指明一个现象同其他一般现象的差异而突显这一现象;其实,与其说警句旨在作形式逻辑的确定,还不如说是同通行有效的东西"划清界限",这就是尼采在《快乐的科学》一书中如医生看病叩诊听诊一般要加以验证、批判和修正的东西。成语与警句不同,它在使用时,在上下文关联中具有可以证实的特征,插在讲话的某些地方,常常成为修辞的高潮。成语使某个思维过程完全终结,而警句则首先开启思维活力。比如"被火烧伤过的孩子怕火"(相当于"一朝被蛇咬,十年怕井绳"——译者),这句俗语乃基于人们长期的经历体验,且被大多数人证实了,所以是正确的,此类被认可的真理遂成了人所共知的浅显道理。警句则与普通的东西脱钩,它打碎惯常的通行的东西,提出具有反叛特质的新东西。其惊世骇俗的倾向性使它类似于法律法规的修订部分,或毕肖于奇闻轶事之作;它的冒犯攻击性与跌宕起伏的演讲和反驳演讲的战斗性雷同。正因为警句不用浅显或常见的东西飨赐读者和听者,所以给读者和听者造成诸多不便，要求他们下力气领悟。警句不是那么通俗易懂的，它要求思考者深入其堂奥进行探索。

警句在许多方面均打上主观的烙印。如果说成语大多来源不明，那么警句总是某个作者的创造，它反对人云亦云，这样的作者断不会否认自己那固执的思想方式和感知方式。警句的内容不依赖客观化的洞察，而仗恃个人的阅历见识。所以它表现的不是普通的智慧，不是一个阶级、一个民族或者一个文明阶段的智慧，它将现行有效的格言的约束力予以摈弃。警句强大的影响力与其说是因为逻辑性还不如说得益于雄辩，与其说它在澄清问题，还不如说它在进行挑战。它不给出令人满意的答案，而总是以堆积如山的疑问制造一次又一次的动乱。正像警句从不宣布被证实了的真理一样，它也绝不落入基础牢固、说法固定的体系之窠臼。它的任务不是说明事物之间那宽泛的关联，而是制造个别领域那极端的零碎特性——在这个别领域中，对种种搭接的问题也会有新的见解。

警句无视知识的整体关联，这常常被人视为危机的征兆，要么，人们只信任作者在小块文章中具有创意的有限才能，要么，那些喜爱警句的时代被视为深受震撼和迅速衰败的时代。撇开各朝各代都有兴衰交替的演变不谈，其实我们本来就可以看出在格言兴盛和某些历史阶段之间存在着一定的亲和性——这些历史阶段想让人看清其使命不是连续性地实施和总结业已存在的东西，而是要同往昔的历史划清界限，毅然决然重新开始怀疑传统的价值和现存的准则。当这种怀疑日益增强之时，对各体系的攻击就不是形成在对立体系中，而是以警句这锐厉武器，打击和突破对方的中枢。从这个意义上说，我们把启蒙者（利希滕贝格），早期浪漫派作家（弗里德里希·施莱格尔、诺瓦利斯）以及尼采看成是为相同的目标而战斗的。尼采在《快乐的科学》中一再强调随时快乐地准备着为自己的思想而战斗，即使面临最危险的深渊也在所不惜。

警句的零碎特点与作者的独特个性不谋而合。警句是闭关自守的，并不是非得首先从广泛的关联中觅到其义才懂得它。成语只与上下文的关联相匹配并取决于这种关联，只有在这种关联中才招之即来，而警句却只为自己存在。它对公众的影响也与其零碎特点相类似：格言是易懂的，但又是孤傲的；不是通俗性的，而是智性的。它那卓尔不群、孤傲得难于接近的内容和形式与它孤立于文本关联之外和被受众接受的特殊性十分相宜。为了不致屈服于它的最大敌人——平庸，它必须具备高超的艺术性和卓越的雄辩性。它竭力避免意义简单或浅显的言论，正如避免做各类肯定的评价一样。为了达到出人意表地揭示多层和深邃的意义之目的，警句运用一切可以想到的手段，包括反命题、颠倒、矛盾、二律背反、惊人之语和心灵感应等。

尽管一个警句具有孤傲、独立于搭接的上下文关联之外，也独立于广大受众的一致见解之外等特点，但它却很少零星存在，一般存在于篇幅较大的警句文集里。它同别的警句一起付印,一起被人阅读,这并不妨碍它的独立性,因为它可以不顾及同其他警句的邻居关系。另一方面,它的主观性和语录式的单方面性又渴求得到延伸、反驳、追求完备,或者立场改变时提出相反的构思。并列的、彼此常常有争论的警句均是试图以新的思想原则这一视角去领悟认知对象。不是作者的无能,也不是时代的无创造性要求这种警句形式(不断试验的形式,接近于真理的形式),而是由不易认知之物的疑难所要求的。倘若对古老的玄学所揭示的东西和对玄学原则的信仰不能再提供一个基础,对"神学和哲学的系统性总结论文"再提供一个基础,那么,知识就会零碎化并在这一过程中庆贺主观的解放,知识也会倾向于克服自身单独的生存状态,寻求新的联合形式。这一结果不是归纳法和演绎法的体系,而是一种探照灯设施:探照灯的光柱既不是同一方向又不是漫无目的在夜空中寻找真理目标。

"快乐的"科学

"第二版前言"在间隔 5 年后解释了书名的含义,这书名以非同寻常的方式将思辨和情绪二者结合起来,将不知疲倦地探求知识和求知者的快乐情绪二者结合起来。尼采唤起对健康的希望,这健康在历经种种冷酷和孤寂、种种悲苦和厌恶之后需要变化无常的心绪,需要痛苦和欢乐。同时,尼采从未遗忘那不惜任何代价求真求知的绝对意志,这意志至迟从《人性的,太人性的》一书以来给这位启蒙哲学家以策励和推动,给他增添诸多犀利的洞察力,也带来不少痛苦不堪的折磨。此外,他也说到自己长年累月深受现代世风之苦,说到他同瓦格纳之间发生的那场既烦恼又有益的纠纷,它把他引至高处,面临着万丈深渊。尼采的希望还包括对自己身体疾患的缓解,这是他首次盘桓于西尔斯马利亚避暑(1881年)以来就有的心愿。

尼采反复体验疾病和哲学的关联,这强化了他对以下事情的关注,即关注思想,特别是关注受生理决定和制约的评价。在他看来,对存在的评估服从于体质状况。他期待着这样的哲学家出现:反对唯心主义理论,把真理看成是生活的结果,因为精神无法脱离身体状况。尼采认为,知识并不是意识机制对事实的记录,而是与生存的心理基本状况相适应,不管是罹病者还是健康者,概莫如此。要么,痛苦是思想观念之父;要么,思想观念源于那宛如泉涌的生命力。但二者不可能截然分开,正如病者也不可能一味否定世界,健康者不光是预言祥瑞福祉。使尼采感兴趣的思想是以痛苦为前提的,痛苦使人变得深邃,同时促使人去克服自己一味否定的毛病,然后人才有可能变得轻松洒脱,才不会不惜一切代价为求真理献身。不愿理会许多出自本能的东西,承认生存的整体组织重于奔放无羁的思想,"从深处到表面"(参原书"前言"结尾处),这就是尼采所说研究希腊人而得出的公式,他要为《快乐的科学》这本书重新激活这公式。

尼采在《瞧,这个人》和《朝霞》两书中已证明这种深邃和愉悦,但也要让上述特点在《快乐的科学》中跃上更高的层次:"一部说'是'的书,深邃,然而明晰,充满善意。"未久,他在关于"扎拉图斯特拉"那个章节里把康复的希望同过去数月中发生的一系列事件和变化联系起来:他的音乐鉴赏趣味变化了,比如他颂扬比才的"卡门"歌剧——他首次欣赏此剧是在1881年11月——旨在反对瓦格纳;更重要的是,他在同年与作曲家加斯特在雷科阿洛共度春季美好时光,使他在同为"复活者"的社交群体中与辉煌的轻音乐邂逅,他把这音乐比喻为重获生机的"凤凰"。

对尼采而言,重新获得的、更确切地说是需要重新获得的快乐和希冀,其源泉之一便是在《快乐的科学》第一卷里对一种新的存在目的的认知,这种目的不是存在于个人命运的延续中,而存在于不惜一切代价对类群的保存中。以此来衡量善与恶,不管个人所为,不顾个人成败,其命运的价值就在于他是否和如何服务于保存类群。面对这一崇高的目标,个人的所遇是可以忽略不计的,甚至可付之一笑。与这里虽未明言但已意指的叔本华悲观主义不同,保存个人发展的原则没有被看成必要的痛苦的牺牲,《快乐的科学》之真谛恰恰以此为基础:不是忍受个人融入集体之苦,而是像早期希腊人一样,在不幸之中犹保持和笑迎生活的信仰——促进类群的信仰。不是叔本华的否定自我,而是肯定自我的原则才是个人保存于集体的根基。文中未对某些概念和术语作直白的解释,此处与《悲剧的诞生》一书中的情形一样,酒神狄奥尼索斯的力量,亦即(正如尼采写于19世纪80年代的遗稿中所陈述的)保存整体的倾向胜过日神阿波罗促成整体的原则,因为前者没有抹杀这一原则,而且还把它变为构成整体的一部分。

低级人和高级人——在尼采的价值理论中称为平庸者和高尚者——的关系与个人同整体的关系紧密相连。那些平庸的人既疑且恨,责难高尚者的功利动机,而自己却紧抱一己私利不放,还用合理的目的理念为之辩解,试图以此否定高尚者的兴趣和热情。尼采则深信,恰恰是那些至强至恶的天才对人类的促进最大,因为是他们重新点燃了人类那萎靡不振的热情。在保守的文化,比如英国文化中,旧的东西被认为是好的,尽管新的和破坏性的东西远远更有利于种族。这类观点使尼采认为有必要研究各民族各社会阶层在那些起制约作用的生活现实领域中不同的道德观历史,亦即"道德"历史,直至研究他们的生理因素和营养。研究当然首先应发挥科学的作用,科学是与类群本能重于意识这一原则相适应的,否则,它的过度和过量会使人类面临毁灭之虞。

思想和存在、精神和肉体、知识和欲望的关联是造成真理与情感、知识与快乐结合在一起的深层原因之一。快乐与纯朴的或单纯的自满不搭界,快乐是一种对彼岸有深切认知的状态,它以怀疑为前提,那直至绝望边缘的怀疑。快乐的产生有赖于对这种边界极限的经历体验,同时,快乐也产生那唯一可能的逾越边界的力量。"快乐"不是一种愉悦的、在紧要关头可以缺少的求知调料,也不是开胃的真理佐料,而是真理的实质成分。这是因为,倘若科学因深邃而失去表层,因洞察可怕之物而抑制笑声,那么,科学的意义和目的势必失之于理性的迷乱。对于看似荒谬绝伦的东西,如若不予以欢悦地肯定,那么,科学连同它那了无成见的观察目光就必然导致悲观主义和虚无主义的强化,会不断伤害生命并使之日渐病衰,正如尼采认为苏格拉底——西方国家首位理论家——身上有典型体现。

快乐的科学既不能与和谐欢乐的纯朴相混淆,又不可视同自吹自擂的兴高采烈,它存在于不饰夸张的欢悦里,存在于对一切虚荣的容忍和蔑视之中,它与冒险犯难地生活之战斗意志紧密相连。无私地吁请和呼唤那竭力驶向新岸的舟楫,对极端的明哲保身者的贱民道德自然是不屑一顾的,这些人思忖,人的任何行为无不需要丰厚的酬劳。谁赞成战斗和快乐,谁就需要纯净的独立空气,所以他对各种积习避而远之,因为官府、持续的种种束缚以及一贯的健康会导致僵化。一成不变的个性及其固定名声是赢得广泛赞誉的基础,然而归根结底乃是僵化的表示。要求无畏地洞察存在的黑暗面,要求具有斗士般进行新的占领和对抗轮回的勇气,这些要求都不是针对公民,也不是针对尼采在《不合时宜的沉思》一书里所指的庸人,而是针对以艺术为生之人。用艺术家的眼光透视世界,观察更多的东西,更重要的是进行不断变化的、截然不同的观察,此其时矣!

这便是《快乐的科学》中艺术家的核心作用愈益重要

的原因了,尼采既然自勉要像拉斐尔一样不再描绘刑讯折磨图,这个决心的前提当然是他对这些图画知之甚稔,因为他曾对其进行过无数的勾画。所以他的新决定并非基于对痛苦的否定,毋宁说是对痛苦的肯定和赞扬。从此,刑讯折磨不再是象征着卑躬屈膝地忍受人生毫无价值的景况,而是对人之尊严与执拗的奖励。受苦者傲然地从执拗中获取保持自我的力量。当人们不再畏惧危机四伏的世界,反倒心存雅兴和愉悦去探索真理——充满危险的探索,只有在这种情况下,知识才不会令人极度沮丧。此外,尼采对工作说"是"的有关言论——工作不是压力,而是可体验的生命要素——不是针对实行换班制的工厂企业,而是指称艺术家的工作。艺术家并非为了某个东西,而是出于自身的原因而发挥作用的。

艺术家最有可能与《快乐的科学》的观念相吻合,个中缘由,盖因他们拥有对表层,亦即对虚伪、谎言和掩饰的感知与理解能力。他们摆脱了通行的功利(经济、道德、绝对真理)束缚,杜撰新的目的和意义——不仅是这个世界的目的和意义。他们由怀疑而目空一切,甚至试图以这种狂妄和以其诗歌的旋律逼使诸神的灵魂就范,使他们按其诗歌的节奏活动,就这样对至强者实施暴力统治:"把诗歌套在他们身上,犹如套上魔力圈套。"

艺术伟力可以移山倒海,这种观念乃古希腊神话的余绪,是从希腊史学家希罗多德和其他人那里流传下来的,它又在浪漫派作家诺瓦利斯的长篇小说《海因里希·冯·奥夫特丁根》第二章里发生效力:希腊诗人兼歌唱家阿里翁远离故乡，在西西里岛和意大利出了名，发了财，他从塔伦特回故乡科林特的途中，那些贪婪的船员欲将他沉海，以夺其财宝，他苦苦哀求，那些人终于答应他做最后一次演唱。船员个个掩耳，以防被他的艺术魔力击倒。然而就在他开始美妙绝伦的演唱之际，船舶应和，海涛共鸣，太阳与星星同现天宇，白昼和黑夜的界限似乎消失，鱼和海妖成群舞蹈，出现在波峰浪尖。歌者满怀信任，跃入幽暗的深渊，海豚把他驮在背上，安全地游到岸边，阿里翁从那里去了科林特皇宫。他抵达皇宫后，那些掠夺成性的海员被揭发并受到惩罚；而热爱艺术的海豚从此变为天上的海豚星座，装点着苍穹胜景。

然而，这里统御着自然伟力和善恶的艺术在尼采看来——亦是浪漫主义的遗产——也有其阴暗面，它不时发生突变，转为危险、迷醉和疯狂，而艺术家——他们精心编造的谎言成了有利于人生的知识——常常面临着逢场作戏的诱惑，为了故作姿态和获得影响而大出风头。尼采每念及此，无不想到理查德·瓦格纳。他一方面认为瓦格纳是不可超越的现代音乐之代表，另一方面又觉得他是"伶人"中最矫揉造作者。这个艺术评价的背后，潜藏着尼采对整体和个别、广义和狭义的二分法。自从他批评这位一度受人无限景仰的人以来，也就是从《人性的，太人性的》这书本问世以来（也许从《不合时宜的沉思》第四篇竣稿以来），他从大的有机联系上考量瓦格纳的艺术，责难瓦格纳的艺术缺乏整体张力，但也看到并承认瓦氏在局部地方、在音乐细微鉴赏处、在他歌剧的微型结构方面所具有的名家气派。不过,瓦格纳歌剧的歌词艺术当时已引起尼采的怀疑了。

瓦格纳和所有现代艺术家不仅为自身和同调者而存在,而且还代表着某些思想、生活态度和社会阶层所特有的生活方式。作为演员的形式主义艺术家乃是具有适应能力的技艺名家。他们与受压迫的下层人士十分合拍,后者迫切需要节俭,以便奋力向上攀升。本书第五卷特别提到犹太人有此类需要,他们开发了相应的特殊才能,成了逻辑和理性、算计和抉择的大师,造就了假面具和虚伪的登峰造极的艺术性,就因为他们一向被迫躲藏自己。他们变痛苦为美德,终于有资格执演艺、文学和新闻界之牛耳。尼采在此处似乎沿用了19世纪普遍流行的对犹太人的偏见和陈说,然而他并非要把这些写进少数派犹太人的宾客题辞册中——这个少数派,人们似应与之斗争并予以铲除——而是把犹太人(连同他们被证实了的特性)看成是现代受过训练的狡诈之徒的典型化身。他还把另一个较大人群亦即妇女归并到犹太人的队伍里,其晚期作品对妇女的赞赏愈益令人惊异,但怨恨也与日俱增,在他看来,由于妇女的体质和社会条件等原因,她们整个一生都在逢场作戏和玩弄杂耍技艺,这种方式便产生了以精妙文明的代表人物为一方和以现代异化为另一方的恶性循环。犹太人——基督徒——形而上学者——社会主义者——妇女,其共同特点是生性懦弱,所以他们对牢靠的这种需要尤甚,假面具和伪装的层出不穷即属这种需要。在瓦格纳身上,假面具和伪装就是缺乏整体统一性的证据。

《快乐的科学》表明尼采这时同瓦格纳愈益疏离,可瓦氏的艺术却是代表着德国音乐和语言的。而尼采对德国音乐和语言颇多责难,认为这二者笨拙、无节律,被穷兵黩武的腔调败坏,它们失去自由舞蹈的能力,只会装作伤感的模样哀叹,说什么它们想舞蹈,对一个"更好的、更轻松的、阳光更多和更南国化的人世"的希求无法抑止云云。对瓦格纳的抱怨在第五卷的结尾处再次激化,尼采从生理学角度陈述对瓦格纳的责难,认为艺术评价取决于生命价值:这生命是强还是弱?是有利于浪漫派那病态的悲观主义,抑或有利于悲观主义具有的酒神特性(这特性在对抗毫无出路之人的希望)?倘若是后一种情况,那么音乐和舞蹈便是异教的古希腊罗马文化的余响,充满一种快乐而狡黠的,同时也满怀信心的笑声。艺术的"快乐"就表现在能够经受住行将断裂之张力的考验。

尼采尽管对艺术和艺术家提出充满疑虑的指责,但第二卷的收尾却感谢那个反对者,即反对"彻底想知道的意愿",这样的人在对抗"求假象的良好意愿"。如若没有反对力量,那实行专制的求真欲势必导致情感厌恶和自我毁灭。人的生存只有作为美学现象才是可以忍受的,尼采把这个观点同其著作《悲剧的诞生》(1872年)中的原则紧紧挂钩,此事可谓昭然,《悲剧的诞生》中多次提到:"世界的存在只有作为美学现象才能得到恰当的解释。"有人对尼采全集做过老一套的阶段划分,凡是对这个划分持保留态度,就会清楚地看出尼采对艺术的评价是前后有变化的。他在《悲剧的诞生》和《不合时宜的沉思》两部著作里认为艺术重于理论知识（瓦格纳被人视为叔本华的高度完美化），但在《人性的，太人性的》和《朝霞》两书中重点就发生位移，即移至有利于哲学领域启蒙的自由思想。艺术则直接与批判地地道道的艺术家瓦格纳连在一起，坠入朦胧之境。随《快乐的科学》开始，尼采又发生第二次转向，这一次因为艺术具有美丽虚幻而有益的力量而压倒纯理论的好奇心："我们需要一切狂妄的、飘浮的、舞蹈的、揶揄的、幼稚的和快乐的艺术，不致让驾驭各种事物的、向我们要理想的自由丢失。"于是，"快乐的科学"在艺术理论方面亦是尼采晚期著作的出发点。正如业已奏响的一些新主题所证实的那样，下文对此重点介绍。

新主题

本书第三卷开头部分那个简明扼要的论断——"上帝已死"——属于《快乐的科学》首次涉及并在尼采《扎拉图斯特拉如是说》以后的晚期著作中占统治地位的新主题之列。这里虽然先指佛陀已死，他死后人们总在一个洞穴里展示他的阴影，长达几个世纪，当今的人们必须战胜这个阴影，然而随着文章的递进，尼采首次提出的这个死亡结论也是指称基督教的上帝和广义上的诸神。其意是说世间及宇宙的核心秩序被破坏了，代之而起的是混乱占统治地位。与希腊埃里亚学派和一切坚信有超越时间的客体存在之人的观点相反,世间不存在永恒的物质,同理,世间也不存在任何目的和偶然,只存在种种必然性。在尼采看来,超越时间的并被赋予种种意义的各种原则与佛陀之死相类,仅为上帝的阴影罢了,人必须摆脱其阴暗的魔力圈。上帝已死,其意义远远不止表明基督教和普遍宗教信仰的幻灭,还表明那不能再以永恒物质和神学原则为基础的物理学和玄学的死亡。知识不是遵循无可辩驳的原则,而是基于彻底谬误之武库,所以,衡量知识归根结底不是依据它的真实度,而是依据它作为生活条件的价值。逻辑学就是一个例子,它被人误以为是人们使用的最无利害关系的至纯学科,其实也不过是人类生命意志的仆人罢了。因为,谁在历史的初始阶段和在其后没有掌握哲理的相同范畴,谁就无法区分他的同类和异己者,无法区分敌友,也就会因这种区分的缺失而灭亡。尼采认为这些东西与其他人物、与因果律之类的学科、与线与面等等有关的情形大体相若,都不是真实的,而是我们保存自我之激情的具体构想。我们断不可将自己的种种概念只理解为种种隐喻,当我们在谈论因果时,实际上涉及的只是一种我们难于理解的连续性罢了,为自己那有限的理解力起见,我们把连续性缩短了,修剪合度了,以至我们根本无法做出解释,对那些为我们剩下的东西只能做做描述而已。再者,对我们知识有效的东西也涉及道德,但要求具有唯一或普遍约束力的道德是不存在的,它必须给制约生活的种种道德让步。

自尼采始,马丁·海德格尔也把上帝之死解释为传统形而上学的终结。宣布上帝之死在本书"疯子"那节文字里具有震魂摄魄的表现力。观念上的爆炸力和斐然的文采使它成了尼采作品中最惹人探讨的对象之一。尼采把自己的这一核心思想通过"疯子"之口宣告，绝非出于偶然，因为口无遮拦一向就是文学上疯人的本相。这里亦如是，疯子这个先行者不仅宣布令人不快的信息，即当今救世主已死，而且还核验听众的反应，因为听众之故，遂产生信息的阴森可怖和信息内容极度乏味二者之间的矛盾，疯子从这矛盾中得出结论，知道上帝之死——他不可能复活——的意义尚未被人明了。疯子寻觅多于寻到，查找多于查明，这表现在一系列问句中，它们犹如阶梯式人工瀑布，流速愈益加快，咆哮着冲进深渊。疯子失去上帝，此时四处寻找，这证明他缅怀上帝，也证明这个损失留下痛苦的缺憾，使他烦恼不堪，疯癫日甚。——反正，在那些思想自由傲慢而放弃上帝，对上帝的缺席不以为意，遑论遗憾的人看来，事情就是这样。谁在光天化日之下打着点燃的灯笼四处乱转，谁就忽略了：点灯纯系多余，因为业已进行过启蒙，已排除各种各样的信念。不知道，甚至没有预感到究竟杀掉了谁，所以对行为的动因与后果懵然不知。自由思想者根本不懂得上帝的核心意义，谈论上帝宛如谈论小孩，这小孩自己受了惊吓，迷路了，或躲藏起来了，要么就认为上帝是个可以缺少的流亡者，他乘船逃走了。受过启蒙的人对上帝消亡，其态度有如小孩，因为不把在生时的上帝当一回事，所以对于上帝的死也无动于衷，及至根本不把空空如也的教堂看成是上帝的墓碑。疯子不想对谋杀上帝者的行为说一句谴责或否定的话，而只想推他们醒来以便他们在他的灯光下明白自己在梦中完成之事，让他们觉悟到自己行为的恐怖而崇高，伟大而深刻，让他们面对被谋杀者而去理解自己，更重要的是看清杀死上帝后他们需要的是谁。在他们体验到其行为的艰巨性后，他们才会估计到，此后他们需要付出多么大的辛劳才能抵消那个损失，才能与其行为的伟大相称："我们自己是否必须变成上帝，以便与这伟大的业绩相称？"

尽管疯子很可怕，但鉴于杀害上帝的凶手们不明事理，所以尼采认为，上帝之死的后果并不是被悲伤击倒，而是促成解放的前提，在人性中有一种新的欢悦苏醒，并取代悲悼。这种欢悦激发人们毫无预期地向外观察，向外旅行，即使远方的地平线尚在朦胧晦涩之中。这类考察旅行势必导致那看似无前提的真理会露出马脚——它实际上是建立在玄学公理基础上的。对上帝之信仰一向是把上帝假设为真理，把真理假定为与神一样神圣。在这方面，柏拉图的门徒和基督徒不谋而合，他们追求绝对真理的意志均以另一个所谓更高级的世界为鹄的。于是，因为生活痛苦便否认此岸世界，认为它是虚假而短暂的。甚至那些实证论者也跻身于这个轮舞之中，原因是他们由于生性懦弱而死死抱住这个所谓无可辩驳的既定之物不放。于是，他们与理想主义者一样遁入隐秘世界，其实也只不过是将这隐秘世界置于粗暴的现实之中罢了，相应地也就以牢骚满腹的悲观论对其进行观察。对信条以及对信条支撑的一种危险的意志衰退了,而一种自由思想的首要证明则是不再需要固定的信念。

上帝已死,相沿承袭的原则与价值体系也随之失去效力,这是一种胜利和痛苦并存的意识,从这种意识里滋生一种观念,即必须植入新思想的观念,以便让一种新的生活方式从混乱无序的废墟中应运而生。所产生的结果是,不仅全新的原则取代了旧的原则,而且传统的原则也会继续存在,不过意义已起变化,甚至意义相反。这在《快乐的科学》中已导致产生了一个修正过程,它在后续的文章里以价值重估的形式而继续着,并激化着。价值重估在尼采的早期著作里已露端倪,自《朝霞》始愈益强化,尤其在《快乐的科学》这部过渡性的著作里扩至新的范围,其中包括对爱情血统学的批判,指出爱情与贪财和自私同根;友谊则与爱情相反,它是人们相互仰慕的一种高雅形态。此外,对绵延数千年之久的有关认识自我的戒律也提出质疑,对迄今被视为毫无价值的种种个性予以重估和高估:恶的东西有激发和刺激作用;愚蠢行为,谎言,不闻不问的意愿,给生活提供契机的肤浅都变成人类高尚的属性;而进行无私说教的教师则被当作锱铢必较的商人予以揭露,他们之所以颂扬勤奋、虔诚和谦逊,就因为这类美德有利于包括他们在内的"大我",而"小我"则成了要求谦卑的牺牲品;尼采为不满情绪和恣肆激情二者那有益的推动作用辩护,因为二者促进不断地变化、深化和精细化;谦卑则导致愚化,原因是错误的羞耻感回避对新事物的认知;尼采甚至对摩西十诫的第五诫予以反驳,因为他所理解的生活便是不断的杀戮;那句最有诱惑力、在应用时会造成灾难性后果的格言(尼采不过是以提问的方式提出),它拒绝对一切行将灭亡之物、不幸和耄耋老者虔诚,对我们内心的一切懦弱和陈旧之物,它也异常残酷;它要求对顽固不化的东西采取严酷无情的态度;生活即杀戮也意味着战胜自我。

与重估一切价值的意图相联系的还有第五卷中几个主题,它们自此越来越深入尼采著作的核心,包括对悲观主义和虚无主义的争论,具有危害性的悲观厌世受到佛教徒和基督教徒的称颂。与迄今通行的法则进行斗争必然导致二者择一:"要么废除你们的崇拜,要么废除你们自己!"尼采补充说,"后者",也许还有"前者"都有可能是虚无主义,所以虚无主义以两种形态出现在远方的天际。前者亦即废除崇拜,后者亦即不必消灭自己的前提条件。这里,虚无主义并非指传统意义上一切价值(崇拜)的失落,而是指否定自己建立的一切价值:否定保存自我的意志——那肯定生命之存在的意志。

为有利于保存自我意志,就需要对道德原则做彻底的审核,也需要采取一种新的"善恶之彼岸"的立场,从这个立场期许得到有关宗教起源以及创教者与禁欲者之作用的启示,一如《道德的谱系》(1887年)所述。预先推测他稍后的著作将涉及下列主题:上帝之死和价值重估的理论;从善恶那颇成疑问的谱系角度分析善恶;作为现代虚无主义的征服者,展望对酒神负有义务的伟大健康,还有对这种观念进行注释的关键——透视法——已经显现并使人认识到,世界引起人们对它作"没有止境的阐释",所以,我们对世界永远是陌生的。——一种对重新强化起来的艺术的理解力于众人更为有利,就因为它比任何符合透视原则的科学在生活上更具实效。

宣布另一个新的主题,其后果也许最为严重,这个宣布就写在本书的第四卷末尾,亦即第341节,系暗示日后才得以阐发的"永恒复返"的观念。尼采小心探索,以"假如"的幻象让一个恶魔来解释这一观念:生活中的一切如同"存在的永恒沙漏"不断复返,就像现在所发生的和已经发生的。在一切事物中,这个预先推定的意识不得不考虑当下和未来的重复,所以这意识导致它所面临的分量,因为每逢抉择都会产生如何选择和反复选择的问题,这样也就会违背康德的绝对律令:"你要这样行动:务使你的意志原则不论何时都是普遍的立法原则。"与此不同的是,尼采不再把个人的意志同这一普遍的观念——立法总是以一种社会形态为前提——相联系,他的行为原则是遵循所面临的事物不断重复的这种强制。也就是说,行为者的行动不合乎时宜,不考虑时宜,不是为当下,而是为永恒行事。他的意愿和受到限制的行为必然使他获得永生。他不是遵循自己的决定对其他东西——法律和社会——的有效作用,而是遵循自我复返,由此而产生对每一时刻那沉重的自我责任感,故第341节引入了主导性的概念"最重的分量"。这就意味着,尼采著作中首次提及的永恒复返的观念并非就事论事,而是具有伦理性的,也就是需要联系行为和实践去理解它。

诗　歌

尼采在其创作历程中,首次在本书首尾用诗歌框住他的格言和短论,这种形式与他做重新评价之技巧十分合宜。尼采对出版商着重声言,这部手稿包含"用诗写就的诸多警句!!!"正是此意。1887年出版的该书末尾于是又增添抒情诗束"'自由鸟'王子之歌"。

序诗以歌德的歌剧"戏谑、计谋与复仇"为标题,副标题是"德国韵律短诗"。尼采在历史性地重拾12至14世纪法国普罗旺斯地区抒情诗人的同时,又使德国的一种古诗形式得以重获生机。这里指的是早期新高地德语诗歌,特别是汉斯·萨克斯(1494—1576)的诗,那些占统治地位的双行韵诗,即双行押韵的四音步诗,这种诗一部分是严格的抑扬交替(8至9个音节),一部分则可自由发挥。18世纪和19世纪的双行韵诗植根于杰出诗人的传统,是最富民间性的"德意志"诗歌。歌德曾利用它来写《浮士德》第一部中导入性的内心独白("如今,唉!哲学")。尼采效法前贤,也从双行韵诗的自由性中大蒙其益,他虽然主要写抑扬交替的四行诗,但韵律已经变化,即从双行韵变为交替韵,从相同韵变为首尾韵。这种格律的自由自在与尼采诗歌的戏谑性运作及轻盈灵动十分合拍。

这种特性业已显现在歌德四幕小歌剧"戏谑、计谋与复仇"里,剧中斯卡宾和斯卡宾夫人是两个滑稽角色,他俩从一名寡廉鲜耻、财迷心窍的医生那里盗回亲戚赠予他俩的遗产——医生用非正当手段将这笔遗产占为己有。斯卡宾装作仆人潜入医生宅第,随行的妻子则通过调换药瓶假装中毒,医生大骇,于是"吐出"那笔非法窃取的钱财,目的是让他的"仆人"把装死的人藏匿起来。当斯卡宾夫人再次出现在他眼前时,他迫不得已试图将其谋害,他于是又被敲诈相当一部分财产。这对夫妻堪称胜果累累,后来远走高飞,医生这时大呼"小偷",夫妇俩则大喊"凶手"。"凶手"这个谴责词不仅分量重,而且也符合真实情况。

尼采诗的标题与小歌剧标题相同,但与戏剧内容并不一致,不过一致的地方也是有的,那就是主题和腔调。首先表现在以爽朗而严肃的态度探讨那些不仅需要戏谑和计谋,而且也需要勇气和果断处置的事物和情况。正如斯卡宾夫妇不顾一切,不畏毒剂和死亡,向自食其果的医生复仇一样,尼采的诗并没有因为故意的戏弄而败在洛可可风格的细微和花饰繁多上面,因为这些诗并不是调侃细小的事物,而是以爽朗的逆反心态抓住眼前大而严肃之事:道德和智慧,艺术和知识,人间和宇宙。后续的格言和段落,其主题和论断,如幸福和勇气,志在高远、无所畏惧地审视,不避阳光和对抗一切危难,坚守星星比喻同时以"站在半高处"的自白对抗世间的纷繁和狂妄的意志,这些均变成双关语,成为佯谬怪论、格言改编和警句的前奏。快乐的科学之人应学会做好对付悲观主义和对付依附伟人之癖的准备,也应学会消除自身矛盾所造成的紧张。诗人写诗,应写他"可用脚写"的诗——意谓变化地验证:有限世界里存在之运动可以视为永恒的"星星轨道"之形相。

尽管"'自由鸟'王子之歌"和"戏谑、计谋与复仇"之诗有某些相似性,但在讽刺和滑稽地模仿倾向上却有所不同:"'自由鸟'王子之歌"的抒情性是多义的,甚至是不可探究的,与本书开头那些诗歌的警句特性形成鲜明对照。古典主义传统、浪漫主义传统与启蒙的传统,象征的作用与讽喻的文风,不可解释的,抑或只可意会不可言说的与可以得到合理解释的,它们二者之间无不泾渭分明。颇多教益的格言涉及的虽然是"我",但也常常说的是"你",是读者或听者,所以,抒情主体的作用这时就十分重要了。

"'自由鸟'王子之歌"共计14首诗,其中6首是尼采从他的8首"梅西纳田园诗"中选取的,这些田园诗1882年发表在《国际月刊》上(这一年五月号)。6首诗中,有的改动较大,其中展示鸟的典型形象,所起到的点题作用比后来的文本还要清晰。"诗人的天职"早先叫"鸟的评估",说的是诗人与啄木鸟的对话,"爱的表白"此前就相当于"信天翁"这首诗,"在南方"冠上后来纲领性的标题"'自由鸟'王子"。"自由鸟"这个词至少有两层含义:根据克鲁格和葛策两人所编的《德语词源字典》,这个词说的是某个被革出社会、不受法律保护之人的遗体不得入葬,任凭猛禽和飞鸟啄食;另一个意思是指摆脱一切统治的人,犹如空中飞鸟一般自由,这是源于奥地利蒂罗尔地区的一种传统的解释。这两层含义都与"在南方"这首诗中所说的鸟之自由相吻合,鸟以戏谑的欢呼同循规蹈矩的沉重步伐告别,并欢欣鼓舞地告白天下,它要自由翱翔,抛却"理智"和"北方的真理"的答案——用一个老妪比喻北方的真理。取代它们的乃是翱翔的快乐——生命的新演练,此外尚有引诱的快乐——引诱那些如同被抛弃的"丑小鸟"翱翔蓝天。这时所获得的生存新形式遂成一种象征,即象征脱离大地的轻盈灵动,不仅表现在对广袤空间的估测方面,而且也表现在摆脱业已占据的领地方面。与此相契合的是信天翁那激情的"爱的表白",为了继续奋翮高翔,它不惧风暴和恶劣气候。

在异常危急的关头,"神秘的小舟"唱出一首歌,此歌可作如下解释。

通常,扬抑格音步是变换的抑扬韵脚,此诗中扬抑格只有一次被第三段第三行诗打破而让位于扬抑抑格:"蓦然,我的知觉和思想……"这唯一的韵律变化也与内容的变化相适应,它不是用平常的交叉韵(abab),而是选择首尾包韵(abba),与形式的特殊性相类似,我们也看出了内容上的一个特殊性,即消除了固定的时间状语。诗的第一段开宗明义点出了时间("昨夜"),第二段诗开头的"终于"虽未言明时间,但也清楚地表明是第一段诗中那个夜晚的继续,第四段诗开头,时间也是固定的("清晨来临"),表明昨夜的结束。第三段则不然,说的是时间的流逝:一小时,或两小时,抑或一年,最终是永恒一律,表明的是一种不确定的过渡特性,人辨认方向的两大组织机构——知觉和思想,其功能的下降与时间上消除固定进而延续不断相一致。这就是说,第三段在形式和内容上表现的都是一种神秘过程的特殊状况。在"梅西纳田园诗"里,这首诗叫"夜之神秘"。

第三段诗对格律、韵脚和时间的特殊处理,也涉及事物、人物和运动。其余三段列举了大量的各种事物:风、巷子、枕头、罂粟、沙滩、血,而在第三段只有时间状语,内心知觉的词汇和比喻也不像第一段("众人皆睡,万籁俱寂")、第二段("牧人")和第四段("众人")那样知道其他人,第三段中的"我"在异常的极限体验中只是孤身一人,丝毫不顾及他人和事物。他的行为也发生变化:此前是有行动的("打消""睡眠"),最后是有问有答,但在第三段是完全被动的,使用不及物的动词("陷于""敞开")以表示发生在他身边之事。

此诗在选词方面,大多选取与睡眠有关的词汇。除了"安息"及其相关词的意思别有所指外,"睡眠"这个词共出现七次,还有相关的动词和形容词——这些东西在第三段里根本就没出现过。令人瞩目的是,这个词不仅使用频率高,而且是直接的连续重复:"安息"和"睡呀"各重复两次,都表达深沉呼吸、进入梦乡的情景。此诗开头却不是这样,抒情的主体与他人不同("众人皆睡,万籁俱寂"),自己却得不到安宁,对此事的表达不仅有否定词"不"(表达"失眠"),而且还有不宁的象征:风、叹息。"我"与风的吹拂应和,奔向沙滩,在那里觅到与第一段相对立的状况:柔和、温软的沙滩和重复的"昏昏欲睡"。出走的"我"离别了人居的里巷,来到外面沙滩,那里有男人宛如牧人护羊般地守护、系牢或让其航行的小舟。这种新的情景与田园牧歌的特征相似,乃是一次寻觅中的、并非日常普通睡眠的始发和过渡。这睡眠导向无底的深渊,导向世界失落的永恒,甚至导向阴间。拥有小舟的牧人是否会将其乘客带进"永恒一律"呢?

然而"这事已经过去了!"什么事情已经过去了呢?是时间吗?是世界吗?是生活吗?是那个男人护送客人进入死亡王国吗?抑或,沉入"无边深渊"之事过去了?这事指的就是后者;因为第四段里"横着""安息着"小舟,而且是在不再继续敞开的深渊里。这时大家,"无数的人"全都陷入深渊,渴望察觉各种轰动事件:也许是闻所未闻之事,血、谋害和凶杀?但接着便出现缓和:初始未允的安宁这时通过与已被解除的神秘相接触而获得——这神秘离"无数人"总是那么遥远和陌生——这对生活有利;两次使用的"睡眠"均为过去时。造成将要进入永恒的东西是使人神清气爽的宁静("多美""多美"),这次宁静不仅他人拥有,而且大家,也包括"我"拥有。这睡眠归功于神秘,它没有导向死亡,而是导向强化了的生活。勇气和信任不惧深渊,也未受其影响。知觉和思想弱化,却没有逝去。它们接近了阴间之流,却未被逐出此岸。经历和体验神秘是与极度危险紧密联系的,然而这经历和体验没有导向否定人生的彼岸,而是留在此岸,即使在"黑暗深渊"。"快乐的科学"和此诗鼓励人们肯定人生,这是对深不可测的人生的唯一选择。

佩特尔·普茨

第二版前言①

1

[9]也许,此书需要的不仅仅是一篇前言;但是,撰写

---

① 【德文本注】第二版前言:1887年,尼采的《快乐的科学》出了新版,他在新版中除补充这篇前言外,还加进第五卷和附录"'自由鸟'王子之歌"。
关于本书书名《快乐的科学》,尼采在《快乐的科学》下面标有一行文字:la gaya scienza(意为"快乐的科学"),14世纪法国图卢兹地区杰出的歌唱家们用这个概念标榜其主要颂扬圣母玛丽亚的诗歌艺术,同时也以此指明一个声乐流派的特点,该流派成立于1332年,每年举办诗人和歌唱家的竞赛活动。尼采在其自传《瞧,这个人》(1888年)中对书名做了如下的评述:"我的'"自由鸟"王子之歌'大部分竣稿于西西里岛(1882年3月),这些诗特别使我想起 gaya scienza[快乐的科学]这一概念,也想起歌唱家、骑士艺术家们由于具有这种统一性,其绝美的早期艺术比一切暧昧模糊的艺术要高明得多。本书末尾那首奔放不羁的《北风舞曲》,如果允许我说的话,边吟此诗边舞者便跳出了道德的范围,它是一首地地道道的乡土味甚浓的作品。"

多篇前言是否就可让某个没有类似体验的读者对书中所写的体验有所了解,最终尚存疑问。① 这体验似用一种暖风式的语言写就:它狂妄、不安、矛盾,如四月天气反复无常,总提醒人们冬季的临近,也昭示战胜严冬的胜利。胜利要来了,必然要来,或许已经到来……

感激之情似泉水奔涌,仿佛事情大出意料;此乃久病初愈之人的感激之情,康复②委实始料未及啊!"快乐的科学"意味着心灵的萨杜恩节③,这心灵曾抵御旷日持久的可怕压力,那是一种何等坚忍、严峻、冷酷、不屈不挠而毫无希望的抵御啊;而今突然受到希望的猛烈震撼,健康

---

① 【法文本注】尼采一开始就提出理解其本人作品的问题,以及这一问题与体验的关系。本书第五卷亦以此问题收尾,参见第五卷第381节"理解问题";第382节"伟大的健康"("我们是新人,无名之辈,难于被理解的人……")。这个问题显然就是解读尼采文本的根本所在。另参《悲剧的诞生》,第3节,尤其是"善恶之外"的最后一段。

② 【德文本注】系自传性的暗示,既暗指初始给尼采带来巨大欢愉的同洛·冯·莎乐美(Lou von Salomé,1861—1937)的友谊,尼采是1882年4月在罗马结识莎乐美的;同时也是尼采在"孤寂"和"康复"这类话题的变化中所作的自我引语(参阅《扎拉图斯特拉如是说》,第3卷,"康复者")。

③ 【德文本注】萨杜恩节:萨杜恩(Saturn)是古罗马农神,在他和拉丁姆地区的雅努斯神的统治下,人们度过了黄金岁月,故萨杜恩神的崇拜者对此十分缅怀,每年12月17日由国家出资举办盛宴,盛宴上主人侍候奴仆。

【法文本注】在萨杜恩节上,主人与奴仆互换身份。尼采以此喻角色的颠倒:从此,健康扮演从前疾病所扮演的角色;从此,健康的价值起主导作用,压倒属于疾病的那一部分价值——按尼采本人在19世纪80年代末常用的一个法语词,即堕落(la décadence)。

有望了，被康复陶醉①了，于是居然阐发诸多非理性、愚妄之论，抒发孟浪情愫，奢谈外表棘手实则并非如此的种种问题，受到它们的爱抚和吸引，②这实在令我惊异。

全书无非是抒发历经长时痛苦和神志不清后康复的愉悦，恢复体力的狂喜，信仰未来之再度苏醒的欢欣，预感未来的快慰；同时，对正在迫近的冒险犯难之举、再度敞开的襟怀之海③、重新可望企及的，并对其坚信不移的目标亦有所感悟，故而怡然自得。

我的经历是何等艰辛啊！青年时代，一片荒芜、衰竭、怀疑、冷漠；老年又不得其所，残暴的傲慢征服残暴的痛苦，傲慢拒绝痛苦的结论——而结论本是安慰呀——彻底的孤独，诚为对付世间几成病态的对人之蔑视的正当自卫手段；[10]当厌恶的心情发出命令，便对认识中的那些辛酸、苦涩、令人作痛的部分做原则性的限制，④这

---

① 【法文本注】trunkenheit。尼采更经常使用的一个表示"陶醉"的词语是 rausch，这是尼采权力意志思想的主要概念。参见尼采遗稿（下简称 FP），XIV，117。尼采从其最初作品《悲剧的诞生》起就开始探讨这个概念，"陶醉"在其中被定义为狄俄尼索斯的状态（如见《悲剧的诞生》，第 2 节）；阿波罗精神则被定义为"梦幻"。另见《偶像的黄昏》，"一个不合时宜者的谵语"，第 8—10 节。

② 【法文本注】值得注意的是，尼采恰恰是通过一系列情感丰富的风格定义了自己的作品：情感有余，而理性推理不足。

③ 【法文本注】海的譬喻以及与之相关的命题如危险、航行者、勇气，在《快乐的科学》中随处可见。尼采借此描绘他本人正着手建构的新哲学的道路。这条道路将与传统的哲学思辨分道扬镳。

④ 【法文本注】形而上学语汇不用来进行绝对的理性分析，而用在经验之上。

厌恶是从一种不慎的特殊的精神养料和娇纵（verwöhnung）①中滋生出来的,我姑且把这娇纵称为浪漫吧。②

噢,对这一切,谁能与我一样感同身受呢！倘若有谁做到这点,谁定然认为我的至善多于愚妄与张狂。以此次附录于本书的若干诗作为例,作者以无可原谅的方式嘲弄所有的诗人,可是,我这个复活的人发泄恶意的对象绝不仅仅是诗人及其优美的"抒怀情感"；谁又知道,他究竟要为自己寻觅什么样的祭品呢？那些诙谐诗作素材里究竟是何猛兽一下子就把他刺激起来了呢？是"开始了的悲剧"啊,这部疑书又不是疑书在结尾③时这样回答。当心啊,有害的、凶恶至极的东西——"开始了的讽刺模仿"——宣告将要来临。这是毫无疑问的……

---

① 【法文本注】娇纵、无教养,与娇纵孩子是同一意思。《快乐的科学》经常用到 verwöhnung 这个词,并在语意上做了细微的区分。

② 【德文本注】尼采在此处强调指出浪漫主义艺术和哲学那倒退的仇视人生的特征,这特别表现在叔本华（Arthur Schopenhauer,1788—1860）和瓦格纳（Richard Wagner,1813—1883）的著作里——这一点,尼采在《快乐的科学》第 370 节"何谓浪漫主义？"中有所陈述。尼采在此文段里提出的要求——用反对旧道德和旧心理的新的价值去反对浪漫主义特征的虚无主义——被世纪之交（19 世纪和 20 世纪之交）的作家们广泛接受,特别是托马斯·曼（Thomas Mann,1875—1955）在其著作《托尼奥·克勒格尔》（1903）中就逐字援引尼采的话,试图用肯定人生的新艺术去对抗"厌恶认知"那具有麻痹作用的危险性。

③ 【法文本注】第 342 节"悲剧开始了"作为第四卷的最后一节,在《快乐的科学》第一版中结束全书。这一表达后又重现于第 382 节中,也就是在第五卷最后一节。

2

让我们不要过问尼采先生,他的康复与我们何干?……

心理学家对于诸如健康与哲学的关系这类颇富吸引力的问题知之甚少;但是一旦他自己患病,他就把对科学的全部好奇心带入病中。[①] 大凡有人格者必有其人格哲学,然此中差别如隔霄壤。某些人因贫困而穷究哲理,另一些人则因有钱有势才这么做。首先,这些人(前者)需要自己的哲学,不管它被当作精神支柱也罢,被当作抚慰、药品、解救、附庸风雅和自我异化也罢;但最终(对后者而言这却)无非是一种华丽的奢侈,至多是一种踌躇满志的极乐和感激情怀而已。这感激必然要用宇宙大写字母写到概念王国的天幕上。在另一种比较正常的情况下,比如罹病的思想家因受个人病危状态的推动而精研哲学——哲学史上,也许是患病的思想家们占优势——那么,处于病魔压力下的思想将会产生怎样的结果呢?这是一个与心理学家相关的问题:在这个领域还可以进

[①] 【法文本注】前言第一小节具有纯粹的自传意味,甚至轶事性质,而绝少方法论证。第二小节,尼采转而提出问题,摒弃以往对纯哲学含义的各种观点。这种考验读者的做法在尼采作品中极为常见。当尼采写道"不说这个……""又有何干?"他是在对糟糕的读者说话。类似做法亦见《道德的谱系》前言。尼采在《瞧,这个人》("为什么我写出这么好的书";《道德的谱系》)中曾详尽探讨过这一策略。

行试验。①

[11]正如一位旅行者事先规定在某个时刻醒来,尽管此前(之后又重新)酣睡一样,我们这些患病的哲学家也在一定时间内全身心听任病魔摆布,仿佛紧闭着双眼。旅行者知道,他的某个东西不能睡,它要计时,并将唤醒他;我们也知道,具有决定意义的时刻也将唤醒我们,有某个东西会跳将出来,当场捕获我们的思想。所谓"当场",我指的是当出现被称之为精神病态之时,诸如神智衰弱、倒错、屈从、冷漠、忧郁等等。这些病态在健康的日子里,不是以本来面目,而是以傲慢姿态呈现的(古诗云:"骄傲的思想、孔雀和骏马,是世间最傲慢的三种动物"②)。③ 我们在经历自我质问、自我迷惑之后便学会以更精确的目光审视人们对其做过哲理探索的事物;能比过去更准确地看出患病思想家作为病者会不由自主地被引导或被误导④进入什么样的思想歧途、侧巷、静止点、向阳处;能知道病体及病体的需求会在不知

---

① 【法文本注】注意尼采此处用的是 das Experiment 而不是 das Erlebnis,与前言开篇的用法一样。该词进一步强调测试、审问、查证的意思。有关试验的重要意义,见下文第 319 节"经历的诠释者"和第 324 节"In media vita[在生活中]"。

② 【德文本注】引文出处不详。

③ 【法文本注】清醒的概念在尼采作品中极为常见。参见《道德的谱系》前言。此处给出定义:清醒指脱离病态,步入健康。

④ 【法文本注】注意此处两个叠音字的使用:geführt 和 verführt。

不觉中把思想逼迫、推动、吸引至何方——向着光明、寂静、温和、忍耐、药物和某种意义上的安慰。每一种视和平重于战争的哲学,①每一种对"幸福"概念持否定态度的伦理,每一种知晓某种最终结局的形而上学②和物理学,每一种美学或宗教对入世、出世、离群索居和超尘拔俗的要求,都不妨问一问,疾病是不是使哲学家深受鼓舞和激励呢?

在客观、精神和纯思想的掩护下,生理需要做无意识的伪装,③它的大行其道实在令我惊诧。我曾常常自问,

---

① 【德文本注】尼采探讨战争对道德的意义,其援引的实例主要是赫拉克利特的哲学(参阅本书"戏谑、计谋与复仇"中的第41首诗"赫拉克利特主义")和英国启蒙运动者托马斯·霍布斯(Thomas Hobbes, 1588—1679)的哲学,霍布斯追述了人的自然状态是人与人斗("这个人对另一个人而言就是狼");尼采又把这种斗争同英国自然科学家达尔文(Charles Robert Darwin, 1809—1882)的物竞天择理论联系起来,依这种理论,在不断的竞争中("生存斗争"),只有那些对环境条件具有最佳适应能力的个体和物种才能生存下去。

② 【德文本注】形而上学,原本是亚里士多德一篇文章的标题,后来自然而然变成了一个概念,用来表述自新柏拉图主义者以来的哲学基础学科,它探寻与世界万物关联的超验的规律。所以,形而上学是一种研究存在的最终原因、本质和意义的学说。尼采洞见此学说与宗教尤其是与基督教极具亲和性,基督教一直在教授二元论的形而上学,即此岸和彼岸、感性存在和"真正存在"的形而上学。尼采在此反对任何哲学和宗教进行抽象推测的唯心主义倾向,这种倾向从纯理性角度预先让人知道如何认识人和上帝,后者即所谓"真实的"存在。此外它也是一种转世论的代表,类似于基督教"世界末日",即个人和人类的最终状态的说教。

③ 【法文本注】注意此段中生理学与心理学的关系。

迄今的哲学①在总体上是否就是对身体的解释,②并且是对身体的误解③呢。在迄今思想史上起领导作用的那些最高的价值评估,其背后就隐藏着对身体特征的误解,这误解可能是个人的,也可能是各阶层和各种族的。人们可以把形而上学的一切大胆的癫狂行为,尤其是它对存在的价值这个问题④的回答,首先看成是身体的特征。

---

① 【法文本注】bisher 是尼采著作中最重要、最常见的用语之一。该语指称自柏拉图以来的哲学传统(超越了学派分歧)的深刻统一,同时也展望了哲学本质的某种变革的可能性。《善恶的彼岸》在描绘未来哲人的形象时,对此问题做了深入广泛的探讨。另参《道德的谱系》(尤其是第三章第 15 节)。有关尼采作品中的 bisher 及其反义词 versuch 的关系,参见 Eric Blondel, *Nietzsche, le corps et la culture*(《尼采:身体与文化》), Paris, PUF, 1986, p. 125。

② 【法文本注】"解释"代表尼采思考的根本概念。在尼采那里,"解释"等同于权力意志,代表对真实的根本性解释行为。尼采最常用来表示这层意思的词语有 auslegung(比如此处)和 interpretation。

③ 【法文本注】对观尼采对语文学的定义。身体好比一个文本;哲学体系则好比对文本的解读或翻译。歪曲文本,不忠阅读:错误的传统概念迷失了,转为轻视概念或误读概念。尼采把正确阅读的技艺称为"语文学",本书第五卷的最后一段重新呼吁这一必不可少的技艺。参见《朝霞》前言,第 5 节;FP XIV;《敌基督者》,第 52 节。

④ 【德文本注】"存在的价值这个问题"是批判性地影射哲学家、经济学家杜林(Karl Eugen Dühring, 1833—1921)的哲学著作《英雄人生观的生命价值》(1865 年),此人在发表于 1882 年的自传作品《事业、生命和敌人》中以"反犹主义的奠基者"自诩。实现一个"真正自由的社会"是杜林与达尔文"为生存而战"学说相对立的观念,在这种社会中,消除了一切强逼和统治的关系,杜林的这一观念受到恩格斯(Friedrich Engels, 1820—1895)的反击(《欧根·杜林先生对科学的颠覆》,1878 年)。

[12]从科学角度衡量,这类对存在的肯定或否定全无意义,然而它们却给历史学家和心理学家以更有价值的提示,提示人们关注身体特征,诸如个人的成功与失败、丰裕、强大、在历史上的专横,抑或拘谨、倦怠、贫困、对结局的预感、导向结局的意志等等。① 我一直在期待一位富于哲理的医生、一位研究民族、时代、种族和人类的总体健康的医生有朝一日鼓起勇气,将我的怀疑推向极致,并敢于直言:迄今的一切哲学研究根本与"真理"无涉,而是涉及别的东西,我们称之为健康、未来、发展、权力、生命②……

3

读者已经猜到,我不愿忘恩负义地同病入膏肓的时期告别,那个时期赐予的恩惠我至今受用不尽。③我十分清楚,我在自己那庞大的思想大厦落成之前,已从时好时坏的健康中大蒙其益。一位历经种种身体状况的哲学家同

---

① 【法文本注】Willens zum ende,与 Willens zur macht[权力意志]的构词法相同。但此处表明的是微弱的权力意志,或者干脆就是微弱的权力。《快乐的科学》大量使用了这一构词法。

② 【法文本注】尼采从他最早的作品起就把哲人定义为"文明的疗治者"(FP,《不合时宜的沉思》,第一篇和第二篇,23[15])。由此,在这一小节里,尼采同时运用了心理学、语文学、生理学和医学的譬喻,从而也表明了其哲学分析成果的极大丰富性。注意在此前言中,各种学科的譬喻是相互呼应、相互衔接的。

③ 【法文本注】此句极为关键,体现了尼采最根本的哲学态度,即尼采对敌对者的感激态度。参见《道德的谱系》开篇,《善恶的彼岸》前言。

时也会步入种种哲学,会把每次身体状况转变为思想形态和思想背景,而这种变形艺术正是哲学呀。我们哲学家不可能和大众一样,将灵魂和肉体分开,更不能将灵魂和思想分开。我们既不是有思想的青蛙,又不是内脏冰冷的客观记录仪,而必须持续地从自己的痛苦中娩出思想,像慈母一般倾其所有,以鲜血、心灵、热情、喜悦、激情、痛苦、良知、命运和灾祸给思想以哺育。在我们,生命就是一切,我们总是把生命、把遭际的一切化为光与火,舍此便无所作为。① 至于疾病,我们不是问过,难道它对于我们是必不可少的吗? 巨痛,作为怀疑一切的师爷,[13]才是思想的最终解放者,它把每个 U 都变成 X,那个不折不扣的、正正当当的 X;……巨痛,那绵延的巨痛,它不慌不忙,犹如架起嫩绿的柴火将我们焚毁,是它才迫使我们哲学家潜入自己的心灵底蕴,并且实施我们的一切信任、善良、掩饰、宽容、中庸——说不定以前的人性便是如此——

我怀疑,痛苦是否起到了"提升"的作用,但我明白,它确实深化了我们:我们学会了用傲慢、揶揄、意志力与它抗衡;我们堪与印第安人并驾齐驱,印第安人在遭受巨大创痛的深深折磨时,依旧嘴不饶人,并以此补偿损失;我们因为痛苦而撤退到东方的虚无境界——人们称之为涅槃,②撤退到寂静、僵化、听觉失聪的自我屈从、自我忘

---

① 【法文本注】对生命的定义,参见第一卷第 26 节"生命是什么?"

② 【德文本注】Nirwana,古印度语,意为"熄灭",佛教用语为"涅槃",意为个人意识、自我幻想和人生贪欲的消亡(转下页注)

却、自我熄灭境界；我们作为另一个人从这类演练，即从长期而危险的控制自我的演练中脱身出来，便有更多的问号，便具备提问的意志，而且比以前提问更多、更深刻、更严肃、更残酷、更尖刻、更不动声色。我们对生活的信赖心死了，因为生活本身成了问题。但愿我们不要相信，某人因此必然会沦为思想忧郁者！即使还可能存在对生活的热爱，但已是另有所爱，即爱那令我们疑窦丛生的妇人……一切疑难的事物对这些智慧的、精神生活宏富的人可谓魅力无穷；一切未知事物使他们感到兴味盎然，这兴味总似耀眼的炽热，吞没疑难事物的疑难，克服未知事物的危险，乃至爱恋者的妒意。我们，我们明白了一种新的幸福……

4

末了，最重要的话不可不说：人从如是的深渊、沉疴、多疑症中返回，重获新生，蜕了皮，比以前更敏感、更狡黠，对欢乐的鉴赏更精细、对美好事物的表达更微妙，感官更愉悦，欢欣中显出更寓危险性的清白无辜，同时也更具稚气，也比从前尖刻百倍。[14]啊，我们现在对于享乐多么反感啊！对那些精通此道的享乐者、"有教

(接上页注)以及对生死循环的摆脱。对于这个概念，尼采首先想到叔本华对印度哲学的接受。依据印度哲学，表象世界时空上的复杂纷繁只不过是玛雅人那骗人的面纱而已（《作为意志和表象的世界》）。尼采揭露叔本华意志中的虚无是地地道道的蒙骗。

养者"①、富翁和统治老爷们,对他们那种粗俗、愚昧的褐色享乐多么厌恶啊!对在我们耳膜上咚咚作响的新年集市上的击鼓声是多么鄙夷不屑啊!可是,"有教养者"和城里人时下竟然把艺术、书籍、音乐和那咚咚敲击声当作"精神享受"哩,并听任这些劳什子"精神饮料"强暴自己!当今,戏院里激情万丈的欢呼真使我们耳膜作痛呀!有教养的群氓所喜爱的那一套浪漫的骚动和思维混乱及其向往崇高、风雅和乖戾的抱负,对我们的审美情趣而言是何等怪异呀!

不要这些!倘若我们康复者还需要艺术,那么这必定是另一类艺术——嘲讽、轻松、空灵、神圣而不受干扰、绝妙非凡的艺术,它像一把明亮的火直冲万里碧空!

首先,它必须是艺术家的艺术,仅仅是艺术家的艺术!②它的第一要务是给人带来轻松愉快,我们精于此道,朋友们,我指的是时时处处的轻松愉快啊!我也忝属

---

① 【德文本注】"有教养者"影射1871年帝国成立后德国受过教育的、志得意满的市民资产阶级,尼采在《不合时宜的沉思》首篇(1873年)中曾以神学家大卫·弗里德里希·施特劳斯(David Friedrich Strauß,1808—1874)为例无情鞭挞过这类市民资产阶级。与此相联系的,下文中"粗俗、愚昧的褐色享乐"分明指的是啤酒,因为尼采在《人性的,太人性的》这部著作中(1880年)曾指出啤酒和报纸降低了德国人的精神(《杂乱的见解和空话》)。

② 【法文本注】尼采对艺术的根本看法之一。哲学与艺术之相近,永远是站在观众、"消费者"的角度胜于站在创造者的角度的。尼采的美学思想恰恰建立于与这种传统理念分道扬镳的基础之上。在《悲剧的诞生》中,尼采提出"艺术家的形而上学",正是为了说明这一点。另参《道德的谱系》第三章第5—6节。

艺术家,我必须证明这一点才是。对于某些东西,我们现在可谓心明眼亮,噢,身为艺术家①,我们要学会善于忘却、不谙世事!②至于将来,人们将很难在那些埃及青年③出行的路径上找到我们了。那些青年夜间大闹神庙,拥抱塑像柱,撕掉用充足理由掩盖起来的一切东西的面纱,并置于光天化日之下。不要这样!这样糟糕的风气,这种"不惜一切代价寻求真理"的意志④,这种青年人热爱真理的疯狂⑤实在使我们败兴。他们这一套,我们可谓"曾经沧海",我们也曾过于认真、深沉,被烧灼得遍

---

① 【法文本注】艺术成为哲学思考的模式,并由此在认知理论方面占有重要地位。尼采正是从艺术行为的模式出发来思考认知理论。

② 【法文本注】有关忘却,参见《道德的谱系》第二章第1—3节及其后的论证。有关作为知识的条件的无知或无知的意愿,参见《善恶的彼岸》第229—230节。

③ 【德文本注】由古希腊作家普鲁塔克(Plutarch,约公元45—125)流传下来的埃及青年的故事。那个埃及青年藐视祭司的禁令,在尼罗河畔的赛伊斯城揭去伊西斯女神立像的面纱,想一睹女神的真容。席勒(Friedrich Schiller,1759—1805)在《赛伊斯的蒙面神像》一诗中对该青年予以歌颂:在亵渎神灵地揭去女神面纱后,该青年却无法讲出他看到了什么,旋即死去。这个题材在哈登贝格(Georg Friedrich Philipp von Hardenberg,1772—1801,又名诺瓦利斯)的小说残篇《赛伊斯的学徒们》中继续被文学加工,此书的补遗中流传下来六音步诗中两行诗(1798年5月):"某人成功地掀开赛伊斯城的女神面纱——/可是他看见了什么?他看见了——真是奇中之奇——自己。"

④ 【法文本注】尼采批评寻求真理的意愿,并与权力意志相对,见《道德的谱系》,第1节。

⑤ 【法文本注】Wille zur wahrheit[真理的意志]、Liebe zur wahrheit,如前所注,与"权力意志"的构词法一致。

体鳞伤……

我们不再相信,当真理的面纱被揭去,真理还是真理;我们已有足够的阅历不再相信。不要露骨地审视一切,不要亲历一切,不要理解和"知道"一切,这,对于我们不啻一种技巧。"亲爱的上帝无处不在,这是真的吗?"一个小女孩问妈妈。"我认为这么问有失规矩"——这便是对哲学家的一种提示!人们应尊重羞愧心,大自然就是因为这羞愧心才把自身掩藏在谜的背后,掩藏在斑驳陆离的不确定性背后。① 也许,真理就是一个有理由又不让人看出其理由的女人?② 也许,她的名字在希腊文中叫"鲍波"③……噢,那些希腊人呀,他们可善于生活哩:[15]为了生活,他们必须在表面④、皱纹和皮肤上表现出

---

① 【法文本注】对观赫拉克勒斯的一句有名箴言(残篇123,Deils-Kranz):"自然爱遮掩。"

② 【法文本注】尼采巧妙地使用grund的不同语意,以捍卫羞愧心作为某种纯属表象的特点的合理性和意义。女性的譬喻,另见下文第339节"Vita femina[生活似女人]"。

③ 【德文本注】鲍波,古希腊神话中令人讨厌的老妪,她做出淫荡的姿态逗哀伤女神德墨忒尔开心。其出处大概源于小亚细亚的女性生殖化身。

【法文本注】古希腊厄琉西斯(Eleusis)秘籍中的神话人物,与地母神德墨忒尔相连。尼采显然是把她当成女性生殖的象征。有关鲍波,另见恩培多克勒,残篇153,Diels-Kranz。

④ 【法文本注】尼采思想的另一关键概念——表象(schein),首先与传统概念"现象"(Erscheinung)相对立。尼采否定真实存在与现象之间的本体对立,因此,表象意味着独一无二的真实,没有必要把表象和某一稳定不变的背景世界,也就是通常所说的"真实世界"相对。

勇敢,崇拜表象,相信形式、色调、言辞、整座表象的奥林匹斯山①!他们浮在表面,从深处到表面②!而我们不也恰好在重蹈覆辙吗?我们这些思想莽汉已经登上当今思想界那无比危险的极巅,伫立该处,环顾四周,俯视一切。我们不也恰好沦为希腊人了吗?沦为形式、色调、言辞的崇拜者了吗?也因此而成了艺术家了吗?

1886年秋写于

热那亚近郊之卢塔

---

① 【德文本注】希腊神话中,奥林匹斯山是众神居住处。尼采在其早期著作《悲剧的诞生》(1872年)中,把奥林匹斯山的众神解释为日神文化的基础,并且解答他自己提出的问题:究竟出于何种需要而产生奥林匹斯山的众神。他的解答是:"希腊人认识并感觉到存在的恐怖,为了继续生存,他们不得不异想天开,让奥林匹斯山众神出世,以对抗存在的恐怖。"(《悲剧的诞生》,第3节)

② 【法文本注】尼采否定传统哲学中深处(fond)的优越性。

戏谑、计谋与复仇[*]

——德国韵律短诗序曲

*【法文本注】尼采借用了歌德(Johann Wolfgang von Goethe,1749—1832)在1790年创作的一部歌唱剧(Singspiel)的同名标题(1880年由彼得·加斯特谱曲)。在本书第357节"老问题:何谓德国式?"中,尼采称歌德具有"善意的异教徒信仰"。尼采在定义"快乐的科学"的时候援引歌德,显得别有深意。

1 邀请

[16]食客们,请斗胆品尝我的盛馔,
　　明天诸君会觉味道更鲜,
　　到后天,珍馐美味已妙不可言!
　　我的酒池肉林,诸君从此大啖无厌——
　　如此,我的陈旧之物
　　使我勇气倍增!

2 我的幸福

　　自从厌倦于追寻,
　　我已学会一觅即中;
　　自从一股逆风袭来,
　　我已能抗御八面来风,驾舟而行。

3　无畏

无论你站立何处,下面即是井泉!
只管向下深掘!
任凭居心叵测之徒鼓噪:
"下面即是地狱!"

4　对话

A：我曾患病? 现已复元?
　　可谁曾是我的医生?
　　我怎将这一切全然忘怀!
[17]B：现在,我才相信你已康复,
　　因为忘却即表痊愈。

5　致德行之士

我们的道德也应迈开双脚,
步履轻松,
须似荷马之诗①,
纵横驰骋!

---

① 【德文本注】"荷马之诗"系指六音步诗,由六个扬抑抑格组成的诗律(一个重音节后面跟两个轻音节),其尾韵不全。

6　世俗之智

切勿留在平原！
切勿登临极巅！
于半高处看世界，
世界最显精彩！

7　Vademecum-Vadetecum①

你被我的风度和谈吐吸引，
是否决意紧步后尘？
还是忠实地紧随你自己吧，
然后再随我——不过且慢！还须当心！

8　第三次蜕皮

我的皮层，开裂、萎缩，
我已消化大量的泥土，
但我又滋生新的欲望：
依旧是对蛇体内泥土的贪恋。
我在乱石和草丛中匍匐，

---

① 【德文本注】Vademecum-Vadetecum：拉丁文，意为"跟我走吧—跟你走吧"。此外，Vademecum还指一种轻便型的专业入门书。

途程曲折,饥肠辘辘,
吞食我原本食过的——
你,蛇的食物:泥土①!

9　我的玫瑰

[18]诚然,我的命运希冀给人带来欢乐,
欢乐人皆盼望,
你们是否要摘取我的玫瑰?

你们不得不俯首屈膝,
在岩石和荆莽间藏匿,
常将滴血的手指吮吸!

我的命运爱慕讥诮,
我的命运眷恋奸计,
你们想要摘取我的玫瑰?

10　轻蔑者

许多东西被我抛却,

---

①　【德文本注】参看《以赛亚书》对蛇的谴责:"狼和羊将和睦地吃草,狮子和牛一样吃稻草;但蛇只靠尘土活命。"尼采在诗里反其意而用之,正如扎拉图斯特拉(参阅《扎拉图斯特拉如是说》的前言,第3节)向其门生发誓,他要忠于大地,不像那些奢谈超尘世期许的人那样,尼采也意识到自己对大地和人生负有责任。

故而被诸君视为傲慢;
若从外溢的酒杯里豪饮,
难免洒落许多佳酿,
故不要怀疑酒的质量。

11　谚语如是说

粗鲁与精细,尖刻与温良,
污秽与明洁,熟稔与陌生,
愚人与智者:
全集我身上。
兼为鸽、蛇、猪,①
此乃我志向!

12　致光明之友

倘若不愿让视力与精神毁伤,
务请在阴暗中追寻太阳!

13　致舞蹈家

[19]平滑的冰场,

---

① 【德文本注】此处暗指俗话中鸽的温和(基督教神圣思想之象征),蛇的狡黠和聪慧,猪的污秽(它玷污上帝教义)。

善舞者的天堂。

14 勇者

整块木料制作的敌视，
胜过黏合而成的友谊。

15 锈

不可满足于锋利，
尚需斑斑锈迹，
否则招致物议：
"竖子乳臭未干！"

16 向上

"我欲凌绝顶，有无捷径上？"
只顾向上攀，无需费思量！

17 冷酷者的箴言

请永远不要、不要悲泣！
我求你，接受劝告，永远！

18　狭隘的灵魂

狭隘的灵魂令我厌恶,
它那里善恶皆无。

19　无心的诱惑者

[20]为了消遣解闷,他将空言射向漠漠苍穹,
　　岂料上方一女子殒命。

20　思量

双重痛苦比单一的易于承受,
你可愿放胆一试,今后?

21　谨防傲气

切莫自我膨胀,
否则,一根小刺便可把你戳穿!

22　男人和女人

"把你倾慕的女人夺过来!"男人忖度;
可女人不强夺,而是偷取。

23　诠释

当我诠释自己,反而变为自欺,
做这样的诠释,本人无能为力。
然则,走上自己轨道的人
均能把我的形象向亮处转移。

24　悲观者的药物

你抱怨食不知味?
朋友,你依旧是那古怪脾气?
[21]听你抱怨、喧闹、唾啐,
我失去耐心,心痛欲裂。
跟我来吧,朋友!
斗胆吞下这条肥硕的蟾蜍,
快,闭上眼——助你摆脱消化不良[①]!

---

① 【德文本注】即急性消化不良,其病症为没有胃口,呕吐和腹泻。原文 Dyspepsei 应为 Dyspepsie。

【法文本注】尼采引用的是尚福尔(Chamfort)的名言,"拉塞伊先生天性温柔,却对现实社会有着深刻的认识。他说,要想生活在这个世上,每天大清早最好先吞下一只青蛙,好让自己在一天剩下的时光里不再觉得有什么是好恶心的"(*Maximes, pensées, caratcères et anecdotes*[《格言与思想,性格描绘与奇闻轶事》], Paris, GF-Flammarion, 第 863 条,页 245)。该词亦见于司汤达的《日记》(*Journal*, 1810 年 7 月 27 日, in *Oeuvres intimes*, vol. 1, Paris, Gallimard, Bibliothèque de la Pléiade, p. 606)。

25　请求

我熟悉某些人的思想,
却不知自己是谁!
眼睛离我太近——
过去和现在所见的都不是我。
我想对自己有所帮助,
坐到离自己稍远处,
也不远于我的敌人!
无奈我的挚友坐得太远,
中点恰在他与我之间!
诸君猜猜看,
我请求什么?

26　我的残酷

我必须跨越一百个阶梯,
必须向上跃升,只听见你们呼号:
"你好残酷,难道我们是石头做成?"
我必须跨越一百个阶梯,
但无人甘当一个梯级。

27 漫游者①

"走投无路了！四周深渊,死的寂静!"
你既认为如此,意志必偏离路径!
漫游者啊,到时候了！冷静、仔细瞧瞧吧!
你若相信遇上险境,必然自我失落!

28 给初学者的安慰

[22]看那小孩被猪猡的咕咕叫声包围,
吓得连脚趾也一道抽搐,可怜,无助!
他唯有号哭——
倘如此,岂能学会站立、走路?
切勿沮丧啊！我相信,
不久,你们将看见小孩跳舞!

---

① 【德文本注】"漫游"这个主题被视为象征着求知和生存意义上的永不停歇以及天才人物的自我意识,至少始于歌德狂飙突进颂诗《浪游》和《浪游人的风暴之歌》(1772年)。值得注意的是,歌德在《浪游人的风暴之歌》里把酒神狄奥尼索斯——被尼采联想为全体艺术家——说成是天才时代的天才。(歌德用"布罗米乌斯"来称呼酒神狄奥尼索斯,"布罗米乌斯"在罗马是与狄奥尼索斯相当的酒神巴胡斯的绰号。)"父亲啊,布罗米乌斯/你是天才/世纪的天才呀。"(诗行52—54)。至于尼采的漫游者主题,请参阅《人性的,太人性的》下卷,它是以"漫游者和他的影子"这段对话开头的,以及"扎拉图斯特拉"第三卷第1节,此节对"漫游者"的描绘甚详。

你若先用双脚站立,
也必会用头部倒立。

29　星星的自我本体论

假如被我转动的滚动球体
不是不停顿地围绕我,
我怎能坚持追随那炎炽的太阳
而不引燃自己?

30　真诚而亲密的好友

我不喜真诚而亲密的好友留在身边,
愿他远走高飞,升入云天,
否则,
他怎能成为我的明星?

31　乔装的圣者

你的命运犹为令人沮丧,
于是,你施展魔鬼的戏谑和伎俩,
披上魔鬼的衣裳,
但一切枉费心机!
你的眼神依旧露出神圣之光!

32　受束缚者

[23]A：他伫立倾听：
　　　是什么使他迷误？
　　　是什么在他耳畔嗡嗡颤鸣？
　　　是什么将他击倒？
　B：恰似戴过脚镣的人，
　　　他听到的总是：脚镣的叮当之声！

33　孤寂的人

我讨厌跟从，也不喜带领，
服从？否！统治？不行！
因为自己不可怕便不能使人怕，
使人畏惧者方能领袖群伦。
可是，我也厌恶带领自己！
却愿做林间和海中的兽类。
不妨先自我失落一阵，
于温雅的迷惘中冥思苦想，
最后吸引自己归家，从远方。
我诱使自己属于自己。

34　Seneca et hoc genus omne[①]

他写呀，写呀，聪明的胡诌呀，
不厌其烦，令人厌恶，
仿佛那是——
先写作，后探究哲学。

35　冰淇淋

是呀，冰淇淋我也制作，
此物于消化大有裨益，
诸君若有许多东西需要消化，
啊，享用我的冰淇淋吧，
你们将百尝不厌！

36　青年时代的作品

[24]我的智慧的 A 和 Ω[②]。

---

①　【德文本注】Seneca et hocgenus omne 意为"塞涅卡及其类似者"。塞涅卡(Lucius Annaeus Seneca，约公元前 4—公元 65)是罗马最重要的政治家、哲学家和作家之一。尼采对他予以讥讽，是因为他那侧重雄辩的文风，其目的主要是说服别人，而不是从哲学角度认识真理。此诗第 4 行原文为 Primum scribere,/Deinde Philosophari 意为"先写作,/后探究哲学"。

②　A 和 Ω 是希腊文的首尾两个字母，意为"从头至尾、全部"。——译者

曾在耳畔鸣响！
可现在，这响声闻之有异：
是永恒的 Ah 和 Oh，①
不过，我的青春，现在犹能听闻。

37　当心

那个地方，时下旅人很不称意，
阁下大才，亦须小心翼翼，
人们诱你、爱你，最后却将你撕碎。
狂热的英才荟萃之乡啊——
始终缺乏英才！

38　虔诚者如是说

上帝爱我们，因为他创造了我们。
你们，精明的人立即回答：
"人创造了上帝。"
难道人不应爱他创造的？
抑或因为是创造而应否定？
这问题欠妥，还是让魔鬼收走吧。

---

①　Ah 和 Oh，是德文中的感叹词"啊""噢"，表感叹、惊讶。——译者

39　夏季

满脸汗水,我们该吃面包吗?
汗流浃背时最好什么也别吃,①
此乃聪明医生的观点。
天狼星②眨着眼:它缺乏什么?
它那火一般的暗示究为哪般?
汗水涔涔,
我们应该喝自己的酒。

40　不嫉妒

[25]是啊,他的眼神毫无妒意,
故而你们对他尊崇?
他毫不觊觎你等的功名;
那双专注于远方的似鹰的锐眼,③
根本无视你们,而只仰望星星。

---

① 【德文本注】参阅《创世记》3:19:"你必汗流满面才能糊口,直到你归了土。"

② 【德文本注】天狼星,德国星座中犬星的称谓。天狼星的出现与八月大伏天常常同时发生,所以此诗("夏天""汗")与大伏天有关。

③ 【德文本注】扎拉图斯特拉与鹰和蛇在山间孤寂地生活达10年之久(参阅《扎拉图斯特拉如是说》前言和第1节),鹰和蛇是勇敢和智慧的象征。

41　赫拉克利特主义①

朋友们,斗争是世间一切幸福的源泉!
是呀,为了结为朋友
也需要硝烟!
凡朋友三者必居其一:
患难的兄弟,
抗敌的战友,
视死如归者。

42　迂人的哲学

宁可用脚趾站立,
而不用四肢爬行;
宁可穿过锁孔,
而不走洞开的大门!

43　忠告

你是否旨在博取声望?

---

①　【德文本注】赫拉克利特主义:赫拉克利特(Heraklit von Ephesos,约公元前 550—前 480)是受尼采高度赞誉的古希腊哲学家,但只有少量残稿传世。尼采一再——常常抱赞同态度——分析研究他那有关矛盾对立事物之效益性的理论("战争是万物之父"),特别是在《偶像的黄昏》前言中(1889 年)。

若是,这信条务请记取:
自动放弃名誉,要及时!

44 彻底的人

[26]我是探索者吗?
噢,还是不要这样称谓!
只因我笨重逾恒,
故一直跌落到最底层,
使我得以竟委穷源!

45 永远

"今天我来,是因为今天有益于我。"
每天都来的人如是思忖;
"你来得太早!你来得太迟!"——
对付这类世俗的饶舌,该挥剑劈刺!

46 倦怠之人的评价

一切黯淡诅咒太阳,
树的价值却在于树荫!

47 沉沦

"他沉沦,他跌倒。"你们一再嘲笑,

须知,他正朝下向你们走来。①

他乐极生悲,

可他的强光紧随你们的黑暗。

48　违背规律

自今日始,我头颈挂着一只时钟,

再也没有日星的运行,

没有公鸡的鸣叫和阴暗的出现。

[27]时间向我宣告的

全是聋、哑、盲——

在时钟有规则的嘀嗒声里,大自然对我默然。

49　智者如是说

我对于民众,虽是怪异,却也有益;

我行于当世,时而阳光璀璨,时而浮云蔽天,

但永远高于民众!

50　丧失理智

她现在有了思想,何以至此呢?

---

① 【德文本注】预示扎拉图斯特拉山间孤寂地生活 10 年后下山到人群中去:"于是,扎拉图斯特拉开始下山。"(《扎拉图斯特拉如是说》,"扎拉图斯特拉前言"第 1 节)。

最近,一男士因她之故而丧失理智
此人头脑丰富,全为消磨光阴,
原来,他脑子想着魔鬼——不,想着女人!

51　虔诚的心愿

"但愿所有的钥匙不翼而飞,
让万能钥匙在每个匙孔里大显神威!"
谁是万能钥匙,
谁就时时刻刻如此思维。

52　用脚书写

我不独用手书写,
脚也参与其事。
它坚定、自由、勇敢,
为我时而穿过原野,时而越过白纸。

53　《人性的,太人性的》①一本书

[28]只要你回顾,你总是怀着伤感的畏葸,
而信赖你所寄托的未来。

---

①　【德文本注】《人性的,太人性的》,尼采的这部著作出版于1878年4月末,标题为:《人性的,太人性的——一本献给自由思想者之书》(纪念伏尔泰逝世100周年)。

噢,鸟儿! 我应把你列入鹰类?
或者,你是密涅瓦的宠物猫头鹰?①

54　致读者

祝你——
胃纳极佳,齿牙完坚,
你若消受了我的拙作,
必会与我十分投缘!

55　现实主义画家②

"忠实于自然,完全忠实!"他开始实干,
大自然何时才能被描摹在画上?
最终只画上世界最微小的一角!
他只画他喜欢的东西。
什么使他喜欢呢?

---

① 【德文本注】密涅瓦(Minerva)的宠物猫头鹰:在罗马神话中,密涅瓦是相当于希腊雅典娜的女神,司手工技艺和智慧,其象征物为猫头鹰。

② 【德文本注】"现实主义画家":1855 年,库尔贝(Gustave Courbet,1819—1877)为称呼一个绘画流派而提出"现实主义"这一概念,当时巴黎举办世界画展,他趁此机会在一个展厅举办他的画展,并提出"现实主义"纲领。该词为占据 19 世纪三分之二时段的一个画派冠名,强调尽量细节真实地、客观地再现所描绘的对象。

凡是他能画的他就喜欢。

56　诗人的虚荣

只给我黏胶即可,
我自己能找到木块黏合;
赋予四行荒诞韵诗以意义,
——实在不值得丝毫得意!

57　挑选的情趣

假如让我自由选择,
我就为自己
在天堂里挑选一个位子,
[29]这座位在天堂门前则更好。

58　曲鼻

鼻子抗拒地觑着那片土地,
趾高气扬,
所以,你——无角犀牛,我的傲慢的侏儒,
总是垂下,也总是朝着前方!
弯曲的鼻子,正直的傲慢,
从来就是同气相求,同声相应。

59　信笔涂鸦

钢笔乱涂,乱得像冥府!
难道命定我必得这样乱书!
瞧,我紧握墨水瓶,
笔蘸浓墨水,
笔到之处,无不墨色淋漓。
凡我书写皆随心所欲,
字迹不清又何妨?
谁读我涂鸦的文章?

60　高等人

此人往高处走——他应受赞颂!
那人总是从高处降临,
他活着,自动舍弃赞美,
他是从高处来的人!

61　怀疑论者如是说

你的一半生命业已结束,
时针动了,你的灵魂何等悚惧!
[30]灵魂早已四处漫游,
苦苦寻觅却一无所获——难道还要犹疑?

你的一半生命业已结束，
此前无时不是痛苦、迷误，
你还寻觅什么？为何寻觅？——
我要寻觅痛苦与迷误的原因！

62　Ecce homo[①]

诚然，我知道我的来处，
宛如烈焰，从不知足，
炽热将我耗尽。
我把握的全是光，
留下的全是煤；
我是烈焰，确定无疑。

63　星的道德

你被预定在星的轨道上，
黑暗与你星星何干？

你欢乐地度过这时代吧！
让时代的不幸与你远离！

---

① 【德文本注】Ecce homo 意为"瞧，这个人"，是罗马驻巴勒斯坦总督彼拉多讲的话，当时他把身披紫色大氅、头戴荆冠的耶稣交给那些要求把耶稣钉死在十字架上的人。尼采也采用 Ecce homo 作他自传的书名:《瞧，这个人》(1888 年)。

你的光辉属于遥远的世界,

在你,同情无异于罪孽!

适合于你的信条只是:
保持纯洁!

第一卷

1

[31]阐释存在之意义的导师。① ——无论我以善或恶的眼光看人,总发现所有的人,即千差万别的个人无不怀着一个使命:从事有益于保存人之种族的事。但这并非出于对人类的袍泽之爱,仅仅因为他们身上存在一种比任何东西更加根深蒂固、冷酷无情、不可征服的本能,这本能恰是我们族群的本质。②

---

① 【德文本注】尼采的这段文字是其著作《偶像的黄昏》(1888年)的中心思想的前奏,如本书"前言"一样,尼采在此不仅反对基督教的存在的理论,而且对于任何基于唯一的超验的最高存在之理念,不管是柏拉图的"理念"也罢,中世纪形而上学的"存在现实主义"也罢,杜林的"人生价值"也罢,他全都予以严厉抨击。

② 【德文本注】尼采在这里把英国自然科学家达尔文和英国哲学家斯宾塞(Herbert Spencer,1820—1903)的科学假设结合起来。达尔文在其著作《论物种的起源》(1859年)中 (转下页注)

尽管人们习惯于以一种短视的目光严格区分周围的邻人是有益或有害,善或恶,然而,倘若他们对整个群体做一个大略的估计和长期的思考,便会对这种严格的区分表示怀疑,最终只好罢手做这样的区分。从保存本质的角度看,最有害的人也许是最有益的人,因为他不仅保存了自身的本能,而且由于他的行为效应还保存了他人的本能。没有本能欲望,人类大概早已衰落了。

仇恨、奸邪(邪恶的快乐,从他人不幸得到的快乐)、掠夺、统治欲,还有其他许多被称为恶的东西,均属保存本质的行为,自然是代价高昂的、靡费的,且大体说来是愚不可及的行动,但它们毕竟属于屡试不爽的、使人类得以保存至今的诸多因素。亲爱的同胞和至友,我不知道你是否会有损于本性地去生活,即"非理性""悲惨"地生活。损害本性的东西也许几千年来已经灭绝,现在上帝那儿也找不到了。① 请按照你至善或至恶的欲望行事吧,或自我毁灭吧! 在这两种情况下,你都能成为对人类

(接上页注)阐发了至今大体上仍被接受的"物竞天择"理论,根据这个理论,地球上所有的物种都是由适应和选择而产生;生物在"生存斗争"中要获得成功,就必须尽量使其特性与周围环境条件相适应。斯宾塞将达尔文的进化理论与伦理、社会学和宗教结合起来,认为道德是生存斗争中的一种适应能力,人的意志就是为了保存自己和保存族类。这时的第一原则,即快乐原则重于第二原则,即同情原则。在社会和谐中,凡是本着利己和利他思想促进生活的东西都是好的。

① 【德文本注】讥讽地影射耶利米(Jeremia,旧约中的先知):"噢,主啊,瞧,你创造了天和地,用你的伟力和伸展的双手;在你,没有什么事情是不可能的。"

有益和有促进作用的人,因而也可以挽留住赞美你或讽刺你的人!然则,你会永远找不到一个在你最得意时嘲笑你的人,[32]在你像苍蝇、青蛙一样极度可怜时找不到一个使你心绪变佳的人!正如人们会因为真理而发笑一样,我们也会笑自己。不过,要笑,精英人物迄今的真理意识尚嫌不足;最具天资的人物也缺乏笑的天赋。如此说来,笑,也许是未来的事了!假如那句"本性是最重要的,个人算什么!"的箴言被纳入人性之中,假如每个人每时每刻都会发笑以达到最终的解脱和轻松,那么,也许这笑便与智慧连在一起了,也许就有了"快乐的科学"。

有时情况完全不同。存在的喜剧尚未"意识到"自己就出现了悲剧时代、道德时代和宗教时代。那些道德发明者、宗教创立者、为道德评价而斗争的始作俑者、鼓吹良心谴责和煽动宗教战争的导师层出不穷,这意味着什么呢?① 那些舞台上的英雄豪杰代表什么呢?其实,英雄大致雷同,而其他偶然可视的东西只是英雄的铺垫罢了,它们可能是舞台的道具、布景,也可能是扮演的密友、贴身仆役等角色(例如,诗人便是某些道德的内室仆役)。这些悲剧人物虽则相信自己是为上帝的利益并作为上帝的使者在行动的,但实际上仍是为本性利益在行事,这是极易理解的。他们促进人们对生活的信仰,因

---

① 【德文本注】这个问题,尼采在其著作《道德的谱系》(1887年)的第二章("罪欠""良知谴责"及相关概念)和第三章("禁欲主义理念意味着什么?")中有详细探讨。

而促进了类群的生活。"活着是值得的",他们无不这样嚷道,"生活本身、生活背后和下面隐藏着许多东西,你们要注意啊!"最高贵者和最卑贱者同样具有保存本性的欲望,这欲望会不时作为理性和激情爆发出来,它会给自己创造车载斗量的、冠冕堂皇的理由,倾力叫人忘却它是一种本能、直觉、愚蠢和毫无道理的东西。应该热爱生活!因为人应该促进自我及其邻人!现在如此,将来也应如此!为了使这成为今后唯一的目的,[33]成为人们的理性和最终的信条,伦理学导师于是登台了,他的讲题是存在之意义。他杜撰出第二个存在,并且用他的新机械把旧的普遍存在从古老的、普通的日耳曼人身上取走。

是啊!他绝不允许我们取笑存在、取笑我们自己,也不允许取笑他;在他,个人永远是个人,要么是老子天下第一,要么微不足道,但都作恶多端;他认为人没有本性。他的杜撰和评价多愚昧、多狂热,大肆曲解大自然规律,否认大自然的种种条件,的确,一切伦理学的愚蠢和反自然到了可怕的程度,以至于任何伦理学家都足以使人类毁灭——倘若他们强迫人类就范的话。

每当"英雄"登台,必定出现新鲜的玩意和令人惊异的笑料,也会使许多人产生内心的震颤,他们思忖:"活着是值得的!是呀,我活着是值得的!"生活、我、你、我们大家再次对自身产生了一时的兴趣。不可否认的是,笑、理性、自然已经战胜那些进行存在意义说教的伟大导师,存在悲剧终于转为存在喜剧,"无穷的笑的浪潮"①——借用埃斯库罗斯的话说——最终将淹没这些伟大的悲剧角色。在"矫正性"的笑声里,人性就总体而言随着那些阐释存在之意义的导师的一再亮相而改变。人性现在又多了一种需要,即需要这类导师和存在"意义"的理论竞相出笼。久而久之,人变成一种富于想象的动物,比其他动物多一种生存条件:必须时刻坚信,自己能够弄明白为何而存在。如若没有周期性的对生活的信赖,没有对生活理性的信仰,则人类不可能有如此的繁盛。人类也一再宣言:"世间的确存在某种不可取笑的东西。"而谨小慎微的博爱主义者还会补充说:"不仅笑[34]和欢乐的智慧,而且非理性的悲剧性的事物也同属于保存本性的手段和必要性!"

原来如此!啊,弟兄们,你们明白我的意思吗?明白这条盛衰规律吗?我们也有自己的时代啊!

2

*理智的良知*②。——我常常重复同样的经验,并且

---

① 【德文本注】"无穷的笑的浪潮",是尼采对希腊悲剧作家埃斯库罗斯(Aischylos,公元前525—前456)《被缚的普罗米修斯》(89—90)的随意误译。原作是:"噢,神圣的太空呀,轻快的微风呀/浩瀚而汹涌的海浪呀,大地母亲无穷的微笑呀。"尼采对埃斯库罗斯评价甚高,尤其在其著作《悲剧的诞生》(1872年)中,他把埃斯库罗斯与欧里庇得斯(Euripides,公元前480—前406)相提并论,认为他是独具特色的希腊悲剧的代表人物。

② 【法文本注】Gewissen,另参见第335节"向物理学欢呼致敬"。

一再对这经验进行抵制,尽管信手拈来,却不愿相信:大多数人缺乏理智的良知。

我时常觉得,用这样的良知来要求,处在人满为患的通都大邑就像置身荒漠一样。每个人都用异样的眼神打量你,用他自己的那杆秤来衡量一切,说这个好,那个不好,①而当你发现他们的衡量并不准确,他们也绝不会面呈愧色。但也无人迁怒于你,对你的怀疑,他们也许一笑了之。

我要说的是:人们相信这个或者那个,并按此信念而生活,但事先并不知道赞成或反对的理由,不知道最有把握的理由是什么,也不愿花力气去研究是何理由,对此,人们也觉得并没有什么可鄙。最有天赋的男子和贵妇人也属于"大多数人"之列。

然而,倘若嘉言懿行之士竟允许自己在信仰和评价中持如此马虎的态度,倘若"对每件事都应有确切的把握"对他们并不是内心的深切要求和诚挚愿望,也不是区分人之高下的尺度,那么,对我来说,善良、机智和天才又算得了什么呢!我发现某些虔诚的人们憎恶理性,这至少暴露他们良知的泯灭!可是,有人身处这类 rerum

---

① 【德文本注】"说这个好,那个不好",请参阅尼采的著作《善恶的彼岸》(1886年)和《道德的谱系》(1887年)。在这两部著作里,尼采本着"权力意志"观解释了道德的价值评判起源于人的种属史。与贵族社会区分"好与坏"相反——贵族统治者有别于普通的无权者和被统治者(《人性的,太人性的》第一章),"善与恶"指的是产生于记仇的基督教的奴隶道德,依这种道德,弱者把自身的缺点当成美德,把贵族的特性斥之为恶。

concordia discors①，身处莫名其妙的不确定性和多义性的存在中而不发问，没有发问的热望和兴趣，甚至憎恶发问者，还取笑发问者的呆滞呢。这，就是我心目中感到可鄙的东西，我的这一情感正是我要在每个人身上首先寻找的。

某种愚昧一再说服我，只要是人都有这种情感。这就是我的不当之处。

3

[35]高尚与卑贱②。——对于卑贱者而言，一切高尚、慷慨的情感均无意义，因而也是不可信的。当他们听到人们议论这类情感，便眨巴着眼，仿佛要说："这些东西或许有点好处，但我看不出，谁能看透墙那边的东西呢？"他们怀疑高尚者，以为高尚者在隐秘的小径寻找那好处似的。当他们明白无误地确信，高尚者并未达到自己的目的和捞到好处，就把高尚者当成傻瓜，蔑视其欢乐，嘲笑其得意的眼神。"一个人明明处境不利，怎么还高兴得起来呢！怎么眼睁睁地甘愿陷于不利境地呢！这必定是病态的理性与高尚的 Affektion③ 结合在一起的缘故。"

---

① 【德文本注】rerum concordia discors，意为"矛盾的统一"。
　　【法文本注】语出贺拉斯（Quintus Horatius Flaccus，公元前 65—前 8），《书简》(*Epitres*)，I, XII,"致 Iccius 的信"。
② 【德文本注】"高尚与卑贱"，类似于尚无基督教道德的贵族社会里的"好与坏"概念。
③ 【德文本注】Affektion，意为"爱好"，此词的发音类似于 Affektation，很可能意指"矫揉造作，情感虚伪"。

他们如是思忖，随即投去轻蔑的一瞥。他们对这些疯疯癫癫的人从坚定的思想中滋生的欢乐是多么鄙夷不屑呀！

卑贱者的特点，是眼睛只盯着自己的利益，一心想着实惠和好处。这思想甚至比他内心最强的本能还要强烈，他绝不让本能误导自己去干没有实惠的事，这便是卑贱者的智慧和情感了。和卑贱者相比，高尚者更不冷静，因为高尚、大度、自我牺牲的人屈从于本能，他们在最佳时刻便会失去冷静。一只动物会冒着生命危险去保护幼仔，在发情季节则追随母兽，毫不顾及艰危甚至死之将至。它的理性暂时失落了，因为它的愉悦全部贯注在幼仔和母兽身上，而且担心这愉悦会被剥夺。愉悦和担心完全控驭着它，它会比平时愚蠢。高尚和大度者的情形与此动物相类。

一旦高尚者某些愉快和不愉快的情感趋于强烈，其理智要么对它们保持缄默，要么屈从地为它们服务。情感爆发，心就进入脑，就出现人们常说的"激情"。（有时也会出现激情的反面，即所谓"激情倒错"。例如，某人有一次把手贴在封丹纳尔①的心口上，封丹纳尔说："您感觉到什么吗？我最宝贵的还是脑子啊。"）这是非理智的

---

① 【德文本注】封丹纳尔（Bernhard Le Bovier Fontenelle，1657—1757），法国哲学家、作家，欧洲启蒙运动最重要的先驱之一，最著名的作品有《死者对话》（1683年）、《闲话古人和今人》（1688年），以及天文学论著《关于宇宙之纷繁的谈话》（1686年）。尼采此处援引的轶事，出处不详。

激情。卑贱者对高尚者的激情相当藐视,[36]尤其当这激情向着客体而发,在他们,客体的价值是虚无缥缈的。他们对受食欲左右的人是恼怒的,然而还能理解那促使人变为暴君的饥饿刺激,但就是不理解,为何有人为了知识领域的某种激情而把健康和名誉当儿戏呢?

高等人的兴趣面向特殊事物,也面向一般被人冷淡在一边,似乎不甚可爱的事物。他们的价值标准是个人特有的。但他们在大多数情况下又以为,在自己特殊的兴趣里并无个人特有的价值标准,而是把他们的价值和非价值当成普遍适用的价值和非价值,这么一来,他们便陷于理解发生困难和不切实际的地步。令人奇怪的是,他们犹能保持足够的理性去理解和对待常人,并常常以为自己的激情即是潜藏在所有人心中的激情,他们正是生活在这种充满炽热和雄辩的信念中。

倘若这类特殊的人并不自感特殊,那他们怎能理解卑贱者呢!怎能正确评估世情常规呢!于是,他们也就议论着人类的愚昧、不当和空想,他们大为惊讶,世界何以混乱如此,世界为何不相信它"亟待做"的事情——此即为高尚者永远不当之处。

4

保存族类。——最强大和最邪恶的天才人物是推动人类前进的首要功臣,他们一再点燃人们那昏睡的激情——井然有序的社会使激情昏昏欲睡——他们一再唤醒人们的比较意识、矛盾意识，唤醒人们尝试新事物，唤醒他们对未经试验的、需要冒险的事物的兴趣，迫使人们对各种观点和范例进行比较，常常伴随使用武器、推翻界碑、破坏虔诚，不过也不排除借助新的宗教和道德！

同样的"邪恶"也存在于新事物的导师和宣传者身上，它使征服者声名狼藉；它若是表现得较为文雅，而不是立即付诸行动，[37]那还不致造成臭名远播的恶果！无论如何，新的总是恶的，新的总是要征服，要掀翻旧的界碑和虔诚；只有旧的才是好的！① 每个时代的好人对旧的思想总是追根刨底，并且获得思想果实，他们是思想的耕耘者。每块土地均被充分利用。不过，"邪恶的"犁铧必然要来光顾的。

时下，在英国出现了一种备受欢迎，然而完全错误的道德理论②。按照这理论，判断"善"与"恶"是根据"实用"和"不实用"。被称为"善"的即是保存族类的，被称为"恶"的是破坏族类的。事实上，恶的欲望与善的欲望一样，也是实用的、保存族类的、不可或缺的——只不过它

---

① 【法文本注】参见《朝霞》第9、18节。
② 【德文本注】错误的道德理论，尼采在《道德的谱系》(1887年)第一章详细分析了"英国的"道德理论。他认为哲学家保尔·李(1849—1901)是这一"道德观学派"，即主要依傍斯宾塞和达尔文的进化论道德哲学学派的突出代表。(参阅《道德的谱系》"前言"第4节)

【法文本注】尼采影射斯宾塞的理论(*The Data of Ethics*)。

的功能不同罢了。

5

绝对的责任①。——任何人都觉得需要最强有力的言辞和声音,最雄辩的姿态和表情,这样方可影响他人。革命的政治家、社会主义者、基督教和非基督教的布道者——他们并未成就什么大业——无不异口同声地奢谈"责任",而且是绝对的责任。倘若没有"责任"这个东西,他们就无法产生弥天的激情,对此,他们自然是清楚的!

于是,他们求助于那种一贯对某种绝对律令②进行说教的道德哲学,要么拾取宗教里某个好东西并与之融合,一如马志尼③的所为。

因为他们要让别人绝对相信,所以必先绝对自信,其

---

① 【法文本注】参见《善恶的彼岸》第268节。
② 【德文本注】康德的"绝对律令"这一概念,人们最熟知的是在他《实践理性批判》一书中(第一部分,第一卷):"你要这样行动,务使你的意志原则随时都是普遍的立法原则。"尼采不仅把基督教"善与恶"的二元性归咎为对恶之父上帝的一元性的想象,而且也把康德与德国唯心主义的实践理性的基本原则颠倒过来。正如尼采在《道德的谱系》(1887年)中申言,他的新道德旨在反对康德的绝对律令,因为人不再服从抽象的想象和普遍的立法原则,而是服从本人实现自我的意志。
③ 【德文本注】马志尼(Giuseppe Mazzini,1805—1872),意大利的自由斗士,1831年他在马赛成立"青年意大利"社团,1834年与德国和波兰的"青年欧洲"运动联合,1849年与加里波第(Giuseppe Garibaldi,1807—1882)一起领导抵抗法国军队侵略罗马共和国的保卫战,失败后与加里波第流亡国外。

根据便是某个不可言明,但本身又很崇高的信条。他们感到自己是这信条的仆从和工具,并决意为信条尽责。在这方面,我们会在道德启蒙和怀疑那里遇到影响甚巨的对手,但这种人并不常见;倒是在利益驱使人们屈从,而名誉又不允许人们屈从的地方,这类对手却存在一个庞大的阶级。比如,一个世代望族的后裔想到自己沦为某个君主、党派、宗教小团体、财团的工具而自感人格低下,[38]但为了个人或为了团体起见仍想做这工具或不得已而做这工具之时,就必须要有矫揉造作的、时刻挂在嘴上的原则,即绝对责任的原则。就必须寡廉鲜耻地屈从于这原则,还要向人显示他已经屈从了。

一切奴性紧紧依附于绝对的要求,这奴性是那些决意要从责任中夺回绝对个性的人的死敌。正直——但也不仅仅是正直——要求这些人这样做。

6

丧失尊严。——思考已失去形式上的尊严,人们嘲笑深思熟虑那一本正经、庄重异常的姿态,对于老式风度的智者,人们简直无法忍受了。

我们思考是非常快捷的,半途上,行走中,在处理各种事务时均可思考,哪怕思考极端严肃的事情也无妨。我们不需要什么准备,也不需要宁静的环境,在我们的头脑里有一部不停运转的机器,它在最差的环境中亦可运作。

当初人们能猜出某人在思考——这或许是个例外的情况!——现在人变聪明了,思考时是非常安详的,做出祈祷一样的面部表情,停下脚步。当思想"来"时,他可以在大路上伫立数小时之久①,用一只脚或两只脚站立,这样才"与事相称"啊!

7

写给辛勤劳作者。——目前,道德问题的研究领域是相当广阔的。研究者对形形色色的激情,对各时代、各民族、各色大人物小人物的激情必须逐一思考,密切注意;对其全部理性、价值评估和阐释事物必须了然于胸。有很多给人类的存在留下色彩的东西尚无史可查;哪里有爱情史、贪婪史、嫉妒史、良知史、虔诚史和残酷史呢?比较法律史或比较刑罚史至今仍付之阙如。是否有人在研究每天的时间划分,[39]即有规律地划分为工作、娱乐和休闲呢?人们了解营养素在道德领域所起的作用吗?是否存在某种营养哲学呢?(拥护和反对素食主义的吵闹一再爆发,这证明,尚不存在一种营养哲学!)是否有人收集过关于集体生活,比如修道院集体生活的经验呢?

---

① 【德文本注】暗指苏格拉底的一则轶闻趣事。柏拉图在《会饮》中讲述,苏格拉底某日去阿迦通家赴宴,半途上"因某事陷入沉思",于是停下脚步,待宴会进行一半时才到。阿迦通迎接他时说:"苏格拉底啊,你躺到我身边来吧,好让我挨着你,分到一份你扔在前院里的智慧。"

是否有人阐释过婚姻和友谊的辩证法呢？是否有人在思考学者、商人、艺术家、手工业者的生活习性呢？需要思考的东西，简直多如牛毛！凡是人们将其视为"生存条件"的东西，以及一切理性、激情和迷信，是否已经研究得很彻底了呢？仅仅研究人的本能欲望在不同的道德环境经历了哪些发展，以后还可能有哪些发展，这就够辛勤的学者忙乎的了，详细阐述这方面的观点，搜集史料，需要几代学者有计划的合作，同样，要证明各种道德环境的形成原因也必须这样做才行。

此外还有一项工作，即要指出这些原因的错处以及迄今的道德评价的整体本质。假定这些全部完成了，那么，最棘手的问题又突现出来了：科学是否有能力给人们指出行动的目标呢？然后还需进行实验。种种英雄行为将在实验中得到自我满足，这是一种长达数百年的实验，它将使历史上一切伟大业绩和献身精神相形见绌。科学尚未建成它那"独眼巨人大厦"（Zyklopen-Bauten）①，但是，这个时代终究会到来的。

8

没有意识到的道德。——一个人能意识到自己的一

---

① 【德文本注】Zyklopen-Bauten，在希腊神话中，Zyklopen是独眼巨人，是火神和锻铁神赫菲斯托斯的助手，为宙斯制造闪电。与此相联系，人们会想起古意大利伊特拉斯坎等城市的"独眼巨人城墙"，是由未经加工的天然巨石修建而成的。

切个性,尤其是当他在[40]周围环境里显示出个性的时候;但个性也有另外的发展规律,就是说,人意识不到它,或者对它不甚了了。它过于细微,在细心的观察者眼前也藏而不露,好像躲在一片虚无后面似的。

这情形与爬行动物鳞片上的精细雕刻类似;倘若猜测这精细的雕刻是一种装饰或是一种武器,则大谬不然。我们只是借助显微镜——人造的锐眼——才发现了它,而其他动物没有这种锐眼!在它们看来,那鳞片上的雕刻便是装饰或武器了。

我们一些可视的道德,特别是那些我们相信已看见的道德在正常运行着;而不可视的道德——它对于我们来说既非装饰亦非武器——也在正常运行着。这种截然不同的运行连同各种线条、精巧雕刻也许能给一位拥有神奇显微镜的神明带来欢悦哩!比如,我们具备勤奋、事业心和机敏,这是众所周知的,此外,我们还极有可能具备另一种勤奋、事业心和机敏,然而,能察觉我们"爬行动物鳞片"的显微镜还没有发明啊!直觉的道德之友说:"好啊!他至少认为未被意识到的道德是可能的,有这,我们就够了!"——啊,你们这些知足的人呀!

9

我们的爆发。——人类很早就具备许多东西,只因它们十分微弱,处于萌芽状态,故而无人察觉。然而经历很长一段时间,也许是几个世纪吧,这些东西突然在光天化日之下出现了：此刻，它们强大而成熟了。

有些时代、有些人似乎缺乏这样或那样的才能与道德，然而，只要假以时日，等到孙子和曾孙辈好了，人们就会把先辈们的内在本性表白于世，而先辈们当初对这内在本性竟茫然无知呢。也常常有儿子背叛父亲的，不过，在儿子有了儿子之后，他对自己的了解就更透彻了。

在我们内心，隐藏着花园、植物。再打一个比喻：我们[41]无一例外，均为随时可能爆发的活火山。至于它何时爆发，当然无人知晓，即使亲爱的上帝也不可预测。

10

返祖现象。——我喜欢把一个时代里罕见的人物看成是突然冒出来的晚生幼芽，亦即往昔文化及其力量的晚生幼芽，犹如一个民族及其文明教化的返祖现象。只有这样，才能真正理解他们身上的某些东西。他们的出现是怪异的、少见的、非同寻常的。凡是在自己内心感到往昔文化力量的人就会勇于面对另一个对抗的世界，去维护、保卫、崇敬和发展这力量，他也就因此成为伟人，要么变成疯子和怪人，倘若他未及时遭到毁灭的话。

以前，这些个性特点是人们习以为常的，因而没有突显出来，也许，它们是人们首先要求具备的，所以也就不可能因为具备了而成了伟人，或者变成疯子和孤独者——因为不需要冒风险呀。

在一个民族较为稳定的各代和各社会阶层尤能涌现

先民的本能欲望之余绪；而在种族、习惯和价值评估变更过于匆遽的地方，则不大可能产生这类返祖现象。各民族进化力量的速度，其意义如同音乐中的速度。我们目前的情况需要进化的"行板"①，这是一种热情和舒缓的思想速度，而本性的速度则是一代代保守者的思想。

11

意识②。——意识在生物机体发育中属于最后和最晚的，因而也是机体中最不成熟的，最无力的。无数行为的失误皆由意识铸成，使得人和动物过早地被"命运"③吞噬，一如荷马所言。

倘若稳定的本能欲望不是如此强劲有力，它在总体上就不能起到有如调节器的作用，人类就会睁着眼瞎做判断和想象，[42]就会流于肤浅和轻信，简言之，就会因为意识而自我毁灭。换句话说，没有本能，人类早已不存在了！

一种功能在形成和成熟之前，它对生物体不啻一种危险，故而对它采取长期压制就好，意识就是被压制的！没有丝毫的得意！人有思想，这大概就是人的精髓所在

---

① 【德文本注】Andante：音乐术语，即"行板"，从容而舒缓的速度。
② 【法文本注】bewußtsein，指经过思考的意识，而非第2节提到的道德意识（Gewissen）。
③ 【德文本注】参阅荷马史诗《奥德赛》1.34，《伊利亚特》2.155，20.30，20.336。

了,是人的恒久不变的、最重要和最本源的东西。人们视意识为恒量,否认它的增长和 Intermittenzen①,把它当作"生物肌体的统一"②!这种对意识可笑的高估和误解倒有一大好处,即阻止过快形成意识。因为人们相信已经具备意识,故而很少费力去获得意识——至今依然如故!

所以,获取知识并使之成为本能乃是一项全新的任务,一项在人的眼前逐渐照亮起来,但依旧几乎不被人看清的任务。不过,看清它的人还是有的,他们是懂得如下道理的人:我们迄今获取的全是谬误,而我们的一切意识无不与这些谬误有关!

12

科学的目的。——是这样吗?科学的最终目的是给人创造尽量多的欢乐和尽量少的痛苦吗?假定欢乐和痛苦用一根绳子连在一起,那么,谁要得到尽量多的欢乐,

---

① 【德文本注】Intermittenzen 意为"交替地出现和消失"。
② 【德文本注】"生物肌体的统一":这是尼采对心理与身体、意识与肌体的关联这个综合性问题的译注。对这个问题的探讨有亚里士多德的传统(《论灵魂》),但主要还是在浪漫主义自然哲学(比如谢林[Friedrich Joseph Schelling,1775—1854]的《论世人的心灵,为解释一般肌体而提出的一种高级物理之假设》,1798年)和 19 世纪心理学领域进行探讨(参阅沙勒尔[Julius Schaller,1810—1868]《人的心灵生活·心理学第一部》,1860 年)。尼采拒斥这种认为意识是统一的、不变的、附着在肌体上的假设,说这种假设是哲学和心理学的神话。

也就必然得到尽量多的痛苦,对吗?谁要体验"心临九霄般的欢乐"①,也必然要有"悲伤至死"②的准备,对吗?也许是对的吧。至少廊下派③相信这是对的。

他们一贯欲求尽量少的欢乐,以便避免生活中的痛苦(当有人嘴上说"最有德性的人就是最幸福的人"④这句格言时,他既替这个为大众的学派⑤打出了一张招牌,又把它当成高人雅士的诡辩式的高雅)。诸君今天仍可选择:要么尽量少的痛苦或没有痛苦——社会主义者和各党派的政客基本上不能再对其党徒[43]做如此预言了——要么尽量多的痛苦,以牺牲大量的欢愉为代价!假如你们决意选择前者,也就是说,你们意欲减少人的痛苦,那么你们也必须降低使自己欢乐的能力。

---

① 【德文本注】类似的说法见于歌德的悲剧《哀格蒙特》第三幕"克蕾尔欣的歌唱":"满怀欣喜/满腔忧愁/思绪百结/春恋/和忧心/在无尽的折磨中/心临九霄般的欢乐/悲伤至死——独自欢乐/是那一颗爱心。"(尤比劳姆版,第十一卷,285页)

② 【法文本注】类似说法见《马太福音》(26,38)。耶稣对客西马尼的门徒说:"我心里甚是忧伤,几乎要死。"亦见《马可福音》14:34。《路得福音》和《约翰福音》中并没有出现此句。

③ 【德文本注】廊下派(Stoiker),公元前约300年由芝诺(公元前约334—前263)创立,是雅典四大哲学流派中最晚的一个流派,其巨大影响力得益于其伦理学上的激进主义,强调重拾苏格拉底的道德理论,把道德视为幸福的唯一源泉,而对其他财富不屑一顾。

④ 【德文本注】这句话是苏格拉底道德理论的假设,被斯多亚派纳入其伦理学的核心。

⑤ 【德文本注】"为大众的学派",这个提法使人容易忆及尼采的那句名言"基督教是为'民众'的柏拉图主义"(《善恶的彼岸》,前言);尼采指责三个流派,即基督教、柏拉图主义和廊下派在道德领域均违背世界的内在性和全部"生活"。

事实上，人们借助科学既可促进这个目的，又可促进另一目的！科学的力量一方面剥夺了人的欢乐，使人变得更冷酷、更呆板、更克欲，也许，科学正因为这力量今天才广为人知，人们发现它是个伟大的痛苦制造者；但另一方面，人们也发现科学的反作用力，这力量是无可估量的，它必将照亮欢乐的新世界！

13

力量意识。——人们通过行善和施恶而在别人身上施加自己的力量，目的仅此而已！

我们施恶，就是务使对方感觉到我们的力量，让他们痛苦。痛苦远比欢乐容易被人感受，它总要问原因；而欢乐则只图保持现状，不愿回顾。我们把善举和善意施给依附于我们的人（所谓依附，是指这些人习惯于把我们当成幸福的源泉，且常对我们怀念），增强他们的力量，也就增强我们的力量，或者向他们指出处在我们势力范围内的好处，这样，他们对自己的境遇更加称意，更加甘愿同反对我们的人斗争，表现得更加同仇敌忾。

我们行善和施恶无论造成牺牲与否，都不会改变我们行为的最终价值，即使为此捐躯，犹如宗教殉道者，那也是为理想、为获取力量的理想而牺牲，[①]或者说为保全

---

① 【法文本注】Verlangen nach Macht，新构词法，预示"权力意志"的概念即将出现。Verlangen 在尼采作品中很常见，尤其是在《快乐的科学》里。

力量意识而献身。大凡觉得"我占有真理"的人,是绝不会让诸多"占有"溜走的,目的就是要维持这种感觉!他之所以不抛弃一切,就是为了保持自己"高高在上"的地位,即高踞于"缺乏真理"的人们之上!

诚然,我们作恶时的情况很少有像行善那么一味令人愉快的,这迹象说明我们的力量尚嫌不足,[44]或者表露出对"不足"的厌烦,这就构成对既有力量的新的威胁和动摇,而且使我们的前景,即报复、嘲讽、处罚和挫败他人的前景,变得暗淡。只有那些对力量意识最感兴趣和最渴盼的人才最喜欢在反抗者身上打上力量的印记,而对业已屈从的人(他们行善的对象)则感到累赘和腻烦。

关键要看人们习惯于怎样给自己的生活添加调味品,要看个人的口味,看他是想使力量缓慢增强还是突然增强,是较稳妥地增强还是冒险、鲁莽地增强。人们总是根据自己的性情去寻找调料品。心气高、傲气足的人对轻松得来的战利品不屑一顾,引起他们快感的是那些有可能成为他们敌人的不屈不挠者,还有那些难于征服的东西。他们对受苦的人常常苛刻嘲笑,因为这类人不值得他们下力气,也不值得自傲;而对与之相颉颃的人,他们反而彬彬有礼,如遇适当时机,说不定要同他们展开一场荣耀的战斗角逐哩。怀着如此良好的情愫,骑士阶层的人惯于在彼此间过分地讲礼貌。只有那些自尊心萎靡,也不可能征服别人的人才觉得同情是最愉快的情感,轻易得来的战利品是大喜过望的东西,每个受苦者莫不如此。有人称赞同情,说它是妓女的美德。①

14

何谓爱情。——贪婪②和爱情,对于这两个概念,我们的感觉是多么不同呀,然而,这可能是同一个欲望的两种说法罢了。

一种说法是从已经占有者的立场出发的,在他们,欲望已呈静止状态,而只为"占有物"担心;另一种说法是从贪得无厌者和渴望者的立场出发的,所以将其美化为"好"。我们的博爱,它难道不是对新的财产的渴望吗?同样,我们对知识、对真理的爱,以及对新奇事物的追求是否也是这样呢?

[45]只因我们对陈旧之物、对已占有之物慢慢感到厌倦,于是伸手去攫取新的。即使风景绝佳之地,我们只要住上三个月,它就不再为我们所钟爱,而某处遥远的海滨则刺激起我们的贪欲。占有之物因为占有而变得不重要了。我们对自己本身的兴趣总是由于这兴趣在我们身上变花样才得以维持,这也叫占有。一旦我们对占有物产生厌倦,也就对自己产生厌倦。(人们也可能因为占有

---

① 【法文本注】本段是尼采批评同情心的最重要文字之一。另见第四卷第 338 节"受苦的意志与同情";《敌基督者》第 7 节。
② 【法文本注】Habsucht,从字面解释为"拥有的激情""获取的激情"。

太多而痛苦,把占有物抛弃或分给他人,可冠上"爱"的美名①。)当我们看见某人受苦受难,就乐于利用此时的契机,攫取他的占有物,一如慈善者和同情者所为——这些人把获取新的占有物的欲念称为"爱",其欢乐心绪就好比参加一次向他们招手的新的征逐。

一代代人的爱情最明显地表现为对占有的追求。情郎总想绝对占有渴望得到的女人,也企盼对她的灵魂和肉体拥有绝对的权力,他欲单独被爱,欲作为至高无上的、最值得渴慕的人驻留和统御在女人的灵魂里。这着实意味着把所有的人排拒在珍贵的美好、幸福和享乐之外。这个情郎旨在把别的情敌搞得一贫如洗,让自己成为"金库之龙",②成为"征服者"和剥削者队伍中肆无忌惮和自私至极的人,别人对他来说是可有可无、苍白而无价值的,他随时准备制造牺牲,扰乱秩序,无视他人的利益。想到这些,人们不禁感到奇怪,这种疯狂的性爱贪欲和乖戾何以在历史上被大肆美化、圣化,以致人们从中获得的爱情概念居然是:爱情与自私是对立的,实际上呢,这爱情恰恰是货真价实的自私的代名词。对于这个说法,一无所有的人和渴望拥有的人还颇有微词哩;而那些在爱情方面被恩赐许多占有物因而也得到满足的人,比如在所有雅典人中最值得爱和被爱的索福克勒斯,有时

---

① 【法文本注】注意尼采在本书中极为注重命名和定义。
② 【德文本注】北欧神话中,龙形巨人法弗尼尔守护着尼伯龙根人的金库,直到西格弗里特将他杀死。瓦格纳继承这个传说和人物,写成了歌剧《尼伯龙根的指环》。

也不免对爱情骂一声"疯狂的恶魔"①,然而,爱神爱若斯随时都在笑话这类渎神者[46]——恰恰是他们,一向是爱神最伟大的宠儿。

当然,在世界上到处存在一种爱的延续。在延续中,两个人的渴求指向另一种新的渴求,指向共同的更高的目标,即位于他们上空的理想。可是,谁熟悉这种爱情呢? 谁经历过这种爱情呢? 它的正确名字叫友情。②

15

远观。——这座山使得被它控制的整个地区变得妩媚动人、身价倍增了。我们在对自己说过一百遍这样的话之后,便失去冷静并对它感激不已,相信这山作为妩媚景致的赐予者必然是该地区最具魅力的,于是,我们终于登上此山。岂料兴味索然! 这山,以及我们脚下的万般景色顿失魅力!

原来,我们忘却了这一层:许多的伟大,一如许多的美好,只能隔着一定的距离看,并且只可仰视,不宜俯瞰,这样,它们才能发挥效力。也许你是从近处熟悉人的,可

---

① 【德文本注】索福克勒斯(Sophokles,公元前 496—前 406),古希腊悲剧作家。这句话请参阅索福克勒斯的悲剧《安提戈涅》(第 781—790 诗行)和柏拉图对话录《王制》,内中提及索福克勒斯有一次被人问及是否还可以同一个女人性交,他答曰:"闭嘴,亲爱的! 我离开女人是多么心甘情愿啊,就像摆脱了放纵颠狂的爱神(爱若斯)一样。"叔本华在其著作《论年龄差别》中也提到此事。

② 【法文本注】有关友情,见第二卷第 61 节"敬重友谊"。

那人总希望别人从远处看他,以便保持自己的吸引力,并对他人施加影响。自知之明,他是绝对不要的。

16

越过小径。——在同羞于表达自己情感的人交往时,必须乔装糊涂;他们会突然恨一个人,就因为这人当场识破了他们的某种温柔或热切高昂的情感,仿佛看穿了他们的什么秘密似的。假如此刻要向他们表达善意,那么最好设法让他们发笑,或者说一个使人冷静而有趣的话题,这样,他们的情感会重新冷冻起来,复归平静。

让我说说该从这故事中汲取什么教训吧。在生活中,我们彼此曾是亲密无间的,似乎没有什么东西阻碍我们的亲善和兄弟情谊。中间只隔一条小径,当你正越过小径,我问:"你想到我这儿来吗?"于是你就不想来了,当我再问,你已默然。[47]自打这时起,我们中间出现高峻的山岭,湍急的河流,使我们彼此疏离。纵然我们想重新往来,也已无能为力了!此时的你再忆及那条小径,也定然无话可说,唯有抽泣、愕然!

17

对贫穷的激励。——我们当然不可能通过某种魔术特技把穷人的美德变成富翁的美德,但是,我们可以把贫穷解释为一种美妙的必然性,这样,它的模样就不再令我们痛苦,我们也不再因它之故而对命运表露责备的神色。

智慧的园丁就是这样做的。他把自己花园里那条贫水的小溪引到水泉仙女塑像的手臂上,这样就对贫穷予以激赏:谁不马上向他要那个水神塑像呢?

18

古代的傲慢。——我们身上已不再有那种古代的高贵气质,因为我们的感情中已不存在古代奴隶。一个出身于贵族的希腊人当时觉得他的高贵和别人的下贱相距遥远,如隔云泥,以至于他几乎无法认清奴隶面目,柏拉图①也是这样。我们则不同,已习惯于人人平等的理论②,即使对这平等本身并不以为然。

某人若不能掌握自己的命运,又缺少闲情逸致,那我们绝不会鄙视他。也许在我们每个人身上存在太多的奴性,这是社会制度与社会活动使然,虽则这制度、活动与古时的迥然不同。

希腊哲学家是伴随一种隐秘的内心情感终其一生

---

① 【德文本注】柏拉图(Platon,公元前428—前347),古希腊最重要的哲学家之一,他是苏格拉底的门生,亚里士多德的老师。他曾试图按照其著作《王制》的模式在西西里岛建立一个理想之国(尼采这里指的大概就是此事),主张由"哲学王"统治,但未成功,然后完全献身于他在雅典成立的柏拉图学园。

② 【德文本注】人人平等的理论:18、19世纪革命的共和主义的基本原则除要求自由和博爱外,还要求人人平等。比如美国独立宣言(1776)和法国革命(1789)"人权宣言"所显示的那样。

的:世间的奴隶比人们认为的要多得多,每个人都是,但只有哲学家不是。当他想到,世间最强有力的人物也与他的奴隶群为伍,他的傲慢便无限膨胀。这傲慢于我们是怪异的,我们断不会有此傲慢。在比喻中,"奴隶"这个词儿对我们根本没有什么力量。

19

[48]邪恶。——诸君在考察优秀绝伦、成就卓然的民族之时,会不由自主地发问:一棵傲然向上生长的大树能否免受暴风雨的侵袭呢?能否避免来自外部的不利因素和阻力呢?能否将形形色色的憎恨、嫉妒、偏见、猜忌、残酷、贪婪和暴力——没有这些东西,道德领域的大发展几乎是不可能的——排除在有利的生长环境之外呢?

毒剂可使弱者走向毁灭,但对于强者,它无异于增强剂,强者是绝不会称之为毒剂的。①

20

愚昧的尊严。——数千年来,直至上个世纪②,人的所作所为中已显示出那绝顶的聪明。然而,聪明也许正

---

① 【法文本注】有关这一点参见《善恶的彼岸》第 30 节。
② 【德文本注】"上个世纪"指 18 世纪,即欧洲启蒙运动的世纪,启蒙运动厌恶一切超验形而上学,凡尼采认为是片面强调理性的倾向,以及用理性尺度衡量一切艺术的倾向均在此受到尼采的批判。

因此而失掉自身的尊严。为人聪明虽然是必要的，但也是极为普通之事，以至于一种令人讨厌的风气把这必要性视为卑劣。正如真理和科学的专横可以提升谎言的价值一样，聪明的专横也可以促进一种新式的高贵意识。

这或许意味着：高贵即头脑的愚昧。

21

致无私的教师。——人们称赞某人的美德，并不是基于这些美德对他本人有何影响，而是基于它们对大众和社会有何影响。人们在颂扬美德时，很少是"无私的""非自我本位的"！古今皆然。

人们似乎非要看到美德（诸如勤奋、服从、纯洁、虔诚、公正等）对德行者造成损害不可。美德是这些人强烈的本能欲望，而理性又不允许美德同其他的本能欲望保持均势。倘若你具备了某种真正完美的道德（而不是向往道德的小愿望），那么，你必然成为这道德的牺牲品！[49]可是，你的最亲近者却因此在褒奖你的德行呢！

人们称颂勤奋的人，却根本无视此人的视力、思维及创意受到勤奋的损害；人们敬重和惋惜一个"鞠躬尽瘁"的青年，是出于这样的评价："对整个社会而言，失去最优秀的个人，这种牺牲是微不足道的！牺牲是必要的，当然也是可惜的，但更加可惜的是，个人的想法、个人对自身的保存与发展同服务于社会的宗旨相违背！"这就是说，人们惋惜这个青年不是因为他本人的缘故，而是因为他的亡故使社会失去了一个屈从的、大公无私的工具——所谓的"老实人"。也许人们会想,如果他不是如此忘我地工作而活得长久一些,是否更有益于社会呢？是的,人们已肯定了这个益处,但他们把另一个益处看得更高、更长远:一个人牺牲了,却再次直观证明了牺牲者那勇于牺牲的精神！这意味着,美德包含一种个性,即受人褒扬的、甘当工具的个性。当美德受到赞誉之时,那些盲目地存在于美德中的本能欲望——它们不受个人整体优势的控制,是美德中的非理性——也就使个人转而为整体服务了。颂扬美德就是颂扬某些损害个人的东西,也就是颂扬那样的本能欲望:它们剥夺了人的最宝贵的自我本位和最大限度保护自己的力量。

为了教导人养成符合道德的习惯,就必须扫除美德同个人利益结合起来的可能性。可事实上的确存在着这样的结合！比如,盲目的勤奋既是甘当工具的人的典型美德,也是发财和成名的途径,医治无聊和情欲的疗效显著的毒剂,然而,人们对于勤奋那极大的危害则讳莫如深。所谓对人的教育,就是试图通过一系列的吸引和好处而形成个人的思维方式及行为方式,这方式一旦成了习惯、本能和激情①,[50]就必然反对个人的根本利益,必然"有益于大众"。我常常看到,盲目地一味勤奋,的确

---

① 【法文本注】尼采关于冲动(激情)的最基本的解释。冲动是人受习惯教育的过程。尼采在此依然称为"教育"(Erziehung)的东西,不久以后他将决定性地称为"奴役"(Züchtung)。有关尼采对此类教育方式的思考,参见《道德的谱系》。

导致名利双收，但也夺去肌体器官的敏锐与灵巧；它使人享受名利，也是抗御无聊和情欲的主要手段，但同时使感官迟钝，使心灵面对新的刺激而失控。（在所有时代中，我们这个时代最为忙碌，它知道以现有的勤奋和财力将无所进展，故而只能更加勤奋，获取更多的金钱；同样，许多天才人物也是付出多，收获少！我们的孙子辈也将会是这样！）

倘若对人的教育成功了，那么个人的种种美德将有益于公众，而不利于个人的最高目标，很可能造成个人的精神苦闷和个人的夭折。赞美无私者、献身者、德行者，就是赞美不把自己的力量和理性用于保存、发展、提升和促进自己和扩张权力的人，这样的人毫不考虑自己，为人谦逊，与世无争，但对他们的赞美绝非源于忘我的精神！"最亲近者"赞美无私，是因为他从中捞到了好处！假若他以为自己是"无私的"，他就应阻止损害个人利益的倾向，更重要的是，他应这样宣布自己的无私：他并没有对无私叫好啊！这就暗示了时下正受尊崇的道德的矛盾所在：道德的动机与道德的原则刚好相悖！道德用以证明自己的东西又受到道德标准的反驳！

"你应该舍弃自己，成为牺牲品。"这句话应该由那个舍弃个人利益，也许会在"个人应做牺牲"的要求下导致自身毁灭的人来宣布，这样才不致与他的道德标准相矛盾。一旦最亲近者（或者社会）为了公众利益而赞许利他主义时，马上就会有人说出刚好相反的话："你应在无损他人的前提下寻求利益。"[51]因此，"你应该"和"你不应该"都是对别人说教的。

22

L'ordre du jour pour le roi①。——一天开始了,让我们开始安排一天的工作,安排我们仁慈君王的庆典,他现在还在安睡呢。今天天气不好,我们得当心,不要说不好,别提"天气"之事;我们可以把今天的事务干得比平时更庄重一些,把庆典搞得更隆重一些。陛下也许龙体欠安,早餐时,我们将向他禀报昨晚最后一条好消息:蒙田②先生来了,他善于针对陛下的疾病说些让人愉快的玩笑话。陛下患的是结石病。

我们将接见几个人。(人!其中一个鼓气的老青蛙听到这个字,不知会说什么呢?"我不是人,我一向是物。"③

---

① 【德文本注】法语,意为:国王的日程安排。
② 【德文本注】蒙田(Michel de Montaigne,1533—1592),法国哲学家、作家。主要以《随笔》闻名(《随笔》1580年出两卷本,1588年出三卷本),《随笔》是法国晚期人文主义最重要的作品,其非凡的感应力主要得益于主观的深思和心理自我分析这一特点。蒙田的《随笔》还不能算是一种文学形式,毋宁说是一种方法学上的自我观察和自我思维能力的考验。他的沉思默想很少设定一个结局作为目标,更多的兴趣在于思考的过程本身,其意图是通过不断变换视角全方位地把握客观事物。那些道德哲学和人生哲学的主题不是教训人而是激发人,阐释多于分析。《随笔》的论述对象几乎全部是"人",是认识世界的"我"。
③ 【德文本注】这句话暗示蒙田的《随笔》引言(参阅前注),引言的标题是"致读者",文中说:"读者呀,这是一本诚实之书,书中开宗明义便指出:我在书中不设定其他的结局,只是(转下页注)

他会这样说。)接见时间将比预计的还要长些,原因是向客人大谈那位在门上写诗的诗人①,诗曰:"入门者使我感到荣幸,不入门者使我愉快。"②可谓有礼、失礼兼备!这诗人也许对失礼处完全有辩解的理由。人说他的诗要比他这个拼凑打油诗的人好,于是,他说不定会继续大量写诗,尽可能遁世,这便是他有教养的意义所在了,亦即是他有教养的无教养的意义所在了!而一位君王总比他的"诗"更有价值,即使……

我们都在干些什么呀?我们在闲聊,而整个宫廷还以为我们在干活呢,宫廷知道我们遇上伤脑筋的事:我们在窗台上点燃蜡烛之前是什么也看不见的。听!那不是钟声吗?见鬼!一天开始了,舞会开始了,而我们却不知那舞姿如何!我们必须临时安排,全世界都是临时安排每一天的,今天我们就按世界的做法安排!我美妙的晨梦被打破了,极可能是被塔楼的钟声打破的。这钟声以其沉重性为特点,它现在宣告的是五点钟。我觉得,这次

(接上页注)一个家庭式的私人的结局。读者呀,这样我就是书中的唯一内容了;你将自己的闲情逸致花在这么一个无价值、渺小的事物上实在不合情理。"

① 【法文本注】即本书第二版的题辞。
② 【德文本注】此引文出处不详。
　　【法文本注】此引文亦出现在朱莉·德·莱斯皮纳斯(Julie de Lespinasse)的书信之中(*Lettres de Mademoiselle de Lespinasse* [《德·莱斯皮纳斯小姐书信集》], Paris, Edition d'Aujourd'hui, p. 156):"我常像那位智者一样,在我的门上写字:入门者使我感到荣幸,不入门者使我愉快。"另见尼采《朝霞》遗稿,6[72]。

梦中的上帝是在同我的习惯开玩笑。我的习惯是让一天这样开始:让它适合于我,[52]让它变得可以忍受。我可能经常这样做了,做得过于正规,赛过王子。①

23

腐败的征兆。——人们注意到,社会上必然出现的腐败现象有如下征兆:

第一,当某地出现腐败,形形色色的异端成见便大行其道,而民族至今的整体信仰反而变得苍白无力了。成见就是二等自由思想,谁为成见所左右,谁就选择某种被他认可的形式和公式。他让自己有选择权。与信教的人相比,持有成见的人在"人格"上要高得多,存在成见的社会就是一个拥有众多特殊个体、对特殊事物感兴趣的社会。以此观之,成见相对信仰而言总还是一个进步;也是一种迹象,表明人们的思考能力进一步解放,并且有要求思想自由的权利。崇尚古老宗教的人也在指责腐败现象了,但又发表许多言论,对那些最自由的思想家的成见进行恶意中伤。让我们记住,成见是"启蒙"的征兆。

第二,人们因为社会衰退而指责发生腐败的社会。在这样的社会里,对战争的赞誉以及对战争的兴趣明显低迷,人们追求生活的舒适,就像当年追求武士的功名和

---

① 【法文本注】有关此处提及的梦的逻辑,参见《朝霞》,第119节,"经验与想象";《偶像的黄昏》,第4节,"四大谬误"。

体育竞赛的荣誉一样。然而,人们所忽视的一个事实是,那些古老民族在战争和体育竞技中得以辉煌展现的精力和激情时下几乎荡然无存,已转化为私人的激情了。诚然,在腐化状态中,一个民族那精疲力竭的活力也的确有可能迸发出比以前更大的权力和强力,而个体也就前所未有地挥霍它——此前他的力量可没丰富到这个程度。这在当初不大可能,因为那时人们还不够富裕啊!"衰败"的时代就是这样:悲剧无处不在上演,伟大的爱与恨层出不穷,知识的烈焰升上天空。

[53]第三,人们好像是在对责备成见和衰落做补偿似的,惯于对腐败时代一再说什么:这时代比较温和宽松;相对古时自信而强盛的时代而言,其残酷性已经锐减。我无法同意这种赞扬,也不同意那种责备,我只承认,社会的残酷性时下已文雅化了,它的古老模式显然违背当今时尚,然而,用语言和眼神造成的伤害与折磨却达到极致。恶意,以恶意为乐,这是现在才创造出来的。腐败的人们很风趣,也喜诽谤。他们知道,除了匕首和突袭外,还有别样的杀人手段;他们知道,人们相信一切好话。

第四,当"道德衰落"时,首先会涌现被人们称为暴君的人物。他们是先驱,是个体中早熟的佼佼者,只消稍等片刻,这些果实中的果实就在民族之林中成熟,变得黄澄澄。本来,只为这些果实之故才有这树林呀!①

---

① 【法文本注】对观《善恶的彼岸》第 126 节对民族和精英的描述。

当腐败登峰造极,并且爆发五花八门的暴君争斗时,必然会有凯撒①式的暴君出来收拾残局,结束一场为争夺专制统治权而斗得精疲力竭的角逐,他充分利用了这"精疲力竭",为自己。在凯撒时代,个人普遍十分成熟,因而"文化"极盛,硕果累累,这倒不是因为凯撒的缘故,尽管文化人中的翘楚向凯撒献媚说,他们的一切均系凯撒所赐。事实是,这些人需要外部的安宁,原因是他们内心混乱不堪。在这样的时代,贿赂及背叛无以复加,因为对不久才发现的"自我"之爱远比对古老而衰弱的"祖国"之爱强烈;面对动荡不安的命运要稳定自己,这种需要使得高贵者伸出双手,表示愿意接受有钱有势者向他们手里倾倒黄金。而现今,很少能展望一个确定的未来,人们都为今天而活,这种心态使得骗子有空子可钻,玩弄一些容易得手的伎俩。人们极易"为今天"而受骗或受贿,而把未来留给道德!众所周知,这些只为一己私利②的个人[54]比统治者更关心眼前,对自己和对未来都同样无法预计。他们也喜欢同拥有强权的人物结合,相信自己有办事和打听情况的能力,而这能力在普通人那里既得不到理解,又得不到好处;专制者或凯撒也很能理解个人的权利,哪怕个人有不法行为。他们也有兴趣为一种勇

---

① 【德文本注】凯撒(Caius Julius Caesar,公元前100—前44),罗马统帅和政治家,身为独裁者(自45岁起),他取消罗马共和国宪法,不久被布鲁图斯和卡修斯所杀。

② 【法文本注】尼采又一次挪用并移换了传统哲学概念,尤其是黑格尔的哲学概念。

敢的私人道德说话并伸出援手。专制者也是用拿破仑一次堪称古典的讲话来看待自己的①:"人们对我的一切指控,我有权用'这就是我'这句话来回答。我是置身事外的,不受任何人的制约。我要求人们服从我,哪怕是我的幻想也得服从。人们应该毫不费力就能找到我的幻想,我专注于这种或那种娱乐之时的幻想。"②

---

① 【法文本注】如果说在尼采那里古典与浪漫永远相对立,他却也赋予这两个命题某种心理学层面的意义——对尼采而言,心理学指权力意志的形态学与遗传学理论。因此,古典指根本上纯净的(类似说法歌德已经提出);浪漫则指得了病的。歌德在《箴言与思考》(*Maximes et réfléxtions*)中写道:"古典是健康,浪漫是疾病。/ 即便在流亡之中,奥维德也是古典的:他不在自身寻找不幸,而在远方的世界寻找不幸。/ 浪漫主义早已消失于深渊:近来的这些创作使之不能堕落得更厉害了。/ 在这一点上,英国人和法国人超过了我们……/ 在古代,这类现象仅仅在极罕见的疾病状态下才发生;如今,它们却到处猖獗,肆意传染。"(译自法译本《歌德文集》,卷一,第二部分,1861,第 462 页)

有关尼采本人对古典主义的观点,参见第五卷,第 370 节,"何谓浪漫主义?"

最早把拿破仑称为古典主义者的人当为海涅。比如在《关于德国》中,他写道"拿破仑,伟大的古典主义者,古典如亚历山大大帝和凯撒"(*De l'Allemagne*, Paris, Librairie générale française, 1981, p. 174)。海涅是尼采最推崇的作家之一,参见《瞧,这个人》,第 4 节,"为什么我如此审慎?"

参考文献:Walter A. Kaufmann, *Nietzsche*, *Philosopher*, *Psycholohist*, *Antichrist*(《尼采:哲学家、心理学家、敌基督者》),Princeton, Princeton University Press, 1950, pp. 276—278。

② 【德文本注】这段轶事和引言出自波斯图姆出版社出版的雷蒙莎伯爵夫人(Mme de Rémusat, 1780—1821)回忆录(*Mémoires*, Paris, 1880),雷蒙莎自 1802 年起担任拿破仑一世的首任夫人,即约瑟芬女皇(1763—1814)的宫中陪伴。参阅《雷蒙莎回忆录》,三卷本,巴黎,1879—1880,第一卷 114 页。

拿破仑一次对妻子说,她有理由怀疑丈夫对婚姻的忠诚。

腐败的时代是苹果从树上掉下来的时代。苹果,我指的是个人、未来的播种者、精神拓殖的始作俑者、重建国家与社会联合构架的首创者。腐败只是一个民族在秋收时节的骂名。

24

不同的不满。——柔弱的、不满的女性对于美化、深化生活具有想象力,而不满的男性——总是以男子大丈夫的形象出现——对于改善、稳定生活具有创意。

前者有时甘愿让自己受骗,也乐意接受一点麻醉和狂热,这就表现了她们的弱点和妇道人家的本性,但从总体上说,她们从来就是得不到满足的,且为这无法医治的不满而苦恼,促使一些人创造麻醉剂、镇静剂一类的安慰办法,但她们正因此怨恨那些把医生看得比牧师还重的人,这样,她们是在为现实社会的苟延残喘而助兴了!假若自中世纪以来欧洲没有无数这样的不满意者,[55]也许就不可能产生欧洲人那种闻名遐迩的不断思变的能力。

男性不满者的要求过于粗略,从根本上说要求不高,故总能获得安宁。中国就是一个例子。中国大人物的知足导致求变的能力已经灭绝达数个世纪；①如果欧洲的社会主义者②和国家偶像崇拜者首先铲除那病态的、柔弱的、妇道的、至今犹浓厚存在的不满和浪漫，那么，他们采取的改善、稳定欧洲生活的措施将可能会导致中国那种状况和中国式的"幸福"③。

欧洲是个病人，它应深深感谢它的无可救药，感谢疾病的不断变化。持续的新形势、新危机、新痛苦、新解救办法最终将产生一种过敏的理智，这敏感差不多就是天才，不管怎样总可以称之为天才之母吧。

---

① 【法文本注】有关中国，参见下文第 377 节"无家可归者"，以及《朝霞》第 206 节。此处文本很清楚地表明了尼采笔下的形容语"中国的"所具有的转义。在《善恶的彼岸》（第 211 节）中，尼采称康德为"科尼士堡的伟大的中国人"，以揭示同时存在于后者身上的两种特质：一方面，物质生活的简朴、自我满足的轻易性（按尼采的话说，康德很容易自我满足，无论任何问题，他都给予同样的答案，也就是称之为"某种特性"，参见《善恶的彼岸》，第 11 节）；另一方面，探索进程的极端复杂性（还是按尼采的话说，这种复杂性旨在掩饰康德缺少对知识的更高要求，并且无法以理性的方式提问）。真正的哲人形象，恰恰就是所谓"中国人"的彻头彻尾的对立面，见下文第 347 节"信徒与信仰需要"（事实上第五卷整卷都有所涉及），以及《善恶的彼岸》，第 2、6 节。

② 【德文本注】社会主义者：指社会主义政治运动的追随者，这种运动由于 19 世纪的工业化和工人的无产阶级化而兴起，谋求的是一个与自由资本主义理论相对立的财产和经济公有的无产阶级社会。除法国早期乌托邦社会主义者（圣西门、傅立叶等）和无政府主义者（巴枯宁）外，恩格斯和马克思是真正共产主义的创始人。（马克思的《共产党宣言》出版于 1847 年，《资本论》出版于 1867 年。）

③ 【法文本注】注意此处引号的使用。事实上，尼采设想的真正的幸福，恰恰与此处所言的"中国式的幸福"相反。

25

并非注定要获得的知识。——世间存在一种并非罕见的、愚蠢的谦卑,人一沾上它,就一劳永逸,不适合成为知识的门徒。

比如,某人看到某个引人注目的东西转身就跑,对自己说:"你受骗了! 你的感官到哪儿去啦! 这不可能是真的!"于是,他不再做更仔细的观察,更敏锐的倾听,而是像受到惊吓一般,退避三舍,竭力尽快将此物忘却。他内心的准则是:"凡与普遍观点相违背的东西,我都不要看! 我也够资格发现真理吗? 发现真理的人已经多如牛毛了。"①

26

生命是什么?——生命意味着:不断把想死的东西从身边推开;生命意味着:对抗我们身边的——也不止是我们身边的[56]——一切虚弱而老朽的东西。那么,生命是否就意味着:毫无孝心地对付濒死者、可怜人和行将就木者呢? 一直充当杀手呢?

---

① 【法文本注】与尼采的定义背道而驰的哲人形象。相反,对尼采而言,哲人必须勇敢、大胆、对危险与未知充满好奇和兴趣。

可是，老摩西①曾经告诫："你不应杀生！"②

27

厌世者③。——厌世者在干些什么呢？他倾力欲达更高的世界，想比所有肯定人生的人飞得高远。他抛却许多碍于飞行的东西；而有些东西对他并非无价值，他也并非不钟爱，但也被他扔到下面，为了向上的欲望而将其牺牲。这抛却和牺牲是他身上唯一可见的东西。

于是，人们就赐给他一个厌世者的美名，他也就仗着这名分挺立于我们面前，裹着修道士头巾，犹如穿忏悔衫的幽灵。他对于自己给我们造成的影响是十分满意的。他要对我们隐晦的正是他的欲望、得意和超越我们的企图啊。是呀！他比我们想象的要聪明些，况且对我们如此谦恭有礼。好一个肯定人生的家伙！尽管他厌世，但与我们毫无二致。

---

① 【法文本注】此处的"老"并不能仅仅理解为熟稔而又略带不敬的原本含义。尼采的根本用意在于指出漫长历史之中形成的权威，揭示摩西所建立的价值观念所具有的古老的、威严的、不可侵犯的特点。

② 【德文本注】参阅《摩西五经》。

③ 【德文本注】"厌世者"影射歌德的长篇小说《威廉·迈斯特的漫游年代抑或厌世者》(1821—1828)。下文对厌世者的心理，尤其是对表面上主观放弃与精英式的要求这二者之间的紧张关系的思考，完全可以看成是对歌德这部小说的评论。

28

至善有害。——强者只顾推着我们向前,致使我们弱者无法坚持,我们终会死在他们手里。对于这一结局,我们虽有预见,但却无力改变。于是,我们对于自己身上本该受保护的东西也变得残酷了。我们的伟大即是我们的冷酷无情。

我们终将为这一经历的结局付出一生的代价,这恰恰是伟人影响别人和时代的全部写照:正是由于他们的至善,由于只有他们能做的事才使许多弱者、不稳定者、成长者和理想者走向毁灭,因此伟人是有害的。

也可能出现一味造成损害的情形,因为他们的至善只被那些失去理智和自我的人所接受,像饮烈酒一样将其喝光,于是酩酊大醉,走上错路,跌得支离破碎。

29

[57]做补充说明的骗子。——在法国,当有人开始为亚里士多德所倡导的古典戏剧"三一律"①而斗争和辩

---

① 【德文本注】"三一律"指"情节一律、地点一律和时间一律"。法国古典戏剧无不要求遵循亚里士多德的"三一律"(其实,亚里士多德在其《诗学》一书中仅提出情节一律的要求),对亚里士多德戏剧理论的讨论一直延续到17世纪中期。奥比格纳(Abbé d'Aubignac)所著的《戏剧实践》(1657)、高乃依(Pierre（转下页注)

护时，我们再度看见那时常可见又不愿见的一幕：

为了让某些旧的规则继续存在，人们就为自己编造理由，而绝不承认习惯于旧规则的统治，也不承认不希望有新的规则出现。在每种占统治地位的道德和宗教内部，人们也如法炮制，古今皆然。当有人开始对习惯进行争议，并问及理由和目的时，人们就要在习惯后面补充、添加理由和目的。

历代保守者的伟大虚伪性就在于此，他们是做补充说明的骗子！

30

名人的喜剧。——名人，比如所有的政治家，无不需要名望。他们择友从来都有私下打算的：从这个人身上获取美德的光辉，从那个人身上拿来某些品质的可怕之处，从第三者身上窃得"躺着晒太阳"的懒鬼名声——这毛病若偶尔为之并无大碍，会被视为闲散和随便，反而对扬名有益。

名人总是在窥探和物色身边所需要的人，一会儿是幻想家，一会儿是行家里手，一会儿是想入非非者，一会儿是学究。这些人宛如他们的替身，可是未久即被一脚踢开。如此这般，名人的周围便不断出现无人的空白，但

(接上页注) Corneille，1606—1684)所著的《论三一律》(1660)就是这场讨论的总结性文献。直到 18 世纪末，随着莎士比亚在欧洲被接受，以三一律为基础的戏剧规则才被取消。

同时又有一些人不断蜂拥而至,想变为名人的"个性"。于是,这儿总是熙来攘往,一如通都大邑的繁忙。

就像名人的个性一样,名人的名望是不断变化的,其变化手段要求这种变化,他们一会儿把这种、一会儿把那种真实的或杜撰的个性搬上舞台——如我所言,他们的朋友和盟友属于这些舞台个性——当然也希望保留某些固定的、光彩照人的个性,这对于他们的喜剧和舞台表演艺术也是不可或缺的。

31

[58]买卖与高贵。——买卖与读书、写作一样,现在均被视为平常事,人人都在接受它的训练,即使不是生意人,也都每日在演练买卖的技艺,正如人类尚未开化之时,人人都是猎手,且每天都在训练猎技一样。那时,打猎是极为普通的事;然而,当它后来演变为权贵们的特权,便失去了日常和普通的特色,它不再是日常之需,而是奢华的雅兴了。

总有一天,买卖也会变成这副模样的。可以看见必将出现这样的社会:不存在买卖行为,不需要买卖技艺,届时也许会有某些不大服从社会普通法规的人胆大妄为,把买卖当成一种感情的豪奢,那就使买卖变得高贵起来了,贵族也许会同样乐于献身商贸了,就像迄今献身于战争和政治一样。而政治到那时反倒一文不值了,它不再是高贵者的事业,人们将认为它卑鄙龌龊,简直可以将它与党派文学、通俗文学一并列入"精神卖淫"之列。

32

不受欢迎的门生。——"对这两个小家伙,我该怎么办呢?"一位哲学家沮丧地嚷道。该哲学家"败坏"了青年,一如当年苏格拉底所为。① ——他们是我不喜欢的门生,其中的一个连"不"都不会说;另一个逢人便讲:"一半对一半错。"

要是他们运用我的理论,前者将大吃苦头,因为我的思维方式要求有斗士的灵魂,给人制造痛苦的意志,喜欢说"不",皮肤要硬;可他却会因外伤、内伤而久病衰弱下去;另一位遇事必取骑墙态度,事事做得适中。

我倒希望我的敌人拥有这样的门生。

33

[59]教室之外。——"为了向诸位证实,人从本质上说是善良的动物,我要提请诸位注意这个事实:早先,人是很轻信的;经过相当长的时间和无数次战胜自我之后,现在人变成怀疑的动物了。是的,人现在的确比以前坏

---

① 【德文本注】对苏格拉底的指控——苏氏的辩护词对该指控的反驳毫无效果——"苏格拉底……胆大妄为,他败坏青年,也不接受国家的众神,而接受另外的恶魔。"(柏拉图,《苏格拉底的申辩》)

了。"——"我不明白,人缘何现在变得更坏、疑心更重了呢?"——"因为他现在掌握了一门科学,他非有这科学不可!"①

34

Historia abscondita②。——伟人无不具备反作用力。由于伟人的缘故,所有的历史都被重新置于天平上衡量,往昔成千上万个秘密从历史的隐匿角落爬了出来,进入伟人的阳光下。

谁也无法预测,历史将来会是什么样子。也许,过去的历史基本上还未被发现哩!所以还需要很多这样的反作用力啊!

35

异教、巫术③。——违背习俗地进行思考,这早已不

---

① 【法文本注】有关尼采对科学及其科学研究的态度,参见《善恶的彼岸》,第24节。

② 【德文本注】Historia abscondita 意即:隐藏的历史。

【法文本注】尼采沿用帕斯卡尔的说法:deus ansconditus(隐藏的上帝)。

③ 【德文本注】异教,古代和中世纪基督教中占统治地位的派别对异己派的贬称。"异教"一词源自希腊文 hairesis,直译为"选择",在希腊化时代指某一哲学流派或学说,并无贬义。基督教兴起以后,逐渐被用以指称持与正统理论相悖的神学观点的派别组织或被教会权威所排斥的派别组织。

是什么更优秀的智力行为,并不比强烈、摆脱羁绊、自我孤立、倔强、幸灾乐祸、邪恶的习性行为优秀。异教是巫术的侧面,它同巫术一样,自然是不足称道的,但也无害,或者说,本身还是值得尊重的。

异教者和巫师是两类恶人,其共同点是:既感到自己是邪恶的,又都有不可征服的嗜好,即喜欢破坏占统治地位的东西(人或观念)。

宗教改革①是中世纪精神强化的一种形式,当这种精神失去良知,宗教改革便促使这两类人大量涌现。

36

遗言。——奥古斯都大帝②是个可畏的人物,但是,当他强权在握又能自我克制之时,却也能像睿智的苏格拉底③一样保持沉默。[60]人们定然记得,他的临终遗

---

① 【德文本注】宗教改革指由路德(Martin Luther,1483—1546)发动的宗教改革运动。对受到世俗化和政治危机威胁的教会进行革新是该运动谋求的目的。改革从路德在维腾堡公布他的论纲(1517)开始,导致1530年奥格斯堡国会上德意志帝国宗教和政治的分裂。1555年奥格斯堡宗教和约承认各小国君侯有自由选择宗教的权利。宗教改革运动也在斯堪的纳维亚半岛各国、英国和瑞士贯彻实行。在英国形成英国圣公教会,在瑞士形成加尔文教会。

② 【德文本注】奥古斯都大帝(Augustus,公元前63—公元14),凯撒的养子,自阿克梯乌战役起成了独裁者,首任罗马皇帝。

③ 【德文本注】睿智的苏格拉底:苏格拉底的朋友凯勒丰曾经问过一位女祭司,是否有人比苏格拉底聪明。"这位女预言家作了否定的回答。"(柏拉图:《苏格拉底的申辩》)

言直言不讳地糟践了自己,首次拉下了假面具。大意是说:他戴着假面上演了一场喜剧,饰演了"国父"①这一角色,表现了皇帝的智慧,演得可谓精彩绝伦,说有多精彩就有多精彩! Plaudita amici, comoedia finita est!②

濒死的尼禄冒出 qualis artifex pereo!③ 这个想法,正好是奥古斯都临终时的想法。演员的虚荣! 演员的胡诌! 与即将赴死的苏格拉底④ 恰好形成反差! 提比

---

① 【德文本注】国父:拉丁文为 pater patriae,公元前 2 世纪授予奥古斯都大帝的荣誉称号,后继的罗马诸皇帝(除提比略外)均被授予此称号。

② 【德文本注】Plaudita amici, comoedia finita est! 意即:朋友们! 为我鼓掌吧,喜剧到此结束啦! 关于奥古斯都这句遗言,罗马作家苏维托尼乌斯(Gaius Suetonius Tranquillus,公元 2 世纪上半叶,著有《罗马十二帝王传》)写道:"他(奥古斯都在临死时)对被召见的朋友们提了个问题,问他们是否想过,他在人生喜剧中饰演他的角色非常棒,接着他又用希腊语补叙舞台上通行的结束套话:"倘若一切让诸位满意了,就请为我们的表演鼓掌吧/那就随着诸位鼓掌的欢呼声,高高兴兴地让我们退台吧!"(《奥古斯都传》,第 99 章)

③ 【德文本注】qualis artifex pereo! 罗马作家苏维托尼乌斯在其著作《尼禄传》(第 49 章)中写道:罗马皇帝尼禄(Nero,公元 37—68)在准备自尽时号啕大哭,并一再放声大讲尼采在此摘引的这句话:"一个多么伟大的艺术家随我而亡了!"

④ 【德文本注】"即将赴死的苏格拉底",此处尼采系指苏格拉底面临死亡的镇定自若,苏氏被判死刑后对法官说:"人死万事休,我知道这个我再好不过……我们都要走了,时候到了,我走为死,你们走为生,但我们中究竟谁奔向的目标更好,只有上帝知道。"(柏拉图:《苏格拉底的申辩》)

【法文本注】关于临死前的苏格拉底,参见第 340 节,"临终时的苏格拉底"。

略①,这个最折磨自己的人死得倒很安详,此人乃真正的皇帝,而非演员。他临死时想什么呢?大抵是这样的:"生,就是长时间的死。我真蠢,干吗使那么多人折了寿!我的目的不就是做个施善的人吗?我本应赐给他们永恒的生命,也就是看见他们永恒的死亡。瞧着他们死,我的眼力可好着呐! qualis spectator pereo!②"当提比略经过长时的垂死挣扎又似乎恢复一些力气时,有人建议用枕头把他捂死得了——他等于死了两次。③

37

三种错误。——在近几个世纪,人们大大促进了科学。一方面,是因为人们希望用科学对上帝的善意和智

---

① 【德文本注】提比略:尼采对罗马皇帝提比略(Tiberius,公元前42—公元37)之死的描述也显然源于苏维托尼乌斯。苏维托尼乌斯援引一处无从稽考的资料来源说:"提比略临终前从手上取下戒指……然后又把戒指戴在手上……并一动不动躺在那里。他突然朝仆人呼喊,由于无人搭腔,他就从睡榻上坐起来,仆人们近在咫尺,却走了,丢下他不管,他倒地摔死了。"(《提比略传》,第73章)

② 【德文本注】qualis spectator pereo! 意即:"一个多么好的旁观者随我而亡了!"

③ 【德文本注】苏维托尼乌斯宣告:"有些人认为,加伊乌斯(Gaius,提比略之孙,已是提比略皇位继承者,这时取名加里古拉)给他下了毒药,另一些人认为,当他从昏厥中苏醒时,有人用枕头把他捂死了。"(《提比略传》,第73章)。

【法文本注】提比略临死一幕,塔西佗的记录较为全面(Annales, VI, L);苏维托尼乌斯亦有简短记录。

慧做最佳的理解,这个主要动机存在于英国伟人的灵魂里(比如牛顿①);另一方面,是因为人们相信知识的功利,尤其相信知识可与道德和幸福结合起来,这个主要动机存在于法国伟人的灵魂里(比如伏尔泰②);再方面,是因为人们认为,在科学中可以获得并喜爱某些无私、无害、无辜和使自己满足的东西,它们根本不掺杂人的恶欲,这个主要动机存在于斯宾诺莎③的灵魂里。斯宾诺莎作为认知者,自我感觉十分神圣。

总而言之,这是三种错误的动机!

38

爆炸的人。——若念及青年人的力量随时处于可能爆炸的状态,那么,当看见他们在决定做这件事或那件事[61]并不是精心地选择,也绝少选择之时,也就毫不足

---

① 【德文本注】英国物理学家、数学家牛顿(Isaac Newton, 1643—1727)主要以实验光学、理论力学和高等数学等科学论著奠定了现代自然科学的基础。

② 【德文本注】伏尔泰(Voltaire):本名弗朗索瓦·阿鲁埃(François Marie Arouet, 1694—1778),法国启蒙运动最重要的代表人物,尼采将他置于由苏格拉底和柏拉图开创的理性主义的道德学说传统中,根据这种理论,知识即美德,而美德本身就是可达到的最高幸福。

③ 【德文本注】荷兰启蒙运动哲学家斯宾诺莎在其主要著作《伦理学》(1677)中陈述了现代理性主义的这一观点:只有数学思维的方法才能达到真理,他认定实体是唯一的存在,而思想和广延仅仅是无限实体的形式而已。

奇了。

吸引青年人的东西是做某件事的热情——宛如燃烧的导火线，而非事情本身。所以，精明一点的误导者善于向青年人许诺爆炸，而免谈干事情的理由；若谈理由，他就得不到这些火药瓶了！

39

改变了的趣味。——大众的趣味之改变比观点的改变还重要；观点连同一切论据、反驳和整个理性面具仅仅是改变了的趣味之征兆罢了，而绝非它的根源。

大众的趣味是怎样改变的呢？是由于权贵和社会文人恬不知耻地贯彻己意，陈说他们 hoc et ridiculum, hoc est absur-dum[①]，亦即他们喜欢或厌恶的评价标准并强迫他人接受，由此慢慢变成多数人的，最终变成大家的风气了。

这些霸道者的感觉和"口味"之所以与众不同，其原因在于他们古怪的生活方式、奇特的营养和消化，说不定也在于他们血液和头脑中无机盐[②]的多寡，一言以蔽之，在于他们的特异生理。他们理直气壮地相信自己的生理，对生理用那最细微、最优美的声音提出的种种要求言

---

① 【德文本注】hoc et ridiculum, hoc est absurdum，意即：这是可笑的，这是荒唐的。

② 【德文本注】无机盐：维持正常的新陈代谢和身体功能所必需的物质。

听计从。须知,他们的美学和道德评价就是其生理的"最优美的声音"啊。①

40

缺乏高贵风度。——士兵和军官的关系远远高于工人和雇主的关系。业已建立的军事文明至少在目前还高于所谓的工业文明,后者是有史以来一种最卑鄙的存在状态。

在这儿起作用的乃是为生活所迫的律则:人们要生活,不得不出卖自己;但是人们蔑视那些趁人之危收买劳工的人。奇怪的是,服从可怕的强人、[62]暴君和军事首领远远没有像服从那些名声不响、枯燥乏味之人——比如工业界巨子——那么痛苦。通常,工人只是看到雇主像狗一样的本性,例如狡诈、吸血、充分利用他人的危难搞投机,而对雇主的名声、形象和道德则漠不关心。时下,厂主和商界大亨着实太缺乏高贵者那吸引人的仪表和气质了。倘若他们具有世袭贵族那高贵的眼神和优雅的姿态,那么,也许就不存在社会主义群众运动了,因为群众从根本上说是甘受奴役的,但先决条件是凌驾于头顶的上等人要证明自己是高尚的,天生就是发号施令的,而且要用高贵的风度来证明!连最普通的人也知道,高

---

① 【法文本注】有关艺术的生理学分析,参见下文第 368 节,"Der Zyniker[犬儒主义]如是说";《道德的谱系》,第 16 节(最后几段)。

尚不是随机装得出来的,所以,他们十分敬重那经年累月从高尚中孕育出来的果实。

然而,脑满肠肥的厂主缺乏高贵的风度,臭名远播,遂使普通人产生一个想法:一个人凌驾他人之上原来全凭偶然和幸运,那好吧,我们普通人也来试试自己的偶然和幸运吧!让我们也来掷骰子吧!如此这般,社会主义运动就开始了。

41

反对懊悔。——思想家把他的行为看成是为了获得某种启迪的试验和疑问,所以,成功与失败便是首要的答案。某事失败了,他就感到恼怒,甚至懊悔。

他又把恼怒和懊悔留给奉命行事的人,倘若恩主对结果不满,这些人将受鞭笞。

42

工作与无聊。——为了挣钱而找工作,这在文明国度①几乎人人都是这样。工作是手段而非目的,所以,人们对工作并不精心挑选,只要它能带来丰厚的酬金就行。

---

① 【德文本注】in den Ländern der Zivilisation,注意此处不用 cultur,对观第149节"宗教改革的失败"说到古希腊人的高度文化(cultur)。尼采在此指的是那些因物质与道德进步而显得优越的国家,按我们今天的话来说,可以理解为"发达国家"。

[63]那种宁愿死也不干活的人越来越罕见了,要有,那就是难以满足的挑剔者,他们不以酬劳丰富而满足,除非工作本身使其满足。形形色色的艺术家和静观默察者属于这类怪人,还包括将其一生耗费在打猎、旅游、冒险和爱情交易上的懒鬼。这类人也想工作,但工作必须符合兴趣。如果符合了,他们就不计艰危,最繁重、最艰苦的工作也干;否则就断然懒散下去,哪怕因此受穷、丢脸、发生健康和生存危机也全然不顾。他们并不怎么害怕无聊,倒是更害怕干没有兴趣的工作。

对于思想家和极富创意的奇才而言,无聊意味着灵魂"静若止水",这自然十分讨厌,这灵魂本是幸福旅程和快乐之风的前导啊。可他们不得不忍受无聊,任凭它在自己身上施予影响。而这恰恰是下等人做不到的。

想方设法把无聊从自己身上驱逐,这是人之常情,正如没有兴趣也干活一样普遍。相对欧洲人来说,亚洲人更能忍受长久而深沉的宁静,显示出他们的优势。亚洲人的麻醉剂也作用缓慢,要求人们忍耐,与欧洲的毒剂和烈酒那突发的效力迥异,这效力令人不怎么舒服。

43

法律泄漏了什么?——人们在研究一个民族的刑法时,常常会犯一个错误,即认为这刑法表现了这民族的特性。实际上,法律泄漏的恰是这个民族感到陌生、古怪、罕见、充满异域情调的东西。法律只与道德习俗①的例外情形相关。峻法严刑打击的对象是顺应异国民族之习俗的东西。

伊斯兰教的清教徒只有两种死罪②：一是除信仰清教派的真主外还信仰另一个真主；二是吸烟（他们称之为"可耻的酗酒行为"）。一位得知此事的英国人感到惊异，便问："那么，杀人和通奸呢？"老族长答道："真主对这些是仁慈和怜悯的！"③

[64] 古罗马人认为，一个女人如若通奸或喝酒就是犯了死罪。老加图说④，当时，与亲近的人接吻已成习惯，那是为了检查女人是否喝过酒，闻一闻她有没有酒味。人们确实当场抓到许多饮酒的女人，并且将其处死，

---

① 【德文本注】道德习俗：尼采所说习俗的道德是指绝对服从某种借用传统的权威而实行的法律。法律的作用是维护集体。苏格拉底和康德所主张的个人主义、理性主义道德必将克服习俗的道德。利己的和非利己的行为和动机有可能出现双重性分异。（参阅《人性的，太人性的》，第一章，第96节，第二章第一部分，第89节，以及《朝霞》，第9节。）

② 【德文本注】只有两种死罪：这则逸闻来源于英国外交官帕尔格雷夫（William Gifford Palgrave，1826—1888）的游记《穿越中东地带年记》。

③ 【法文本注】尼采在此参考了帕尔格雷夫的《穿越中东地带年记》（*A Narrative of a Year's Journey through Central and Eastern Arabia*）。有关人种学与历史学资料的重要性，参见《道德的谱系》前言。

④ 【德文本注】老加图（der alte Cato）是古罗马将军、政治家，其曾孙小加图为哲学家。"老加图说"，参阅古希腊作家普鲁塔克（Plutarch，公元46—120）著作《道德论丛》之《罗马掌故》中的第六节。

原因当然不仅仅是这些女人在酒精的作用下忘记矢口否认喝过酒,主要还是因为罗马人对放纵的酒神作风①有所畏惧:南欧妇女时时受其侵害。那时,酒刚刚传入欧洲,这可是叫人忧心的外国习俗呀!它足以动摇罗马人情感的根基呀!这无异于背叛罗马,同外国沆瀣一气呀!②

44

相信动机。——想知道人类行为所依据的动机,这是重要的,但对于研究者来说,更重要的是相信这种或那种动机,亦即相信:人类作为自身行为的杠杆,他们在杠杆下面垫了些什么,决心要干什么。

人们内心的幸福和痛苦是依据他们对这种或那种动机的相信与否而定的,并非是依据真的动机!动机只能引起人们的二等兴趣。

---

① 【德文本注】酒神作风:这个概念源于狄奥尼索斯神(酒神),他是宙斯神之子。使用这概念一般含"迷醉狂喜"之意,尼采早期著作《悲剧的诞生》(1872),其中心构想除日神外就是酒神,它是综合的整体象征概念。

② 【法文本注】此处强调罗马文明和古希腊文明的根本差别。从《悲剧的诞生》起,古希腊和狄奥尼索斯主义的关系一直是尼采的基本思考命题之一。1886年,尼采在自己的这部处女作《悲剧的诞生》中加了"论自我批评"(essai d'autocritique):"正如我们长期以来无法回答'狄奥尼索斯主义是什么?'这个问题一样,古希腊人长期以来对我们而言也是,并且将永远是无法了解、不可传述的。"

45

*伊壁鸠鲁*①。——关于*伊壁鸠鲁*的个性,我的感觉也许与别人不同,这正是我引以为荣的地方。

我读他的文章,听他的话语,均是一种享受,享受着古时一个午后的幸福。我见他凝望白茫茫的辽阔海面,但见海滨巉岩的上空,艳阳高照,大大小小的动物沐浴着阳光,在嬉戏中显出怡然自得的神情,就像那阳光和伊壁鸠鲁的眼神一样。

这样的幸福,只有长期患病的人才能体会,这是眼福啊。人生的大海在这双眼睛面前已呈静止状态。[65]对色泽斑斓、柔和而令人悚惧的海面总也看不厌。从来没有过这般简朴的极乐。②

46

我们的惊讶。——存在着一种深深的幸福感:科学

---

① 【德文本注】伊壁鸠鲁:依照希腊哲学家伊壁鸠鲁(Epikur,公元前341—前270)的理论,人的目标和幸福应该是,通过对享乐和自控的理性权衡而达到彻底的心灵宁静(Ataraxie)。后来有人把一个纯享乐的人贬称为伊壁鸠鲁派,尼采对此不能苟同。

② 【法文本注】有关尼采思想中的伊壁鸠鲁,参见 R. Roos, "Nietzsche et Epicure: L'idylle héroïque"(《尼采与伊壁鸠鲁:英雄田园诗》),载于 *Revue d'Allemagne et des pays de langue allemande*(《德国与德语国家杂志》), t. XII, n4, Octobre-décembre 1980。

探究出的那些事物经受住了考验,并且一再提供新的动机让人做新的探究。也可能还有不同的情况,是呀,我们对于自己评估的不稳定性和喜欢做种种幻想、对于人类的一切规律和概念的不断改变,一概深信不疑了,这就不能不使我们大为惊讶:科学的成果竟然如此恒久不变!

从前,人们不知道人的一切均可改变;道德习俗总是以为人的内心生活是用夹子固定在铁则上的。如果当时让人讲童话和仙女故事,人们也许会感到类似的惊讶。人们对规律和永久性要是感到腻味了,神奇的事物就会使他们快乐。来一次,离开地面吧!飘浮在空中吧!迷失自我吧!疯狂吧!——此乃古人幻想的天堂的纵情享乐。而我们的幸福则类似遭遇海难之后的重新登岸,双脚立于古老而坚实的土地,惊诧的是,这土地并未发生动摇。

47

论激情的压抑。——假定人们长期不让自己的激情释放,把表现激情视为"卑下"、粗鲁、小市民气、农民的特性,换句话说,假定人们压抑表现激情的语言和表情姿态(并非压抑激情本身),那么造成的结果将适得其反,就是说压抑了激情本身,至少是对激情的削弱和改变。

路易十四的宫廷[①]及其所有的附庸就是最具教训的

---

① 【德文本注】"路易十四的宫廷"与"太阳王"路易十四的大名密不可分,是凡尔赛宫"伟大世纪"的辉煌体现,成(转下页注)

实例,嗣后的一个时代①因沐浴着压抑激情的教化,故而激情已荡然无存,代之而起是一派妩媚、浅薄、矫揉造作的习气,[66]人们连表现粗野举止的能力也不具备了,面对侮辱,也只用彬彬有礼的言辞接受或回敬。

当代的情形②刚好相反。生活中、舞台上,尤其在出版物中,狂乱和乖张的激情俯拾皆是。时下人们要的就是激情的习气,而非激情本身!

尽管如此,人们终究会获得激情的。到那时,我们的后代将具备真实的粗野,而不仅仅是形式上的粗野。

48

对痛苦的认识。——人和时代对痛苦,即对心灵和肉体痛苦的认识不同,这是区分人与人、时代与时代的无

(接上页注)了法国专制制度与这位君主的人格相关的一种宫廷文化的象征。提起凡尔赛宫,今天人们还会联想到君主帝制的辉煌发展和贵族等级制度特有的标记,尼采所指即此。

① 【德文本注】"嗣后的一个时代":系指洛可可时代,在法国亦称"路易十五风格"时代(以路易十五[Ludwig XV., 1723—1774]的名字命名),被视为从巴洛克向古典主义过渡的时期。尼采的点评与18世纪中期人们的生活情感大体相符,它表现在艺术、音乐、时装和宫廷文化中,矫饰的艺术性和表面的爽朗。

② 【德文本注】"当代的情形":尼采这里关注的是自然主义的初始阶段,自然主义是19世纪末发端于法国的艺术流派。以尽量忠实地观察和描写现实为宗旨,观察和描写要经得起实践的检验。其纲领抛弃一切形而上学的要素,试图仅仅根据人的生物的、社会的和历史的决定性来解释人的行为。比如把人的激情解释为生理上的性冲动。

可替代的标识。

关于肉体痛苦，尽管我们的健康大受损害、衰弱不堪，但因缺乏足够的自我体验，故而我辈同恐怖时代相比既愚钝又喜幻想。恐怖时代是最漫长的时代，各人为了免受暴力的侵害，必须自我保护，甚至不得不成为施暴者。当时，人们对肉体的痛苦和残疾有着丰富的历练，把遭受残酷、把自愿经受痛苦视为必不可少的自我保存手段。人们既教育周围的人要忍受痛苦，又乐于给别人添加痛苦，看见令人发指的痛苦被转嫁到他人身上，自己便只剩下一种感觉，即自我安全感。

关于心灵痛苦，我是这样观察每个人的：看他是用自身的经验还是用旁人的描述认识它；看他是否尽管佯装痛苦，但仍然认为有必要把痛苦当作精心塑造自己的一种标识，或者，看他是干脆否认自己心灵底蕴的巨痛，还是直言这巨痛，就像直言肉体的巨痛比如牙痛胃痛一样。

可是，现在大多数人给我的印象是这样的：由于对双重痛苦缺乏普遍的历练，[67]受苦者的模样又很奇特可怕，故而产生的后果是：时人与过去的人相比，对痛苦的憎恶可谓刻骨铭心，对它的非难远胜于当时，觉得痛苦的存在——不妨说是理念中痛苦的存在——几乎无法忍受，从而谴责整个世界失去天良。种种悲观主义哲学①

---

① 【德文本注】"悲观主义哲学"：主要指叔本华，他认定表象世界是欺骗加揭露，这种悲观主义哲学深深地影响了尼采和瓦格纳。叔本华的主要著作有《充足理由律的四重根》(1813)，《作为意志和表象的世界》(1819)，《论自然意志》(1836)，（转下页注）

的登场断然不是象征着可怕的巨痛,而是对各个时代的一切价值提出怀疑。在这些时代,生活的闲雅和轻松使得心灵和肉体的小痛苦看似充满血腥味的凶神恶煞——其实那痛苦就像蚊子叮咬一般,况且在所难免——又利用人们缺乏真正的痛苦体验,使得一般的痛苦像是无以复加的痛苦似的。

现在,已有一种药方可以医治悲观主义哲学和痛苦过敏性——我以为这过敏性就是"当代的痛苦"。可是,这药方听起来着实过于残酷,它或许可以列入那一类病症,即人们据此可以判断"存在即恶"的病症。那么,诊治"痛苦"的药方便是痛苦。

49

雅量及其他[①]。——一些看似矛盾的现象,比如心绪良好的人突然变得冷漠,忧郁的人突然变得幽默,又比如某人突然打消报复心,或者用嫉妒的办法使自己得到满足的这一类宽容,会出现在那些具有强大内驱力的人身上,即那些会突感满足或厌恶的人身上。

他们的满足来得如此神速而强烈,以至于顷刻间即

(接上页注)《伦理学的两个基本问题》(1841)。叔本华教导说,复杂繁纷的、时空上可见的世界是由一个从因果关系上无法认识的世界意志决定的。

[①] 【法文本注】同一表达法亦出现于《快乐的科学》的不少章节中,以及《道德的谱系》,第 2 节(标题)。

感厌恶,走向反面,出现情感的剧烈震颤,有人突然冷漠,有人狂笑,有人涕泗滂沱甚至自杀。我以为,宽宏大量的人,至少是他们中给人印象殊深者,是极度渴望报复的人。他们在意念中像饮醇酒似的将满意一饮而尽,厌恶便接踵而至。[68]他们乔装"超越自我",正如人们所说的那样,他们原谅了敌人,甚至还对敌人表示祝福和尊敬哩。他们如此强暴自己,如此嘲笑自己刚才还很炽烈的报复欲望,其目的就是向新的欲望即厌恶让步,此刻,他们内心的厌恶已经无以复加,就像他们刚才在意念中扼杀了报复的欲望一样,现在也把厌恶一饮而尽。

雅量的自私与报复的自私处于同一等级,只是性质不同罢了。

50

孤立的原因。——即使是最有良心的人,良心的谴责面对这样的情感也是软弱无力的:"这个或那个东西是违背社会习俗的。"最强者也害怕旁人的冷眼和轻蔑,他是这些人当中受过教育的,而且是为了这些人才接受教育的。他到底怕什么呢?怕孤立!这个理由把做人和做事的最佳理由打倒了!——我们的群体本性如是说。

51

真理意识。——我赞美一切怀疑。我冒昧地对怀疑说:"让我们试验一下!"①不过,凡是不让进行试验的事物和问题,我是无意过问的,这就是我的"真理意识"的极限:因为在这极限上,勇敢失去了它的权利。

52

旁人了解我们什么。——人们以为,我们对自己了解多少,在记忆里保持多少了解,这对于我们生活的幸福并不起决定作用。

别人了解我们什么(或者以为了解什么),有一天终于冲着我们来了,这时我们才知,这是更厉害的东西。这些人战胜自己的坏心眼要比战胜自己的坏名誉更容易。

53

[69]**善的起源。**——邪恶的欲望变得文雅了,故微弱的视力看不清它的真面目,凡是出现这种情况的地方,人们开始建立善的王国。"现已进入善的王国",这情感使得所有受恶欲威胁和限制的本能欲望,比如安全感、舒适感、友善感等等一道激动起来。这就意味着,视力愈弱,则善的延伸愈广。所以,老百姓和儿童

---

① 【法文本注】这是尼采的 Versuch[试验]概念的一次绝好的使用实例。

总是乐呵呵的,而伟大思想家则忧郁和悲伤,类似于良心不安!

54

虚假的意识①。——我对整个存在的认识使我觉得新奇,同时也觉得可怕和可笑。我发现,古民、古代动物,即有感觉的所有原始时代及历史继续在我的内心作诗,在爱着恨着,在做推论——蓦然,我从梦中惊醒,只剩下一个意识:我正在做梦,必须继续做梦才不致毁灭,②正如夜游人必须继续做梦才不致跌入深渊一样。

对我而言,"虚假"是什么呢?它肯定不是真实的反面!也不是随意可以戴上和取下的死面具!在我,虚假是发挥功能、活生生的东西,它总是自嘲,让我感到,这儿仅有虚假、鬼火和幽灵之舞;在梦幻者的队伍中也有我这个跳着自己舞蹈的"认知者";认知者乃是延长人生之舞的工具,是筹备整个人生庆典的人员之一;一切知识的崇

---

① 【德文本注】"虚假的意志":尼采下列的一些思考明显打上叔本华哲学的烙印(参阅德文本前注)。在叔本华看来,表象世界就是欺骗、梦幻和虚假,是印度神话"玛雅"(意为"幻想之宇宙")之造物,可以理解为"欺骗之纱巾,它蒙住凡人的眼睛,让他们看世界,他们既不能说世界存在,又不能说世界不存在,因为世界犹如梦幻,又像沙土上的阳光,漫游者从远处看以为是水;抑或像抛给他的一条绳索,他以为是蛇"(《作为意志和表象的世界》)。

② 【法文本注】对观《悲剧的诞生》前四节,清醒的梦在揭示阿波罗主义这一概念以及阿波罗艺术的独特逻辑时起到了决定性的作用。

高结论、一切知识的相互沟通必将是至高无上的工具,它维持着普遍的梦幻,使梦幻者互相理解①,并且使梦幻得以延续。②

55

[70]最后的高尚感。——什么东西使人变得"高尚"呢?当然不是勇于牺牲——纵欲之徒也会做出牺牲;当然不是顺应的某种激情——世间存在种种可鄙的激情;当然也不是无私地为他人做点什么——也许,最高尚的人恰恰是最自私的人。

那么,使人变得高尚的东西,就是那种产生于高尚之士又不为他所察觉的奇特的激情,是他运用的罕见而独有的尺度和拥有几近癫狂的气质,是他对众人冷漠对待之物所怀有的炽热情怀,是他能认清那些连任何衡器都无法衡量的价值,是他奉献给无名之神的祭坛牲礼——不求闻达的英雄气概以及向世人和万类倾诉的过分的知足。总之,是迄今为人罕见的东西,以及对这罕见的东西并不自知,才使人变得高尚起来。

可能有人会想,要是运用这一原则,那么,一切通常的、最熟悉的、不可缺少的东西,也就是大多借以维持人

---

① 【法文本注】allverständlichkeit,此类结构的词往往被传统的形而上学用来指称上帝,再比如 allmächtigkeit, allwissenheit 等等。

② 【法文本注】此处提到的两点在《悲剧的诞生》中已有所涉及:梦的清醒性,以及梦中某个含义的可立即认识性。

的类群的东西,总之人类迄今一切常规统统得不到公允的评价,统统受到污蔑,而这只对特殊古怪的事物有利。他们要做常规的辩护律师,这或许是人间表现高尚意识的最终形式和精明所在了。

56

向往痛苦的欲望。——当我想起,凡是人总想做事,做事的欲望在不断刺激着欧洲无数百无聊赖的青年,这时我也就猜想,他们必定也有一种受苦的欲望吧,这样便能从痛苦中找到行动的某种可能的理由。痛苦是必不可少的!于是就有政客的呐喊,就有各阶层人士各种虚伪、臆造、夸大其词的"痛苦状态",也就有欣然相信这些东西的盲目性。

欧洲青年希冀遭受外来的不幸(而不要幸福),而且这不幸要让大家看见才好。他们的想象力事先颇为忙碌,把不幸想象成妖怪,然后再想象同这妖怪搏斗。[71]这些向往痛苦的年轻人既然能在内心增添快乐,也就懂得在内心制造痛苦。当他们把痛苦的呐喊和情愫铺天盖地充塞世间之时,他们的臆造也就更高雅了,满足感也就宛如美妙的音乐奏响了!

他们不知如何相处,于是把别人的不幸画在墙上①,

---

① 【法文本注】德语有一句俗语:den Teufel an die Wand malen,原意为"把魔鬼画在墙上",与"试探魔鬼"有些接近,后一句的原意即是"把别人的不幸画在墙上"。对观本段最后一句。

他们总也离不开别人,甚至离不开别人的别人!朋友们,恕我冒昧把自己的幸福画在墙上吧!

第二卷

57

[72]致现实主义者。——你们,清醒的人们①啊,总以为自己是全力反对激情和幻想的,总乐于从自己的空虚中制造豪情和矫饰。你们自称现实主义者,向别人暗示,世界就是这样实实在在呈现在你们面前,它只在你们面前才揭下面纱,而你们堪称世界的精华。

——啊,你们,亲爱的赛伊斯之形象②!

---

① 【德文本注】"清醒的人们":参阅歌德《少年维特之烦恼》,8月12日维特同阿尔贝特的谈话:"噢,你们,清醒的人啊!……羞愧吧,你们,清醒的人啊! 羞愧吧,你们,聪明的人啊!"

② 【德文本注】"赛伊斯之形象",参阅本书相关注释(译按:参本书页48注③),以及有关"鲍波"的注释(译按:参本书页49注③)。

【法文本注】此处暗示席勒之诗 Das verschleierte Bild zu Sais[《赛伊斯的蒙面神像》]。诺瓦利斯的 Die Lehrlinge zu Sais[《赛伊斯的学徒们》]亦有同名篇章。

>揭下面纱,你们不也和鱼儿一样,
>是激情万丈的、忧郁的生灵,
>不也类似热恋的艺术家?

对于一个热恋的艺术家而言,什么是"真实"呢?你们仍然崇尚那些起源于过去几个世纪之激情和热恋的事物!你们的清醒总是掺杂着隐秘的、无可消除的醉意!就说你们对"真实"的爱恋吧,噢,那真是一种古老、原始的"爱"呀!它充塞在一切情感和感官印象里,还与某种幻想、偏见、非理性、无知、恐惧等交织在一起。

那儿的一座山呀!那儿的一片云呀!它们的"真实"又是什么呢?你们,清醒的人们啊,能抽掉那山那云的幻象和人为的添加物吗?你们能遗忘自己的出身、过去的历史、学前的教育,即你们整个的人性和兽性吗?

对我们来说,并不存在什么"真实";对你们来说也不存在。我们之间的陌生程度并不是你们所认为的那样大。然而,我们要超越醉意的良好意愿,也许与你们无能克服醉意的信念是同样明显的。

58

[73]只能当创造者。——我发现事物的名称远远重于事物的本质,这件事曾经使我,而且一直使我异常吃力。声誉、名号、外表、效力、事物的一般范围和分量,这些东西在产生时便是错误的,乃随心所欲,像给事物披上

一件外衣,而与事物的实质,甚至与事物的皮相也风马牛不相及,但由于世世代代对这些东西都很相信,且这种相信还在不断加深,久而久之,它们在事物中不断壮大,甚至变成事物本身了。表象终于成了本质,并且作为本质在发挥作用哩!

倘若认为只要指出这初始的表象和空幻的雾障便可消灭有效的"现实"①世界,那才是愚不可及的蠢人呢!只有作为创造者,我们才能去消灭!②但我们也不能忘记:创造新的名称、评估和可能性,便足以持续创造出新的"事物"来。

59

我们艺术家啊!——当我们爱着一个女人的时候,很容易对人的自然本性产生一种恨意,想到每个女人一味听从于自然本性的摆布,这实在叫人讨厌,不想这些也

---

① 【法文本注】本段之于尼采就本书的谋篇而言具有根本性的意义。它揭示了尼采在何处与简单的反传统形而上学的主张区别开来。尼采不是简单地反驳或颠覆,换言之,他不是简单地反对形而上学的既有结论。尼采转变了以往的一切哲学辩论,建立艺术家的哲学,正如他在1886年版前言中所强调的那样。

② 【法文本注】创造与毁灭之间的相辅相成关系是尼采哲学思考的基本点之一。有关这个问题,参见《道德的谱系》,第二章,第24节,以及《瞧,这个人》全书。倘若因此而把尼采笔下的哲学(或不如说语文学)定义为纯粹的毁灭,那么我们会显得太天真了。阅读尼采的时候,我们要把《道德的谱系》(前言,第4节)中的一句话牢记心头:"我有什么好反驳的!"

罢；可是，一旦我们的灵魂接触这些东西的时候，就会立即出现痉挛，灵魂会给自然本性投去轻蔑的一瞥：我们受到了伤害，自然本性用它那最不圣洁的手干涉了我们的所有。于是，我们面对生理学用手捂住耳朵，在内心秘密地给自己下命令："我不能听信，人是灵魂和躯壳以外的其他东西！"所有爱恋者都认为"包着一层皮的人"可憎，是对上帝和爱情的亵渎。

当初每个崇拜"万能"上帝的人对于自然本性的看法与时下的爱恋者并无二致。他们把天文学家、地质学家、生理学家和医生所说的自然看成是干涉了他们珍贵的所有，因而是一种攻击，觉得攻击者真厚颜无耻！[74]他们一听"自然规律"就觉得是对上帝的中伤。从根本上说，他们真想看到所有的驱动力复原成道德的意志和专断行为才好。但是无人帮他们证实这一点，所以只好对自然本性和驱动力隐而不彰，而一味沉溺于梦幻。噢，当初这些人真善于寻梦，而无需首先入睡！

我们现代人更老于此道，有着保持清醒、向往白天的良好意志！只要去爱、去恨、去渴求、去感受，那么，思想和梦幻的力量就充满我们全身，就睁着双眼坦然面对危险，沿着艰险之路向上攀登，登上天马行空般幻想的极巅，竟然没有出现丝毫的晕眩，仿佛天性就适合于攀登似的。我们艺术家啊，真是白日寻梦者！隐匿天性者！渴望月球和上帝的人！我们，沉默无语、不知疲倦的漫游者呀，并不视高处为高处，而视为平地和安全处！

60

女人及其向远处的辐射力。——我还有耳吗?除了耳我就别无所有吗?此刻,我陷于波涛汹涌般的激情中,白热化的欲火从我的脚向上蹿着火舌,咆哮声、呼号声、尖叫声全方位地向我袭来,在最深处,年迈的地震之神在歌唱,声音沉闷,似一条公牛的怒吼,它踏着惊天动地的节拍,致使心脏这块风化的奇岩怪石颤抖不已。蓦然,一条巨大的帆船①出现在这地狱迷宫的前面,离门仅有几寻②远,像一个幽灵滑过来了。

啊!这幽灵似的美人啊!她到底用什么魔法将我擒获!什么?世间的一切安宁和缄默全都装载在这只船上?我的幸福也载于这悄然的福地吗?还有幸福的我以及第二个永恒的自我也在此处吗?我是不死不活的、幽灵似的、寂静的、观察着的、滑行着的、飘浮着的中间物吗?是的,我也如同那船,那挂着白帆、宛如一只硕大无朋的蝴蝶从黑色海面飘过的船![75]飘过人生的存在!——似乎是这儿的喧嚣把我变成幻想者了?巨大的喧嚣使我把幸福置于宁静,置于远方。当男人置身于喧

---

① 【德文本注】帆船:尼采暗示瓦格纳的音乐剧《漂泊的荷兰人》(1843),剧中一位荷兰航海者被恶魔判罚不停地在海上航行,直到他找到一个对他忠诚的女人。与尼采在这里描述的挂着白帆的帆船不同的是,漂泊的荷兰人驾驶之船挂着红帆。

② 【德文本注】寻,古代长度单位,约合 1.9 米。

嚣和他构想和设计的汹涌波涛中,就会看见宁静的、魅力无穷的美人儿从他身边掠过,他羡慕丽人的幸福和隐退——是女人。

男人认为,他那较优秀的自我就安住在女人身上。在这宁静的温柔乡,喧嚣无比的激浪也会变得悄无声息,人生也会变成超越人生的梦境。

可是!我的高贵的狂热者呀,即使在最漂亮的帆船上也有如许的喧闹和噪声!女人的魅力和至强的效应,用哲人的话来说,乃是向远处的辐射力,一种 actio in distans①,与此相关,首要的是保持距离!

61

敬重友情。——在古代,友情被视为最高的情操,高于知足者和智者的自尊心,比自尊心更神圣。这,可以从马其顿国王的一则故事中得到充分说明。

这国王捐钱给雅典一位玩世不恭的哲学家,结果钱被退了回来。"怎么?"国王问,"他难道没有朋友吗?"

这话的意思是:"我敬重智者和独立处世者的自尊心,但是,如果在他心目中朋友的分量胜过自尊心的话,我会更敬重他的人格。哲学家要是不懂得两种感情孰重孰轻,那么,他在我面前就自我降格了。"

---

① 【德文本注】actio in distans:意谓"向远方的行为"。"距离"是尼采贵族意识里的一个中心概念。距离产生激情,与之对立的便是被尼采否定的冷漠的道德。

62

爱情。——爱情甚至宽恕被爱者的过分的情欲。

63

[76]音乐中的女人。——和煦的、略带雨意的风何以产生音乐①的氛围和富于创意的欢悦旋律？它就是那吹拂在教堂里并赐给女人恋情的风么？

64

怀疑论者②。——我担心女人年纪一大，其内心深处比男人的疑心更重，把存在的表面当成存在的实质，而一切美德和深层的东西反倒被她们认为是这"真实"的遮羞布了，是一种希望得到的 pudendum③ 的掩饰，是既体

---

① 【法文本注】《悲剧的诞生》（第 5 节）使用了同一表达法（musikalische Stimmung）来解释抒情诗。尼采在其中引证了席勒对心理现象学的分析。对席勒而言，这是抒情诗作为英雄史诗的对立形式的特别创作来源。

② 【德文本注】"怀疑论者"，指怀疑论的信奉者，怀疑论是希腊人皮浪（公元前 360—前 270）创立的一个哲学流派，把怀疑尊为思维的原则。绝对怀疑论否定一切认知的可能性，不相信感官的感知是经历体验的基础，也就是把认识不可知作为怀疑论的根本原则，这教条是不容怀疑的。相对怀疑论只否定在某些领域（比如伦理或神学）的认知的可能性。

③ 【德文本注】pudendum：卑劣，可耻。

面又羞耻的东西,仅此而已。

65

*奉献*①。——贵妇人思想贫乏,为了表示衷心的奉献,她们就献出贞操和羞耻心,此外就不知其他。她们献出的自是最宝贵的东西。

这种馈赠也常常被人接受,不过,接受者所负的责任并不像奉献者预想的那样深切。这实在异常可悲!

66

弱者的强大。——女人在夸大自身的弱点方面,无不显得乖巧伶俐,甚至是才思敏捷的,从而露出作为"花瓶"的脆弱本色。一粒灰尘也会给"花瓶"造成伤痛。她们的存在就是促使男人时刻把粗暴铭记于心,但又乞求男人要讲良心。这就是她们抗御强者及其"特权"的方式,自卫的方式。

67

自我欺骗。——她爱他,从此对他深信不疑,像一头

---

① 【法文本注】hingebung,对观第五卷第 363 节"男女对爱情的偏见"中 hingabe 和 hingebung 的对比关系。

母牛默然呆视,满腹心事。痛苦啊!

她完全变了,变得不可理喻,这恰恰使他心醉神迷![77]他的个性却很稳定! 她难道不会对自己的个性进行伪装吗? 佯装冷酷无情吗? 爱情难道不是这样忠告她吗? Vivat comoedia!①

68

意志和顺从。——有人领着一个青年来到智者面前,说:"瞧,这小伙子被女人毁了!"智者摇头微笑,嚷道:"是男人把女人毁了。凡女人所缺少的东西都应在男人身上补偿和改进的,因为是男人为自己设计出女人的形象,女人再按这形象来塑造自我。"②

"你对女人太心慈手软,"一个围观者说,"你不了解她们!"

智者答道:"男人的本性是意志,女人的本性是顺从,这就是两性的法则,真的! 对女人残酷的法则! 任何人对其存在来说都是无辜的,女人的无辜又次一等,可谁给她们抚慰和宽容呢?"

"什么抚慰? 什么宽容?"人群中另一位喊着,"必须把女人调教得好一点!"

"必须把男人调教得好一点!"智者说,一面示意那青

---

① 【德文本注】Vivat comoedia! 喜剧万岁!

② 【德文本注】暗指《圣经》中的创世故事:"他按照他设计的形象塑造她。"

年跟他走,可是那青年不为所动。①

69

复仇的能力。——假如一个人无力自卫,于是也就不想自卫,我们认为这不算什么耻辱;但是我们蔑视既无能力又无意志进行复仇的人,不管是男人还是女人。

我们要是不相信一个女人会在某种情势下熟练地操起匕首对付我们,试问,这女人能紧紧抓牢(或者说"吸引")我们吗? 女人在某种情势下操刀对付自己,这是更为严厉的复仇(中国式的复仇)。

70

[78]**男人的女主宰。**——人们有时在剧院听到深沉有力的女低音,它给我们拉开帷幕,展示出平时我们不相信的那种可能,于是,我们立马就信了:世界上某些地方存在着具有崇高的、英雄和帝王式的心灵的女人,她们有能力做并准备做义正词严的反驳,做宏伟的抉择和壮丽的自我牺牲;有能力统治并准备统治男人,因为在她们心中,男人最好的东西已超越性别界限而变成她们本身的愿望了。

按照戏剧艺术的意图,这类女低音绝不是要给我们

---

① 【德文本注】参阅《马太福音》。

造成这样的概念:似乎这些女人一般只能饰演理想的情郎,比如罗密欧①之类的角色。但是,依我的经验判断,戏剧界以及热心期待女低音产生以上效果的音乐家是完全失算的。人们不相信这样的情郎,这声音总是充满母道和家庭主妇的腔调,尤其是当它传达爱意之时。

71

论女人的贞洁。——在大家闺秀所受的教育中,着实有许多令人惊讶和奇怪的事,也许再也找不出类似这样矛盾的事了。

所有的人都同意,对她们 in eroticis② 的教育,目的是尽量使其懵懂无知和感到羞耻。只要一提性爱,就叫她们不耐烦而逃进内心。归根结底,女人的一切"名誉"全系于此,绝对不能把她们教坏了!

她们应该对性爱一无所知,对这个"恶"应该既无眼睛、耳朵,又无言辞、思想。懂得就是邪恶!

可是,一旦她们结婚,就被抛进现实中,茅塞顿开,像遇到可怖的霹雳。她们有了挚爱和敬重的配偶,也就有了爱欲和羞涩的矛盾。是啊,狂喜、奉献、义务、同情以及突然感到上帝和野兽毗邻而居的恐惧,凡此种种,她们不

---

① 【德文本注】指罗密欧和朱丽叶的爱情故事。最早的版本是 16 世纪意大利的一部中篇小说,最著名的则是莎士比亚(Shakespeare,1564—1616)的悲剧。

② 【德文本注】in eroticis:在性爱方面。

得不悉数加以体验和感受！事实上，她们给自己增添了一个心灵上的难点！聪明而好奇的人情洞达者也很难猜出，[79]女人们究竟是如何应付这谜一样的答案和答案之谜的，方寸大乱时，究竟会引起何等的恐怖和怀疑，女人最终的哲理和疑虑究竟是如何在性爱这个难点上抛锚停泊的！她们婚后依然静默如故，对己默然，闭上双眼。

年轻的女人竭力显出浅薄、没有思想的样子，乖巧者则佯装放达与厚颜；她们极易视丈夫为婚姻的问号，视孩子为 Apologie① 或赎罪；她们需要孩子，不过与丈夫的需要大相径庭。

总之，人们对待女人总不够宽厚！

72

母性。——兽类对雌性的看法有异于人类，视雌性为专司生产的实体。兽类不存在父爱，但存在对幼仔之爱并习以为常。在幼仔身上，母兽可满足其统治欲，幼仔是财产，是劳作，是理所当然的东西，人们总是喋喋不休地谈论这理所当然：这一切就构成母爱，母爱可以用艺术家对其作品的爱来比拟。

怀孕使雌性变得更温柔、更满怀期待、更恐惧、更顺从。

---

① 【德文本注】Apologie：辩护词，尤指宗教和世界观方面的辩护词。柏拉图和色诺芬（Xenophon，公元前 430—前 355）撰写了苏格拉底的辩护词，题为 Apologie。在基督教历史上，公元 2 世纪那些反对异教责难、维护基督教的神学著作家被视为辩护者。

同样,思想的受孕也会产生静观默察的特性,这特性与母性相类——不过是充满阳刚之气的母性。动物以雄性为美。

73

神圣的残酷。——一个男人抱着刚出生的婴儿去见圣者,并且问道:"对这孩子我该怎么办呢?他痛苦、畸形、半死不活。"

圣者厉声:"弄死他,弄死他,然后你抱他在手里,要抱三天三夜,这样你就会铭记:[80]以后不要在你不该要孩子的时候要孩子。"

男人听了这话怏然离去;可是有许多人却对圣者予以指责,说他教人杀婴,无异于教人残酷。圣者说:"让婴孩活着,岂不更残酷吗?"

74

失败者。——她们当着心爱的男人的面,总不能镇定自若,且饶嘴多舌。所以,这类可怜的女人没有一个不失败的。

诱惑男人最稳健的办法是柔情,隐秘而冷静的柔情。

75

第三性。——"矮个子男人尽管有些怪模怪样,但毕

竟还是男人;可是矮小的女人同高个儿女人一比,就觉得她好像是另一性别了。"一位年迈的舞师说。

矮个儿女人永远不会漂亮——年迈的亚里士多德①如是说。

76

最大的危险。——若不是大多数人对自己的头脑,亦即对自己的理性进行训育,并把这训育视为自尊心、责任和美德(这些东西备受思考时的幻想和荒谬的羞辱)视为"人的健康理性"②之友,则人类早就毁灭了!在人类的上空,过去高悬,现在仍然一直高悬着一种最大的危险,这就是突然闪现错误意识,也就是出现感觉与视听的随意性,反而对头脑的无训育、对人的非理性竟然洋洋得意。与错误意识相对立的并不是真理和确定性,而应是对信念的普遍责任,亦即评估和判断的非随意性。

迄今,人类完成的最大一项工作就是使许多事情相互协调[81]并制定了协调的规则,也不管这些事情是对还是错。这就是对头脑的训育,它使人类赖以保存。然而,相反的本能欲望一直十分强烈,以至于人们在议论

---

① 【德文本注】亚里士多德:参阅《尼各马可伦理学》和《修辞学》。

② 【法文本注】der gesunde Menschenverstand,对观第 224 节"动物的评论"中的用法 den gesunden Tierverstand。

人类的未来时总是缺乏信心。事物总是在发展变动,从现在起也许比任何时候都要变动得更加剧繁;可恰恰是那些特殊的能人一直在抗拒对未来之信念的责任,尤以真理的探索者们一马当先!对未来世界的普遍信仰总是给"高人雅士"增添烦恼和渴望。这信仰要求思想的发展进程需模仿乌龟爬行的慢速度,这已被人们当成一种规则加以接受了;然而,这种慢速度却使艺术家和诗人沦为逃兵。这些缺乏耐心的精英人士极易突发错误意识,因为它具有欢快的速度,因此,它需要德性智慧——哎!

我要使用毫不暧昧的字眼说,我们现在需要符合美德的愚笨,需要舒缓的、不可动摇的思想节拍,以便使那些坚信伟大信仰的人们继续舞蹈,此乃当今第一要务。我们余者都是特殊的人,危险的人,我们需要永远自卫!现在该为"特殊"美言几句了,倘若特殊不变为常规的话。

77

有良知的动物。——我并非不知南欧人所喜爱的一切东西的通俗性——不管是意大利歌剧(诸如罗西尼[①]

[①] 【德文本注】罗西尼(Gioacchino Antonio Rossini,1792—1868),意大利作曲家,曾在意大利、伦敦和巴黎生活和工作。他被视为古老歌剧(滑稽歌剧)的最后一位大师,伟大的法国歌剧的开路先锋。

和贝利尼①的),还是西班牙的冒险小说②(吉尔·布拉斯③的法国式伪装于我们最为熟悉),然而,它们还不至于使我伤心。这通俗就像人们做横贯庞贝市④的漫步时或在阅读古书时所遇到的通俗一样。

通俗性从何而来呢?是缺乏羞耻心吗?是通俗之物十分自信才堂而皇之登场吗?正如同类通俗的音乐和小说中某些高雅、妩媚、激情的东西一样吗?"动物和人一样,也有它的权利,它可以自由地四处奔窜;而你,[82]我亲爱的同代人,不管怎样也是这动物啊!"在我看来,这话就是通俗性的注脚,亦是南欧人的个性特点。

---

① 【德文本注】贝利尼(Vincenzo Bellini,1801—1835),意大利作曲家。他与他的楷模罗西尼和多尼策提在歌剧作曲领域独领风骚达 20 余年,他的音乐以简单的旋律和抒情的音调为特点。尼采指的是 19 世纪以滑稽歌剧为传统的意大利歌剧,这种歌剧由罗西尼开创,经历一个经由贝利尼和多尼策提一直到维尔迪的发展过程。滑稽歌剧的音乐特点是单调的说唱、模仿快速说话的演唱风格、简短旋律的重复以及跳跃式的音程。情节的素材取自日常生活。

② 【德文本注】西班牙冒险小说:尼采指的是西班牙 16、17 世纪的冒险小说,分骑士冒险小说(比如"阿马迪斯"小说)和爱情冒险小说(比如塞万提斯[1547—1616]的小说《帕斯勒斯和西格蒙达》)。

③ 【德文本注】吉尔·布拉斯(Gil Blas):指法国作家雷萨奇(1668—1747)的流浪汉小说《圣提兰纳的吉尔·布拉斯的故事》。尼采这里所依据的似乎是伏尔泰(1694—1778)在 18 世纪说过的一句话:这部小说只是一部西班牙小说的译本。此话现在已经过时。

④ 【德文本注】庞贝市(Pompeji):指意大利南部的古城庞贝,该城由于公元 79 年维苏威火山大爆发而被掩埋,1869 年对该城进行系统发掘后发现,城市在火山熔岩下保存完好,就像日常生活在持续一样。

同精良的审美情趣一样,粗鄙的审美情趣也有其权利,当它成为一种大的需求,一种自信的满足,一种通俗的语言,一种叫人一看就懂的面具和姿态之时,它甚至比精良的审美情趣还有优先权哩;而经过遴选的精良的审美情趣总是包含探索性的、尝试性的东西。对它并无确定性的理解,但它永远不是、现在和过去从来不是通俗化的!通俗化始终是面具!①

这样的面具在音乐的华彩乐段、在歌剧的旋律跳荡和欢快中奔突!完全是古代的生活!倘若人们不理解别人为何对面具感兴趣,不理解别人对面具的良苦用心,那还能对面具做什么别的理解呢?这里是古代思想的浴场和栖息所,也许,这浴场需要古时的高人雅士更甚于下层普通百姓。

欧洲北部的作品,比如德国音乐所表现的鄙俗趋势令我伤痛难言,羞愧莫名。艺术家自我贬抑而毫不脸红。我们也因为他而羞愧呀!我们感到受了伤害呀!因为我们知道,他会因为我们的缘故而降低自己啊!

---

① 【德文本注】面具:古希腊戏剧舞台上的演员和合唱队成员都戴面具。这种戏剧面具由对酒神狄奥尼索斯的崇拜而发明狄奥尼索斯面具、山林神怪面具和酒神侍女面具。据说第一张悲剧面具是特斯庇斯(悲剧作家,来自伊卡利亚)于公元前533年发明的。真正的悲剧面具的制造者是埃希洛斯,面具质地为缝合的亚麻布,可套在整个脑袋上,画上眉毛、嘴、面部肤色、眼白部分;头发和胡须粘贴上去。至于面部表情,埃希洛斯将其简化成微笑。自公元5世纪起,人们将面具的面部表情扩大到痛苦和激情,后来才有庄严和崇高的面部表情。尽管表情简化,但演员充分利用光照,转动面具可清晰表达情感。

78

我们感谢什么。——只有艺术家,尤其是戏剧艺术家才给人们安上眼睛和耳朵,让他们高高兴兴地看和听:每个人自己是什么,经历了什么,自己想干什么;他们教会我们如何评价英雄,本来,我们芸芸众生里并无人知晓这英雄。他们教会我们一种艺术:怎样把自己当成英雄,从远处简略而清晰地观察自己,此乃将自己"置于场景中"的艺术。于是乎,我们得以摆脱了身边鄙琐之事!

倘若没有这种艺术,那我们作为"前景"就一文不值了,而只能生活在透镜的魔力中。透镜可以把最近、最鄙俗之物变得硕大无比,变成真实之物。

也许,宗教①也有类似的功劳。它用放大镜看每个人的罪过,[83]并用罪人制造一个个伟大而不朽的罪犯,其手段就是描述每个人永恒的、未来的前景,教导人们从远处看自己,并把自己当作已经过往的整体来看待。

79

蹩脚的魅力。——我在此见到一位诗人,他同某些人一样,因自身的不完美反倒造成更强的魅力,比他用手

---

① 【德文本注】宗教:尼采指的是基督教的原罪观。由于原罪及其后果使天堂的原始状态被消除,为博爱而代众人牺牲的耶稣使原罪得以取消,耶稣拯救世人,令世人获永恒福祉。

写诗更强的魅力。是的,他的优势和声誉与其说得益于充沛之力,还不如说得益于他的无能。

他的作品从不把他想说的、他所见过的东西和盘托出,似乎,他对想象情有独钟,可又不是想象本身,而是心灵里对想象的极度渴望罢了。他竟然由渴望而获得了意欲获得的非凡辩才,进而利用辩才把他的听众提升,使其超越了他的作品,还给听众安上羽翼,让他们飞得比任何时候都要高远。

这么一来,倾听他的人也成了诗人和观察家,遂情不自禁地赞美使其获得幸福的"恩人"来了,好像是这人把他们引向了他最神圣和最终的目的,好像他真的达到了目的,看见并传达了他的想象。其实,他们并未达到目的,但反倒使恩人的声誉大蒙其益了。

80

艺术与自然。——希腊人,至少是雅典人很喜欢听人高谈阔论①,他们的确有此癖好,这是他们与非希腊人的一大区别。他们甚至要求舞台上要有高谈阔论的激

---

① 【德文本注】"高谈阔论":演讲的艺术滥觞于西西里岛(Sizilien),后风行于雅典,首先成为诡辩学者(公元前5世纪)说服人们的工具而得以促进。亚里士多德以其著作《修辞学》为演讲艺术奠定了雄辩与修辞的基础,据此陈述让人信服的东西。自伊索克拉底(Isokrates,公元前436—前338)起,雄辩术就成了一门独立的学科。

情,要狂喜地、矫揉造作地朗诵台词。可是,人性中的激情却是寡言少语的,是静默和窘态的! 激情即使找到了言辞,也是混乱的,非理性的,自我羞惭的!

因希腊人之故,我们现在全都习惯了舞台上的矫揉造作,正像我们因意大利人之故习惯了另一种不自然,即忍受,并且喜欢忍受歌唱的激情。[84]倾听处境极度困难的人高谈阔论,已成了我们的一种需要,而这需要在现实中是得不到满足的。悲剧英雄在生命濒临深渊之时——现实中的人在此刻大多失去勇气和美好言辞——犹能滔滔不绝地慷慨雄辩,给人造成思想开朗的印象,这实在令我们如痴如狂,这"脱离自然的偏差"也许是为人的尊严而制备的惬意的午餐吧。所以,人需要艺术,以表达一种高尚的、英雄式的做作和习俗。

一个剧作家要是不把一切变成理性和言语,而手里总是保留"仅余的沉默"①,那么,人们就会理直气壮地责备他;但是,假如一位歌剧音乐家不知道为最佳的艺术效果捕捉旋律,而只知道寻找效果颇佳的、"符合自然"的呐喊和讷讷而语,人们对他也会不满的,这里恰恰应该违反自然! 这里涉及的问题是,鄙俗的、"想当然的"激情应该让位于一种更高的激情!

希腊人在这条路上走得实在太远、太远了,远得叫人

---

① 【德文本注】"仅余沉默",见莎士比亚的悲剧《哈姆雷特》,即《丹麦王子哈姆雷特的悲剧故事》(约 1600 年)第五幕第二场。王子临死时,要求霍拉旭把一切真相告诉福丁勃拉斯(将被推为王),"此外仅余沉默而已"。

惊异！他们把戏台①建得尽可能的狭窄，禁用深层背景制造效果；不让演员有面部表情和细微动作，把演员变成庄重、生硬、面具一样的妖怪，同样，他们也抽掉了激情的深层内容，而只给激情制定高谈阔论的规则，是呀，他们不遗余力这样做，目的就是不让出现恐惧和同情的剧场效果，他们就是不要恐惧和同情②啊——这是对亚里士多德的尊崇，无以复加的尊崇！可是，亚氏在谈及希腊悲剧的最终目的时，显然是言不及义的，更谈不上鞭辟入里！③

让我们来观察一下，希腊悲剧诗人的勤奋、想象力和竞争热情究竟是被什么东西激发起来的呢？肯定不是用艺术效果征服观众的意图。雅典人看戏，目的就是听演员的优美演说！索福克勒斯④的一生就是为了写漂亮演

---

① 【德文本注】"戏台"，古时雅典首次戏剧演出是在酒神神庙区高筑城堡的南坡，其后整个希腊语区的石结构戏院都按这个范式修建。圆形的舞池具有戏台的功能，前方坡面上是半圆形一排排木头长凳，后面是布景区，木头支架搭建布景和更衣室，朝观众区开出一个大的洞口。本来布景是随剧更换的，后来，也就是大约在5世纪末出现了长效的布景。布景前面，面对舞池建起升高的表演区，两边是侧翼厢房。

② 【德文本注】"恐惧和同情"：按照亚里士多德的《诗学》理论，悲剧必须引起观众的悲伤（éleos）和战栗（phóbos），从而达到激动状态下的感情净化（kátharsis）。莱辛将亚里士多德的这一术语解释性地译为恐惧（对我们自己的恐惧）和同情（对主人公痛苦的同情）。《汉堡剧评》，第2卷，74—83页）

③ 【法文本注】尼采经常批评亚里士多德的悲剧理论，如见《偶像的黄昏》，第5节，"我要感谢古人什么"。

④ 【德文本注】索福克勒斯（Sophokles，公元前496—前406），来自雅典的希腊悲剧作家。他浸润在埃希洛斯和（转下页注）

说词的！——请原谅我这怪异的论调——他们与严肃歌剧①真不可同日而语。歌剧大师所注重的，就是不要让观众理解他们塑造的人物，一个仓促拾起的字眼就可以使一位并不聚精会神的听众有所体悟。[85]从大体上说，剧情必须明白无误，但对白根本就不重要！歌剧大师不但这样想，而且也是这样做的，对歌剧中的对白进行调侃，当然，要完全表示对剧中台词的蔑视，他们也许还缺乏勇气。在罗西尼的歌剧中，稍许加进一点顽皮，他恨不得让演员一个劲儿唱La-La-La-La，这或许就是很聪明的做法了！人们相信歌剧中的人物，其依据是他们的音调，而非"言辞"。这就是差别，这就是美好的"不自然"，人们因它才进剧院的。即使歌剧中的 recitativo secco② 也并不是真的要人听懂其中的原文字句，这种"半音乐"是为了让富有乐感的耳朵稍事休息一下（从旋律中休息，这旋律乃是最高雅，也是最费神的艺术享受）；说唱不了多久，观众就会不耐烦，就会抵制。他们重新渴望完美的音乐旋律。

用这个观点来衡量，理查德·瓦格纳的艺术又当如

（接上页注）欧里庇得斯二者之间的悲剧传统里，在舞台上引入一个第三演员，排斥有助于情节展开的评论性的合唱。他的悲剧表现人与神发生矛盾冲突的命运，认为无保留地接受神的裁决是最高形式的道德完善。

① 【德文本注】"严肃歌剧"，18世纪使用"严肃歌剧"（opera seria）这一术语，以区别于"滑稽歌剧"（opera buffa）。严肃歌剧在上层人士中表演，语言和情节都很高雅。相对于音乐而言，用简单说唱的方式来展开情节已退居次要地位。

② 【德文本注】recitativo secco：即18世纪以来时兴的简单说唱，用一种或很少几种乐器进行短时或间断的伴奏。

何呢？它或许有些异样？我常想，在他的作品上演前，人们必定已经背熟他作品中的台词和音乐了，否则人们就听不懂。我以为是这样。

81

希腊人的情趣。——一位土地丈量员在观看《伊菲革涅亚》①的演出后说："它好在哪里？里面没有一样东西是经过证明的！"

希腊人难道远离这种情趣了吗？至少在索福克勒斯的作品里，"一切皆经过证明"。

82

非希腊式的 esprit②。——希腊人不论思考什么都非常符合逻辑，且朴实无华。他们乐此不疲，至少在他们悠长的兴盛时期是这样。法国人则喜欢略为走向反面，做些非逻辑思考，逻辑思维只是用于表达他们在社交中

---

① 【德文本注】伊菲革涅亚：希腊传说中的人物，阿伽门农和克吕泰墨涅斯特拉之女，克律索忒弥斯、厄勒克特拉和俄瑞斯特斯之妹。据说她应当献祭给女神阿提密斯，却被女神所救，并委任她做其圣地的女祭司，其任务是，把一个个陌生人献祭给女神。当她的兄弟俄瑞斯特斯也要为此献出生命时，兄妹俩就一起逃离希腊。这个传说素材被欧里庇得斯（公元前480—前407）、拉辛和歌德加工成戏剧。此处数学家（"土地丈量员"）提这个问题的轶闻，是尼采从叔本华处得来的《作为意志和表象的世界》），轶闻与拉辛所著的《伊菲革涅亚》相关。

② 【德文本注】esprit：诙谐，风趣，机智。

的温文尔雅和自我掩饰,不过那也是经过许多非逻辑思考的转化而成的。表面看来,逻辑对他们是必要的,如同面包和水。[86]可是,仅仅享用面包和水,那就成了囚犯的食物了,法国人的逻辑就像这面包和水一样贫乏。

在良好的社会环境里,人们绝对不可能期望什么都完满无缺,什么都符合逻辑。因此,在法国人的风趣里总存在一点点非理性。希腊人的社交意识淡薄,所以,思想最丰富的希腊汉子也少有风趣,爱开玩笑的人也少有戏谑;所以——噢,不谈啦!人们不会相信我的话,我还好多话憋在心里呢!—— Est res magna tacere① —— 如马提亚尔②的快人快语。

83

翻译和改编。——一个时代如何对待翻译,如何把过去的时代、书籍拿来为己所用,人们据此判断一个时代

---

① 【德文本注】Est res magna tacere:此乃雅量的缄默。

② 【德文本注】马提亚尔(Valerius Martialis,公元 40—约 100),罗马诗人。有 12 卷本的《隽语》传世,其特点是具有敏锐的观察才能、风趣、切中要害。

【法文本注】司汤达的影响在此处可见一斑。在《意大利绘画史》(*Histoire de la peinturee en Italie*, VII, CLXXXII, Paris Folio-Gallimard)中,司汤达研究米开朗基罗,指出其中所蕴含的现代性精神,并且认为,法国的古典主义时代正是来源于此:"这一精神仅仅出现在路易十四和路易十五的时代。在别的地方是看不见这种艺术的影子的,即用出其不意的文字引来灵魂的微笑和美妙的愉悦。"(p. 469)

具有多少历史意识。①

高乃依②时代以及法国革命③时期的法国人对古罗马时代大加吸收——对这种吸收方式,我们已再无勇气,因为我们有更高的历史意识④——而古罗马时代也是强劲而纯真地将手伸向古希腊的文化遗产,吸纳和利用一切优秀的宝贵的东西,将其改编而纳入罗马帝国。罗马人有意识地、漠然地拭去"现时"这只蝴蝶翅膀上的灰尘。

于是,贺拉斯⑤时常翻译阿尔凯奥斯⑥、阿尔基罗库

---

① 【法文本注】对历史,尤其历史意识的思考,亦见《不合时宜的沉思》第二篇《论史学对生活的利弊》;《善恶的彼岸》第 224 节;FP XI,35[2];《人性的,太人性的》I,第 274 节。

② 【德文本注】高乃依(Pierre Corneille,1606—1684),法国剧作家,以其"三一律"的创作原则(情节一律,地点一律,时间一律)而被视为法国古典戏剧的集大成者。他的喜剧、悲喜剧和悲剧主要对历史题材,尤其是罗马题材进行加工,表现伦理道德的矛盾冲突。

③ 【德文本注】尼采指的是 1789 年的法国大革命。

④ 【德文本注】"更高的历史意识":尼采这里指的是对历史不存偏见的态度,一如文物历史学、考古历史学和批判历史学所为。尼采这里语含讥消,影射当时历史主义的历史观,它只以历史局限性,亦即历史相对性看待历史现象。

⑤ 【德文本注】贺拉斯(Quintus Horatius Flaccus,公元前 65—前 8),罗马诗人,最著名的著作是《诗艺》和《诗集》,他因为《诗集》成了拉丁语抒情诗的开创者,他认为这种诗应有严格的艺术形式,必须简短而精确地表述内容。贺拉斯的诗是古典主义的楷模,歌颂社交、爱情和友谊,以"理念抒情诗"和"国诗"面世。尼采此处所说的贺氏"翻译"不是指语言上的迻译,学术研究发现贺氏只有个别的诗行直接从阿尔基罗库斯那里"拿来"。贺拉斯同希腊抒情诗人阿尔基罗库斯、阿尔凯奥斯和萨福的联系只能从声调的模仿中找出答案。

⑥ 【德文本注】阿尔凯奥斯(Alkaios,公元前约 600 年),希腊抒情诗人,来自希腊莱斯沃斯岛米提伦纳,与萨福并列,同为希腊伊俄利斯民族诗歌的代表人物。他创作政治诗、宴饮诗、颂诗和神话小说,其诗的格律丰富多样,语言形象生动。与革新者阿尔基罗库斯相反,他的思想和政治态度是很传统的。

斯①的作品；普罗佩提乌斯②翻译卡里马库斯③、菲勒塔斯④的作品（倘若让我们评价，卡氏和菲氏这两位是堪与特奥克利特⑤并驾齐驱的诗人）。诗歌原作者的经历，以及以这些经历入诗，这些与贺拉斯们何干呢！贺拉斯和普罗佩提乌斯作为古罗马诗人对于跑在历史意识前面的

---

① 【德文本注】阿尔基罗库斯（Archilochus，公元前约680—前640），来自帕洛斯岛的希腊抒情诗人，其作品大约有100个摘引残篇被保存下来。他首先采用长短句抒情诗形式：即韵律相同或不同的两行诗，第二行诗稍短。其抒情诗的内容和主题几乎全部来自他的亲身经历，感情色彩强烈。他对后来抒情诗的影响可以比之于荷马对后来叙事诗的影响。

② 【德文本注】普罗佩提乌斯（Sextus Propertius，公元前约50—公元16），罗马诗人，奥古斯都时代悲歌的代表人物，悲歌为两行韵诗形式，即一个六音步诗行后接一个五音步诗行。他在4部悲歌集中讴歌爱情，也涉及现实社会和政治题材，4部诗作中对民族题材的处理证明他是卡里马库斯和菲勒塔斯的继承人。

③ 【德文本注】卡里马库斯（Callimachus，公元前311—245），亚历山大诗体诗人。他奉埃及普托雷梅二世皇帝之命，制定了亚历山大图书馆目录。作为诗人，他不写大篇幅的叙事诗，转而写"短小形式"之诗，形式和语言二者兼美，成为后世罗马诗歌的榜样。

④ 【德文本注】菲勒塔斯（Philetas，出生于公元前约320年），来自科斯岛，亚历山大诗体诗人和语法学家，他是特奥克里托斯的老师。其作品除几首爱情悲歌外，保存下来的不多。即使普罗佩提乌斯刻意引用他的诗作，但也不能将他视为普罗佩提乌斯直接效仿的榜样。

⑤ 【德文本注】忒奥克里托斯（Theokritos，公元前3世纪上半叶的希腊诗人），来自西拉库斯，滞留于科斯岛和亚历山大。他仿效卡里马库斯，采用短小的诗歌形式，以其《田园牧歌》成了牧童诗体的创始人。

考古嗅觉①颇为厌恶,让那些私事、名号以及某个城市、某条海岸线、某个世纪所拥有的一切(作为外表的服饰和面具)全不作数,而代之以当今和罗马人的东西。他们似乎在问我们:"我们难道不能推陈出新,并且适应它吗?难道不能把自己的灵魂吹进这僵死的形体内吗?它死了,而死的东西多么丑陋呀!"

他们不知道享受历史意识,过往的东西、外国的东西使他们尴尬。作为罗马人,[87]激发他们的是占领一切,事实上,他们翻译别国的作品就是"占领",不但去掉历史的东西,还加进对当今的暗示和影射,删去原诗作者的姓名,代之以自己的姓名,而无剽窃之嫌。他们心怀罗马帝国②那冠绝古今的良知。

84

论诗的起源。——凡是喜爱对人做种种猜想并且拥护本能道德理论的人会做如下的推理:

"假如人们一直把功利当成最高的神圣事业加以推崇,那么,诗歌从何产生呢?——这诗化的语言所表达的

---

① 【德文本注】"考古嗅觉":尼采在其《不合时宜的沉思》第二篇《论史学对生活的利弊》中论述了文物历史主义、考古历史主义和批判历史主义对历史的不同态度。他认为"考古"历史主义虔诚而充满敬畏地保存了过去的历史知识,然而却容易忽略事物的变化和"未来的生活"。

② 【德文本注】罗马帝国:指公元1世纪和2世纪的罗马帝国。

意义有些暧昧,好像是在对世间过去和现在一以贯之的功利进行嘲讽!有粗犷之美的非理性诗歌在反驳你们这些功利主义者!① 诗歌恰恰要摆脱功利,正是这个提升了人,激励人恪守道德,从事艺术!"

我要在此为功利主义者美言几句了,他们鲜有获得人们怜恤的权利!在产生诗歌的古代,人们就看中了诗歌的功用,那异乎寻常的大功用:那时,当人们让韵律进入言语,强行对句子成分做重新安排,赋予思想以新的色彩,并使其变得晦涩、怪异、疏离,这自然就形成了一种迷信的功利了!人们发现,记住一首诗比记住即席的演说词容易,②于是便借助韵律把人的热切心愿深深地烙铸在上帝的心版上;同时,人们觉得通过韵律节奏可以让更远的人听见自己的声音;有节奏的祈祷似乎能使上帝听得更为真切。人们首先企望获得的功用就是听音乐时所体验的那种被音乐彻底征服的功用。韵律是一种强制,它迫使人产生不可遏制的乐趣,一种协和的乐趣;非但脚步,而且心灵也紧随节奏;[88]人们也一定推想,上帝的心灵也是紧随节奏的!所以,他们试图用韵律去征服上帝的心灵,对其施加强力,献上一首诗就是给上帝抛出一个魔力圈套。

---

① 【德文本注】功利主义者(Utilitarier),功利主义为一种哲学理论,把尽量多的利益(拉丁语 utilitas)视为道德的基础,承认只要有益于个体和集体的价值就是理想的价值。这种主要在盎格鲁-撒克逊人思想中传播的理论,其代表人物是两位英国哲学家:边沁(Jeremy Bentham,1748—1832)和穆勒(John Stuart Mill,1860—1873)。

② 【德文本注】此句源于司汤达的论著《论爱情》:"诗是为了辅助记忆而发明的。"

关于诗的起源,还有一种奇妙的想象,也许是最有力的想象吧。在毕达哥拉斯学派①看来,这想象便是哲理和教育的手段。远在产生哲学家之前②,人们就承认音乐净化灵魂、化戾气为祥和的作用,对音乐旋律推崇备至。当一个人失去心灵和谐,就得随歌手的节拍起舞,此即音乐疗法。用此疗法,特潘德③平息内心骚动,恩培多克勒④使狂躁者安宁,达蒙⑤使患相思病的少年心灵净

---

① 【德文本注】毕达哥拉斯(Pythagoras,公元前570—约前480),希腊哲学家。他在远游之后定居意大利南部,并在克罗通成立一个宗教哲学团体(毕达哥拉斯学派),该学派迅速扩大到意大利南部的其他城市(梅塔蓬特、塔伦特等)。毕达哥拉斯生前作为日神阿波罗的化身,几乎专事敬神,强迫其信徒恪守生活规章和禁条(灭肉欲)。他的理论中,以对灵魂转世论的陈述最为精彩。此外,他的数学研究一直影响到现代自然科学(毕达哥拉斯定律)。
② 【德文本注】"远在产生哲学家之前":最古老的希腊哲学家被统称为前苏格拉底学者,他们可以追溯到公元前5世纪。
③ 【德文本注】特潘德(Terpander),古代音乐史上第一个有鲜明形象的人物,资格最老、最著名的基塔拉古琴演奏者之一,他不再对荷马朗诵,而是演唱。人们认为他是七弦古琴的发明者。公元前675年他在斯帕塔举行的阿波罗节演出中获胜。
④ 【德文本注】恩培多克勒(Empedokles,公元前490—前430),来自阿基根特的希腊哲学家,在政坛影响卓著,但拒绝接受民众建议他应得的国王之等级品位。作为深谙医术者,人们相信他具有魔力,他的宗教宣讲宗旨是灵魂转世。相传他跃入西西里岛的埃特纳火山中。
⑤ 【德文本注】达蒙(Damon)生于公元前约5世纪中期,希腊音乐理论家,据说是佩里克勒斯(Perikles,古雅典政治家,公元前499—前427)和苏格拉底的老师。他有关音韵格律及音乐的著作仅存残篇。其学说研究得出音乐、格律和伦理价值三者之间的关联,并由此得出要对青年进行政治教育的结论。

化。人们甚至以为,疯狂渴望复仇的诸神也可以接受治疗哩。人们首先将此疗法推向极致,就是让暴躁者发疯,让渴望复仇者醉心于复仇——所有狂放的宗教祭礼①都要突然释放一种神圣的疯狂,然后,这疯狂重新转为自由自在、使人复归安宁。Melos②究其根本就是一种镇静剂,这是旋律的效果使然。在远古时代,无论是宗教祭礼歌曲还是世俗歌曲,其先决条件是必须具备那魔幻般感染力的旋律。比如,在汲水和划船的时候,歌曲就使人性中此刻活动着的恶魔成分陶醉,使其顺从、甘受约束而变成人的工具。人只要一活动,就产生歌唱的动因,而每次活动又都与圣灵的帮助有关。所以,妖术歌曲和咒语似乎就是诗歌的原始形态了。当诗歌也被用在神谕宣示所的时候——希腊人说,六音步诗产生于德尔斐③——韵律也就具备强制性的感化力了。用韵律宣告神谕就意味着用韵律决定某种事情。人们相信,只要争取到阿波罗

---

① 【德文本注】"所有狂放的宗教祭礼":"狂放"(orgia)本来是指希腊埃劳伊尼亚地区秘密的宗教祭礼活动。后来这一概念也用于酒神祭礼,导致 orgia 这一概念外延,具有疯狂、陶醉的意义。希腊祭礼活动在公元前 3 世纪和前 2 世纪达到高潮,那时祭礼的情感需要和祭祀意义的需要导致各种各样的祭祀新形式。

② 【德文本注】Melos:旋律。

③ 【德文本注】德尔斐(Delphi),古希腊城名,位于科林斯湾岸边的帕纳斯城以南,以阿波罗神殿和神谕宣示所闻名,主要由皮提亚女祭司宣示神谕。同其他神谕宣示所相比,德尔斐的神谕宣示具有普遍效力,在宗教、道德和政治领域影响甚巨。在公元前 7 世纪至前 4 世纪期间,这个神谕宣示所的活动从历史角度看很容易被理解。

神,就可以征服未来。按照古人的理念,阿波罗神远胜有预见的神明。这一宗教信条字字句句均以韵律宣布,于是它就缚住了未来。[89]这信条是阿波罗①发明的,所以作为韵律之神的阿波罗也就能制约命运女神②了。

从总体上观察和研究,究竟还有什么东西比韵律对古代迷信的人们更有用呢? 没有了。有了韵律,人简直就无所不能;借助魔力推动工作;迫使神在身边出现、滞留,并言听计从;按己意安排未来;卸除心灵上过重的负荷(恐惧、狂躁、同情和复仇等),不仅是自己,而且还包括人性中穷凶极恶的恶魔成分。没有诗,人就什么也不是;有了诗,人几乎就成了上帝。这一基本情感是再也不可灭绝了。

在与这类迷信斗争数千年后,我们队伍中一些聪明绝顶的智者有时仍不免沦为韵律的傻瓜,尽管他们感觉到某种思想比它的韵律形式更真实。一直也有那么一些

---

① 【德文本注】阿波罗(Apollo),宙斯和勒托之子,与阿尔忒弥斯为孪生姐弟。他出生于阿德罗斯岛,出生后几天杀死德尔斐的恶龙皮特翁,自己作为预言神专司神谕宣示。他的英雄行为和奇特行为不胜枚举。古琴是他的标志,弓箭是他的武器,箭矢可致人患病或死亡。阿波罗也是降福之神,自公元前6世纪始,他被尊为光明之神,是艺术尤其是音乐的保护神。他通过女祭司皮提亚宣示神谕,这宣示乃用六音步诗完成。

② 【德文本注】命运女神:希腊神话中有三位命运女神(Moiren),她们对人生幸福产生影响。根据不同的传说,命运女神或屈居诸神之下,或统治诸神和人类。在埃希洛斯和欧里庇得斯的著作里都可以看到这样的题材:命运女神的权势被阿波罗遏制,其方法是将她们灌醉,要么干脆施计谋智胜。尼采此处说阿波罗用旋律制约命运女神,出处不详。

严肃的哲学家,平时言之凿凿地援引诗人的箴言,以加强自己思想的力量和可信度,这难道不是十分可笑的事吗?对真理而言,诗人赞同它比否定它更危险!因为正如荷马①所说:"吟唱的诗人,弥天的谎言。"

85

善与美②。——艺术家们总是在不断地美化那些口碑甚佳的事物和状态,此外便无所作为。人们因为这些事物和状态而自觉良好、伟大、陶醉、快乐、舒适和聪慧。对于人的幸福来说,这些经过挑选的事物和状态确有其价值,这是早有定论的。它们是艺术家美化的对象。艺术家一直在窥探并发现它们,然后将其纳入艺术领域。

我说,艺术家本身并非是幸福和幸福事物的评价者,不过,他们总是挤到那些评价者身边,以极大的好奇和兴趣,企盼自己的评价立即产生功利。他们急不可待,更兼具备传令者的肺,跑腿者的脚,故而总是占得先机,成了美化善的人,始,对其称善,继而,做善之评价,并以此身

---

① 【德文本注】荷马:希腊人认为,荷马创作了史诗《伊利亚特》和《奥德赛》,是地地道道的诗人,他们尊他为第一个真正塑造了人与神界的人。尼采同样把荷马看成是古希腊人的代表。与这句引言相似的话还可以在亚里士多德的著作《形而上学》中读到。

② 【德文本注】"善与美":影射希腊阿提卡地区贵族社会的教育理想,即身心健全,美善合一,"善"即美德,"美"即美好的形体,二者应当结合。柏拉图把这一概念精细化了,说它是高贵、财富和身心健全的统一。

份抛头露面。

[90]不过,正如以上所述,这实在是一个误会,他们只不过比真正的评价者跑得快一点,闹得响一点而已。那么,真正的评价者是谁呢？——阔佬和有闲者。

86

戏剧。——这个日子又使我的情感强烈、高昂,如果我在这天晚上可以欣赏音乐和艺术的话,那我完全清楚我不要什么样的音乐和艺术,就是说,我不要那种使听众醉生梦死、使他们的情绪达到高潮的音乐和艺术。

向晚时分,那些平庸之辈不像是站在凯旋车上的胜利者,倒像备受鞭笞的疲乏的骡子。倘若世间没有这使人陶醉的戏剧工具和称意的鞭笞,那么,这些人还知道什么"高昂情绪"呢！于是,他们拥有欣喜若狂的观众,正如他们拥有美酒一样。可是,对我来说,他们的饮料和醉意又算什么呢,我这个"欣喜若狂"的人又需要什么样的酒呢！我以厌恶的目光瞧着那工具,瞧着那些牵强附会地、无充足理由①地制造戏剧效果的"戏剧工具"——心灵高

---

① 【德文本注】"无充足理由":影射莱布尼兹(Gottfried Wilhelm Leibniz, 1646—1716)和沃尔夫(Christian Wolff, 1679—1754)引入的哲学概念"充足理由律":凡存在的必有为何存在的充足理由。后来叔本华在其著作《充足理由律的四重根》中对这个问题做了详尽分析,反对康德限制此律则的有效性,康德认为它只适用于"一切作为时空范围内表象的事物,而绝不适用于事物本身"(康德,《论一种新发现》[1790年])。

潮的拙劣模仿！

什么？鼹鼠入洞睡觉之前，有人要给它安上翅膀，赠送自尊的傲慢？有人要送它上戏院看戏，把大望远镜套在它那又盲又累的眼睛前面？看啊，那些人坐在舞台前，他们的生活不是"行动"，而是交易；他们注视台上的怪人，怪人的生活不仅仅是交易？你们说："这是正当的消遣，生活需要这样的教育！"就算是这样吧，那我就太缺乏教育了。舞台上的情景实在令我厌恶至极！自身充满悲剧和喜剧的人最好远离戏院，除非整个过程，包括戏剧、观众和剧作家全变成他自己的悲剧和喜剧，果真是这样，那么，上演剧目的意义对他也就微不足道了。

有点像浮士德①和曼弗雷德②的人与戏中的浮士德和曼弗雷德有什么相干呢！然而，他们肯定想到别人会把这类人物搬上舞台的。在没有能力进行思考和获得激情的人面前，展现最强烈的思想和激情就是自我陶醉了！[91]把这种展现作自我陶醉的手段了！

戏剧和音乐是欧洲吸食的大麻和咀嚼的槟榔！③

---

① 【德文本注】浮士德，尼采指的是浮士德形象，尤其是歌德著作《浮士德》中的浮士德形象，是在面向世界和追求完美二者之间求索的典型。

② 【德文本注】曼弗雷德（Manfred），是拜伦（Lord George Gordon Noel Byron，1788—1824）同名悲剧（1817年）的主人公，曼氏深感知识压力的痛苦，所以他在该剧起始阶段恳请各路神仙赐予他遗忘的能力，但神仙们不可能赐予。

③ 【德文本注】槟榔：取槟榔子（一种棕榈科植物的果实）与槟榔叶瓣及钙盐、烟草和Gambir（一种东亚攀援植物的汁液）合为咀嚼剂，该咀嚼剂对神经系统既有麻醉效果，又有兴奋作用。

噢,谁能给我们讲述麻醉剂的整个历史呢!那历史几乎就是"教育史"①,更高等的教育史。

87

艺术家的虚荣。——我以为,艺术家们往往不知道自己最擅长什么,因为他们过于虚荣,把心思全用在倨傲上。本来,这棵倨傲的幼芽在土壤里是可以长得十分完美、新奇而漂亮的,可惜他们低估了自己花园里和葡萄园里的珍奇,宝爱之物与对宝爱之物的审视不处于同一等级。

这儿有位音乐家,他比任何音乐家都擅长从受压抑、受痛苦、受折磨的心灵王国里发掘音调,甚至能赋予沉默的动物以言语;在表现暮秋的斑斓色彩、表现无比感人的最重要和最短暂的人生享乐等方面无人与他匹敌;他知道灵魂在隐秘而阴森的午夜会发出何种音响,他知道在午夜一切因果均无关联,随时都会有某种东西从"虚无"中涌出;他至为幸运,能够从命运的深层底蕴、从命运的酒杯——最酸涩、最恶心的酒与最甜蜜的酒混合于其中——汲取源泉;他熟悉心灵那疲惫的踉跄、拖曳,再也不能跳跃、翱翔,甚至连步行也难以为继;他对深藏的痛苦、没有抚慰的理解、没有告白的离别投去畏缩的一瞥;

---

① 【法文本注】尼采采用了 Bildung 一词,即个人的智性教育层面上的文化。注意区分该词与尼采常用的 Kultur(文化)。

是的,作为一切隐秘痛苦的俄耳甫斯①,他比任何音乐家都要伟大。事实上,他已把某些不可言说的、看似对艺术没有价值的、用言语只会吓跑而不能捕捉的东西,亦即心灵中某些细微莫辨的东西纳入艺术轨道了。是的,他就是擅长刻画细腻情感的大师呀。②

可是,他并不安于当这样的大师! 他的性格喜好大的墙壁和大胆的壁画! 他没有察觉,他的思想居然会有另一种审美情趣:[92]宁愿悄然蜷缩在坍塌的屋角,独自画他那独特的杰作——不过均为短命之作,常常仅有一个节拍——这样他才自感舒适、伟大和完美哩! 也许,他会永远落寞地生活在那里,但他意识不到这个! 他过于自负、虚荣,因此不可能意识到。

88

追求真理的至诚。——真诚地追求真理! 人们对此话的理解是多么不同啊!

---

① 【德文本注】俄耳甫斯(Orpheus),希腊神话中的人物,塔拉克地区河神和缪斯女神卡利俄珀之子,深受神恩的歌唱家和音乐奠基人,他甚至能用音乐使大自然着魔,也可以让他已故的妻子欧律狄刻从冥府被释放出来,但是在抵达尘世之前他不许朝妻子张望,可惜他出于爱而违反了这一禁条,遂再次失掉爱妻。悲悼的俄耳甫斯被酒神狄奥尼索斯的疯狂女祭司撕得粉碎,他的头一边吟唱一边在海上朝勒斯波斯岛漂去。

② 【法文本注】对观《瓦格纳事件》中尼采对瓦格纳的研究,尤其第 7 节"我们最伟大的音乐的细密画家"(或译:我们最伟大的刻画细腻情感的音乐大师)。

思想家觉得,观点、论据和核验方式的同一恰恰是一种轻率行为,他不时被这种轻率行为击败,因而感到羞愧;但是,观点的相同使遇到这些观点并带着这些观点过活的艺术家产生如下的意识:现在,他受追求真理的至诚所支配,他作为艺术家也表现出值得称道的、追求真理的至诚欲望了!

这样,一个人恰恰因为这至诚的激情才泄露出他的思想在认识王国里是何等地肤浅,何等地故步自封、自足自满。"泄露天机"的人们,啊,我们认为重要的东西不就是这些吗? 这表明我们的重点在何处,哪些东西无关紧要。①

89

现在与从前。——我们失去的以前那些较高级的艺术——节日庆典艺术,会对我们的艺术产生什么影响呢?

从前,所有艺术品都树立在人类节庆的长廊里,作为纪念崇高而欢乐时刻的丰碑;如今,人们企图用艺术品把可怜的精疲力竭者及病弱者从人类的痛苦长街上引开,哪怕引开渴望中的片刻也好,给这些人提供些许的陶醉和疯狂。

90

光明与黑暗。——思想家的著作和文章自然千差万

---

① 【法文本注】尼采的又一个文字游戏:wichtig(重要)和 Gewichte(重量)。

别：一部分人很快把光明集中在书里，这光明是他们从自己明晰的认识中偷来的；[93]另一些人只把黑暗写在书里，那是破晓前在他心灵中形成的灰与黑的复制品。

91

当心。——众所周知，阿尔菲利①谎话连篇，他对同代人讲述自己的生平事迹足令听者愕然，他之所以说谎乃是因为对己采取专制主义，比如他证实说，他为自己创造了独特的语言，强迫自己当了诗人云云。他终于找到这一严格的高雅形式来描述自己的生活与回忆，还说什么他饱尝过痛苦。

我对柏拉图自己写的生平事迹也是不大相信的，就如同不怎么相信卢梭②和但丁的 vita nuova③ 一样。

---

① 【德文本注】阿尔菲利（Graf Vittorio Alfieri, 1749—1803），意大利诗人，作为意大利更重要的悲剧作家，他尤其受 19 世纪民族解放运动的欢迎。他的悲剧作品和政论文章被人遗忘，然而他的自传却是意大利语中最重要传记作品之一。

② 【德文本注】卢梭（Jean-Jacques Rousseau, 1712—1778），法国哲学家、作家，面对启蒙运动，他强调的不是理性，而是感觉，他不仅批判专制国家，而且也批判专制国家的对立面，即新兴的资产阶级社会，他把文明进步视为衰落颓废。他以其著作《社会契约论》而成了法国大革命的哲学家。主要著作有：《新爱洛绮丝》（1761 年），《爱弥儿》（1762 年），《社会契约论》（1762 年），《忏悔录》（1781 年）。

③ 【德文本注】vita nuova 意即"新生活"，是但丁（Dante Alighieris, 1265—1321）篇幅较小的作品中的首篇，名曰《新生活》（1292—1295），实以神话的想象形式表现他青年时代的爱情。作品是与散文评论相结合的诗集，是献给贝德丽采和另外几位女人的。但丁的主要著作为《神曲》（1311—1321），是他在想象中游历地狱、炼狱和天堂的故事。

92

散文与诗。——人们注意到,从前的散文大师都是诗人。不管公开承认也罢,还是私下或在"小室"里承认也罢,事实确实是这样。真的,只有用诗的形式才能写出优美的散文!

散文是一场与诗歌角逐的战争,连绵不断的文学战争。散文的魅力就在于避开诗,对抗诗。诗的抽象被它当作反对诗和嘲笑诗的狡猾手段,又说什么枯燥和冷峻把妩媚的诗歌女神带入妩媚的绝境。散文和诗也常常有片刻的接近与和解,但顷刻间又出现倒退并爆发出相互的嘲笑。散文常常把帷幕拉开,让刺眼的光线照进来,而诗歌女神却正当地享受她的朦胧和晦暗色彩;散文常常先开口说出诗歌女神欲说的话,唱完一种曲调,可是诗歌女神对这曲调听不懂,一直把玉手套在耳畔。在这场持久战中,滋生无数战斗的快乐,也导致失败,而所谓的散文家对失败却不加理会,依旧写着和说着那朴实无华的散文!

战争是一切美好事物之父①,也是优美的散文之父![94]本世纪有四位具有诗人气质的奇才,其散文达到炉火纯青的境界。本来,这个世界是不适合于散文存在的,

---

① 【德文本注】"战争是一切美好事物之父",参阅赫拉克利特,残篇53,也请参阅本书"戏谑、计谋与复仇"的第41节注1(即本书页68注①)。

只因缺少诗,才有散文的地盘。歌德不算在这四位散文大家之列,我们这个世纪廉价地利用了他,才使其显身扬名。我认为这四位是里奥帕蒂①、梅里美②、爱默生③和兰道④。兰道是《假想的对话》一书的作者,此人堪称散文大师。

93

你为何要写呢?——A:我不属于那些一面挥笔疾书一面思考的人;更不属于面对墨水瓶、坐在椅子上、呆视着稿纸、任凭激情所左右的人。我总对写作感到烦恼

---

① 【德文本注】里奥帕蒂(Giacomo Leopardi,1798—1837),意大利诗人,其作品的特点是古典主义的素养、严格的形式和悲观主义的生活态度。

② 【德文本注】梅里美(Prosper Mérimée,1803—1870),法国作家,1844年起为法国科学院成员。他除了研究历史和艺术史、翻译俄国小说家普希金、果戈理和屠格涅夫的作品外,还创作中短篇小说,探讨的主题是人的激情。其作品《嘉尔曼》的草稿完成后(1845年),法国作曲家比才(Georges Bizet,1838—1875)创作了同名歌剧。

③ 【德文本注】爱默生(Ralph Waldo Emerson,1803—1882),美国哲学家、诗人。原为神职人员,1832年放弃神职,受卡莱尔(参阅第97节注3)的策励,转而研究德国超验哲学,他为美国宣传欧洲传统的独立精神,并关注本国的未来。

【法文本注】参见尼采在1882年第一版所引用的爱默生题词。

④ 【德文本注】兰道(Walter Savage Landor,1775—1864),英国作家,使其名噪文坛的作品是《作家与政治家假想的对话》(1824—1829),假想的对话共计150篇,涉及古希腊罗马文化以及历史上的政界人物。

和羞愧,但写作于我又是必不可少的事务。我甚至讨厌用一种比喻来说明。

B:你为何要写呢?

A:噢,亲爱的,说句知心话:我至今还没有找到其他办法以摆脱我的思想。

B:为什么要摆脱呢?

A:为什么? 我想摆脱吗? 我必须摆脱!

B:够了! 我懂了!

94

死后的哀荣。——封丹纳尔①在其不朽著作《死者对话录》②中论及道德问题时使用了大胆的说法,当时被视为诙谐的诡论和游戏,即便是审美鉴赏和思想界的最高权威也看不出书中还有什么更多的深意。是呀,封丹纳尔本人也未必看出。

可是现在,不可思议的事发生了:封丹纳尔的思想成了真理! 科学证实了它们! 游戏成真了! 我们阅读对话时的感觉与伏尔泰、赫尔威提斯③当时的感觉是不同的,

---

① 【德文本注】封丹纳尔,参阅第一卷,第 3 节注 3(即本书页 86 注①)。

② 【法文本注】封丹纳尔的《死者对话录》发表于 1683 年 1—9 月,第二年又补充了"地狱神的审判"(Jugement de Pluton)。

③ 【德文本注】赫尔威提斯(Claude Adrien Helvétius,1715—1771),法国哲学家,受英国哲学家洛克(John Locke,1632—1704)的影响。他坚决拥护有享乐主义倾向的感觉论。他的主要著作《论精神》(1758),由巴黎市议会下令当众焚毁,被视为危害国家和宗教之书。

不知不觉把对话的作者提升到一个高于伏尔泰们认定的奇才层次。这,究竟是对还是错呢?

95

[95]尚福尔①。——一个像尚福尔这样既熟知人类②又帮助人类,并且对哲学领域该放弃什么抵制什么从不袖手旁观的人,我对他的解释是:在他内心,一种本能远远强于他的理智,这本能即是对世袭贵族的仇恨。这本能从未得到满足。

也许是他母亲对贵族的旧恨③在他心底扎下神圣的根子,他爱母亲,故而这本能自幼年始便一直在等待为母报仇的机会;可是,他的天才、他的生活,噢,更主要是他血管里流着父亲的血,这一切又诱使他加入贵族的行列,同他们平起平坐,许多年一直如是。终于,他再也无法容忍自己处于旧政权下的那副"老人"嘴脸了,遂陷于忏悔的激情中,并穿上平民的衣裳,一派粗布烂衫的落魄模

---

① 【德文本注】尚福尔(Chamfort):本名尼科劳斯(Sébastien Roch Nicolas,1741—1794),法国作家,1781年起为法国科学院院士,1786年起任法国科学院秘书处主任。他除写喜剧和悲剧外,还创作了《格言与思想,性格描绘与奇闻轶事》(1795年),书中用格言和奇闻轶事,以几近绝望的悲观幽默批判那时的统治阶级。尼采此处的资料来源于斯塔尔的著作《尚福尔的故事》。

② 【法文本注】注意此处"熟知人类",在尼采的语汇里几乎等同于心理学家。

③ 【德文本注】尚福尔为私生子。

样！他愧疚于没有复仇。倘若尚福尔当时是更高层次的哲学家，那么革命就避免那悲剧的玩笑和尖锐的芒刺了，革命就会被视为愚蠢之举了，而不致造成对精英人物的蛊惑。

然而，尚福尔的憎恶和复仇教育了整整一代人，至尊的人士也不免受其熏陶。请想想吧，米勒保①对尚福尔的景仰如同景仰年高德劭的自己，他从香氏那里期望获得并且已经获得前进的动力、警戒和抉择。米勒保是属于另一层次的伟人，把他置于过去和当今的政坛巨子的队列中，他亦是翘楚。尚氏尽管有这样的朋友和拥护者——米勒保致尚氏的书简便是佐证——奇怪的是，法国人对他这个在所有伦理学家中最为幽默的人却感到陌生，反而觉得司汤达②是本世纪最具洞察力和敏感性的

---

① 【德文本注】米勒保伯爵（Honoré Gabriel de Riqueti, Graf von Mirabeau, 1749—1791），法国政治家，他被人描写成思若泉涌、激情万丈的人物。作为政论家和间谍，他过着动荡不安的生活，之后于1789年被第三等级选入国民议会，1791年任国民议会主席。自1790年起，任雅各宾俱乐部主任。他以杰出的口才拥护英国式的君主立宪政体，国王拥有绝对的否决权。

② 【德文本注】司汤达（Stendhal），本名亨利·贝尔（Henri Beyle, 1783—1842），法国作家，其著作包括自传、随笔、游记和长篇小说。与稍晚的尼采一样，司汤达在其长篇小说和文章中也谈到"超人"（"更高的人"），并且视拿破仑（1876年出版《拿破仑传》）和意大利文艺复兴的某些人物为"超人"的原型和典范，他把那些人物描写成非道德的"主宰者"（比如在《意大利编年史》里，1825—1839）。司汤达批判悲观的自我意识和世界意识——19世纪首次由他用文字表述——被尼采评价为思想亲缘关系的象征。

【法文本注】这是尼采作品里首次出现司汤 （转下页注）

法国人。

这是否因为司汤达的性情中有许多德国人和英国人的东西,故而能为巴黎人所容呢?而尚福尔,一位心灵底蕴异常宏富、阴郁、痛苦、炽热之人,一位觉得笑是医治生活之必备良药的思想家[96]——他若一天不笑,便惘然若失——与其说他是法国人,还不如说他更像意大利人,更像但丁、里奥帕蒂的血缘亲戚!

人们记得尚福尔的那句临终遗言。他对西耶斯①说:"Ah! mon ami, je m'en vais enfin de ce monde, où il faut que le coeur brise ou se bronze —"②这绝非一个临终的法国人所能说出的话。

(接上页注)达的名字(在其未出版残篇里曾出现两次)。有关发现司汤达之偶然,见《瞧,这个人》,第3节,"为什么我如此审慎"。有关尼采与司汤达,参见 W. D. William, *Nietzsche and the French*(《尼采与法国》), Oxford, Basil Blackwell, 1952;C. P. Janz, *Nietzsche: biographie*(《尼采:传记》), Paris, Gallimard, 1984;Patrick Wotling, *Nietzsche et le probleme de la civilisation*(《尼采与文明问题》), Paris, PUF, 1995。

① 【德文本注】西耶斯(Emanuel Joseph Sieyès, 1748—1836),法国革命家、政治家,他是呼吁建立民主的民族统一国家的第一位伟大理论家,对1791年的宪法具有决定性的影响。

② 【德文本注】法文,意即:"噢,我的朋友,我终于要辞别人世啦,我的这颗心要么在人世碎裂,要么还须变硬。"(按法文译:在这人世上,人心要么得破碎,要么得变硬。)文学史专家和评论家勃兰特(Georg Brandes, 1842—1927)曾提醒过尼采,这不是尚福尔的临终遗言,而是尚福尔本人写下的遗言。

【法文本注】尼采是通过以下著作知道尚福尔及此处引文的:P. J. Stahl, *Pensées, maximes, anecdotes et dialogues*, Paris, Michel Lévy, 1860。

96

两位演说家。——有两位演说家,其中一位被激情所左右,就是说,激情将足够的血液和炽热灌注于脑,迫使高度智力表露出来,这样,他的论证完全符合理性。

另一位有时也试用同一方法,也借助激情,用饱满、激越、具有魅力的声音侃侃而谈,但效果却往往不佳。于是,他立马一改常态,把话说得模糊、混乱、夸张、省略,这样就使听众对论证的理性产生了怀疑。是呀,连他自己也觉得有些怀疑了。于是,他又陡然转入一种冷漠而厌恶的声调,这进而导致听众疑窦丛生,怀疑他的全部激情不是真的。在他,每次都是激情的潮水淹没理智,兴许是他的激情比第一位演说家的更为炽烈吧。

第一位演说家达到力量极巅之时亦是他抗拒并嘲笑那向他逼近的情感风暴之时,然后,他的思想才从隐蔽处钻出来——那符合逻辑的、嘲讽的、举重若轻的,然而也是令人惊惧的思想。

97

作家的废话。——世间存在愤怒的废话,常见于路德①和叔本华。因为概念和公式太多而产生另一种废话,

---

① 【德文本注】路德(Martin Luther,1483—1546),德意志宗教改革家,原是奥古斯丁教团修士,讲解《圣经》的教(转下页注)

康德便属这种情形。因为喜欢用不同的说法来表达同一事物又产生第三种废话,蒙田便是佐证。第四种废话来自不良的本性。

凡是阅读当代文章的人都会想起两类作家。① 喜欢说好话和喜欢优美的语言形式而生废话,这在歌德的散文中并非少见;因为对内心情感的喧嚣和混乱感到称心快意,故而废话连篇,例如卡莱尔②。

98

[97]心仪莎士比亚③。——我最心仪莎翁的是,他

(接上页注)授,1517年公布《有关赦罪的 95 条论纲》,人们对论纲的争论引发了一场宗教改革运动,并在奥格斯堡国会(1530 年)导致德意志宗教和政治的分裂。

【法文本注】路德,参见下文第 358 节"思想界的农民起义"。

① 【德文本注】"两类作家":根据科里和蒙提纳里的说法,尼采这里指的是哲学家、国民经济学家杜林和瓦格纳两人。

② 【德文本注】卡莱尔(Thomas Carlyle,1795—1881),英国作家,由于具有苏格兰清教主义和德意志唯心主义的传统,所以反对 19 世纪的唯物主义。其著作有:《法国革命》(1837 年),《论英雄、英雄崇拜和历史上的英雄事件》(1841 年)。他的观点是,世界史是由受上帝掌控的伟人们的历史构成的。

【法文本注】卡莱尔是尼采的主要批评对象之一。见《偶像的黄昏》,第 12 节,"一个不合时宜者的漫游";《瞧,这个人》,第 1 节,"为什么我写了这么好的书"。

③ 【德文本注】莎士比亚(William Shakespeare,1564—1616),英国戏剧家、诗人。其影响巨大的剧本《罗密欧与朱丽叶》《仲夏夜之梦》《奥赛罗》《麦克白》,尤其是《哈姆雷特》引起尼采的重视,因为在《哈姆雷特》这个剧本中,尼采认为可以看出现代人的首个代表者形象。

相信布鲁图斯①,并且对布氏所表现的那种美德没有丝毫的怀疑。莎翁将他那部最佳的悲剧②——至今,这悲剧的剧名仍被搞错③——献给了布氏,也就献给了崇高道德的典范,即心灵的自主!

一个人热爱自由,并把它视为伟大心灵之必需,一旦它受到挚友的威胁,那么,他就不得不牺牲挚友,哪怕挚友是完人、无与伦比的奇才、光耀世界者。世间再也没有比这更惨痛的牺牲了!对此,莎翁定然大有所感!他给予凯撒的崇高地位亦即是他给予布鲁图斯的崇高荣誉,所以,他才把布氏的内心问题以及那能解开这个"心结"④的精神力量提升到惊人的高度。

---

① 【德文本注】布鲁图斯(Marcus Junius Brutus,公元前85—前42),刺杀凯撒的人物之一。公元前44年初,他与卡西乌斯密谋刺杀凯撒,是为主谋。当凯撒死后,而他企图恢复古代共和制度的愿望失败之后,于公元前44年8月末离开意大利,企图与卡西乌斯于前44/43年占领帝国东部以实现其共和理想。公元前42年10月末,他率军同安东尼乌斯作战,在菲利普第二次战役中失利,兵败自戕。

② 【德文本注】"最佳的悲剧":尼采指的是《尤利乌斯·凯撒之悲剧》,五幕悲剧,估计创作于1599年。

③ 【德文本注】参阅歌德1830年致泽尔特的信:"福斯直截了当地说:这个剧本不能叫尤利乌斯·凯撒,应叫布鲁图斯;布鲁图斯,这个极端的罗马人,诗人的宠儿,是该剧的主角。"

④ 【德文本注】"解开这个心结":暗示所谓的"哥尔迪奥斯结"。鲁福斯(Curtius Rufus,公元1世纪)在记述关于亚历山大大帝的作品(只部分保存下来)里提到国王哥尔迪奥斯的马车上有一个系得巧妙、难以解开的结,马车停放在哥尔迪翁市的宙斯神庙里,神谕宣示说,那个亚洲的"人主"会懂得如何解开这个结。亚历山大大帝公元前333年说,"如何解开这不重要",一面就挥剑把结割开了。

难道真是政治自由促使莎翁同情布氏并使自己沦为他的从犯吗?或者,政治自由仅仅是某些不可言说之物的象征吗?也许,我们是面对隐藏在莎翁心灵中的某个不为人知的,而他也只能用象征手法谈及的事件和奇遇吗?与布氏的忧郁相比,哈姆雷特的忧郁[1]又算得什么呢?大概莎翁也熟悉布氏的忧郁,就像他由于自己的体验而熟悉哈姆雷特的忧郁一样!或者,他也曾经历过幽暗伤心的时刻,有过类似布鲁图斯那样的凶恶天使!不管他们是否有这样的相似性和隐秘关系,但莎翁对布氏的形象和美德钦佩得五体投地,简直有点自惭形秽了!

关于这点,悲剧中有所证实。莎翁两次让一位诗人出场,而且倾泻了对他极不耐烦和无以复加的轻蔑——听起来像自我轻蔑的呐喊。诗人出场时表现出一副诗人惯有的派头,自以为是、伤感、咄咄逼人、了不起、德行伟大,可在实际生活上却鲜有普通人的诚实。每逢这些场合,布鲁图斯便不可忍受。

"如果说他识时务,那么我就识他的脾气,带小铃铛的傻瓜,滚开吧!"[2]布鲁图斯吼道,[98]我们不妨把这话

---

① 【德文本注】哈姆雷特的忧郁:尼采指莎士比亚的悲剧《哈姆雷特,丹麦王子》(约1600年)和哈姆雷特对世界犹豫不决的绝望。著名的"哈姆雷特存疑"提出这样的问题:哈姆雷特为何不能下定决心为被谋害的父亲复仇,尽管他赞扬复仇。

② 【德文本注】这句话,请参阅莎翁悲剧《尤利乌斯·凯撒》第四幕第三场,第137诗行。

【法文本注】莎士比亚的《尤利乌斯·凯撒》中有两个诗人。一个叫西拿(Cinna),一共出场四回:第一幕第三 (转下页注)

反过来演绎为莎翁的本心。①

99

叔本华的信徒。——当文明人和野蛮人接触时,人们会有所发现:较低等文明②通常会首先接受较高等文明的陋习、弱点和任情恣性的东西,而且感受到一种吸引自己的魅力,最终让较高级文明的某种有价值的力量借助于被接受的恶习与弱点而将自己吞没。我们不必远赴野蛮民族处,就近便可把这一点看个分明,当然要细心一点,要多动一点脑子,它也不是那么显而易见的。

叔本华的本国信徒们首先从这位大师那里接受到什么呢?——他们与叔本华相比,必定是自感野蛮,且把自己当作野蛮人而接受叔氏的吸引和误导——首先接受他

(接上页注)场、第二幕第一场、第三幕第一场和第二场。另一个在出场名单中被称为"另一个诗人",出现在第四幕第三场。尼采此处提到的是第二个诗人,并稍做发挥。布鲁图斯的这几句话经尼采翻译后稍有更动。

① 【法文本注】此句对于理解尼采的整体思想具有非凡的意义。精神的独立是对自由精神和未来哲人的最根本定义,正如《善恶的彼岸》(第二章)所强调的。尼采在此提及莎士比亚,可以说别具意义:我们知道,莎士比亚是尼采所树立的超人(Übermensch)形象中的一个。

② 【法文本注】尼采此处用的是 Kultur(文化),但表达的却是一般意义上的 civilisation(文明)。注意当尼采用 civilisation 一词时,往往是表示某种衰败的 cultur,换言之,某种衰败、虚无、仇视生活和激情(也就是仇视权力意志)的文化。参见《不合时宜的沉思》,第一篇,第1节"施特劳斯——表白者与作家"。

那求实的苛严意识吗？追求明晰和理性的良好意志吗？（这意志常常使他像英国人，而不像德国人。）是他那理性良知的力量吗①？（这理性良知忍受了终生的"存在"与"意志"的矛盾，并且迫使他在文章里不断地、几乎每一点都自相矛盾。）是他那份与宗教和基督教上帝有关的纯洁吗？（他在这方面所表现的纯洁，迄今尚无任何一个德国哲学家可以与之相比，故而他生是"伏尔泰的信徒"，死亦"伏尔泰的信徒"。）是他那一套不朽的理论吗？（包括理性直观论、因果规律先验论②、理性的工具个性论、非自由意志的工具个性论③。）

不！不是！这一切并不吸引他们，他们也没有感到这些东西有何魅力。首先吸引他们并被他们接受的倒是：叔本华这位求实的思想家决意揭开世界之谜的意志——这一虚荣的内心要求使他屡受迷惑、使他败兴——他在这些地方显现出来的神秘的尴尬和遁词；他那无法证实的"唯意志论"（"一切原因均系此时此地某个意志的偶然显现"，"生命意志是每种生物固有的、不可分割的，哪怕是微不足道的生物，它集中在过去、现在和将要存在的一切生物身上"）④；他对个体的否定（"所有的狮子[99]从根本上说只

---

① 【法文本注】参见第2节"理智的良知"。

② 【法文本注】参见第2节"理智的良知"。

③ 【德文本注】叔本华的核心观念："意志是第一性、本原性的，认识只是为了表达意志而作为意志的工具……所以，他是根据他意志的后果和特性认识自己的。"（《作为意志和表象的世界》第一篇，第四章，第54页，也请参阅该书第二篇，第二章，第19页）

④ 【德文本注】参阅叔本华《作为意志和表象的世界》，第一篇，第四章，第60页；第二篇，第二章，第25页。

是一个狮子""个体的多样性只是一种假象",进化也是一种假象,他把拉马克的思想称为"天才的荒谬")①;他对天才的狂热崇拜("从美学观点看,个体不再是个体,而是纯粹的、无意志的、无痛苦的、不受时代限制的认知主体","主体完全溶化在被观察的事物中,成了事物本身")②;他那"同情即荒谬"的观点,以及"死才是存在的真正目的","死者也可能产生不可思议的影响,这种可能性是不容否认的"③等等论点。总之,这位哲学家那诸如此类任情恣性和恶习最先被他的门徒接受,且坚信不移。恶习和任情恣性总是最易模仿,而不需要长时间的预先演练。

让我们来谈谈叔本华信徒中最著名的理查德·瓦格纳④吧。下述发生在有些艺术家身上的情形也体现在瓦

---

① 【德文本注】参阅叔本华《作为意志和表象的世界》,第二篇,第四章;第二篇,第二章,第 28 页;第二篇,第三章,第 38 页;参阅《论自然中的意志》(1854),《比较解剖学》。拉马克(Jean Baptiste Antoine Pierre de Monet de Lamack,1744—1829),法国博物学家,他首倡种原论,根据此理论,各物种从生物起源就适应环境的要求,不变化,但他没有把这理论运用在人类身上。现代科学研究无法实验拉马克的理论。

② 【德文本注】参阅叔本华《作为意志和表象的世界》,第一篇,第三章,第 38 页。

③ 【德文本注】参阅叔本华《作为意志和表象的世界》,第一篇,第四章,第 68 页;第一篇,第四章,第 49 页。

④ 【德文本注】瓦格纳于 1853 年关注起叔本华的著作,特别是那《作为意志和表象的世界》,他的关注是由其朋友、诗人海尔维格(Georg Herwegh,1817—1875)促成的,海尔维格是 1848 年革命的开路先锋之一。至 1854 年夏,瓦格纳已将那本书读了 4 遍,在钻研叔本华哲学期间——把许多东西变成了自己的思想——瓦格纳已写成音乐剧《特里斯坦与伊索尔特》(1859 年)的草稿。

格纳身上:他对自己创造的艺术形象进行错误的解释,连对自己最独特的艺术哲学也认识有误。直到他生命中期,他一直受黑格尔①的误导,后来,在拾取叔本华的学说时他又犯了同样的毛病,并且开始用"意志""天才""同情"等字眼来表达自己。尽管如此,再也没有什么比瓦氏作品中的英雄人物所具有的瓦氏本色更与叔本华思想背道而驰了,这是千真万确的。我指的是清白无辜的自我本位,相信激情,亦即相信善,简言之,是瓦氏英雄人物面部所显示的西格弗利特的特征②。叔本华好像说过:"这一切与其说是我的味道,还不如说是斯宾诺莎③的味道。"那么,瓦格纳也可以有同样充足的理由去寻求叔本华以外的哲学家,然而,他完全委身于叔本华的思想魅力,驱使他不仅反对其他哲学家,而且还盲目反对科学,他的整个艺术愈益成为叔本华哲学的附属品和补充,从

---

① 【德文本注】黑格尔,主要以《精神现象学》(1801年)这部著作创立了欧洲和西方国家最重要、影响最大的哲学体系之一。尼采对黑格尔怀有矛盾的情感,一方面嘲讽黑格尔的哲学只存在于守旧的头脑中,另一方面又直言不讳地对黑格尔表示赞扬:"在德国的名人中,也许没有比黑格尔更富于机智的了,"但他又补充说,"然而他身上又带有德国人对于机智如许的恐惧,以至于这种恐惧造成了他所特有的糟糕的文体。"(《朝霞》,第三卷,第193节)。瓦格纳对黑格尔的崇敬被他自1853年起研究叔本华所取代。1853年12月16日他致信李斯特(1811—1886)说:"在叔本华面前,黑格尔们全是江湖骗子!"

② 【德文本注】西格弗利特的特征:尼采指的是四部曲《尼伯龙根的指环》中瓦格纳塑造的英雄西格弗利特。

③ 【德文本注】斯宾诺莎,参阅本书第一卷,第37节注3(即本书页127注③)。

而愈益明显地放弃了这一高尚的功名心：[100]成为人类知识和科学的附属品和补充。他之所以走到这步田地，不仅仅是因为被叔本华哲学那神秘的华丽所吸引——此哲学还吸引了一个叫卡克里奥斯特洛①的人——而且因为叔氏的种种举动和情感对他也起了误导作用。例如，瓦格纳对德国语言的不纯大动肝火，这脾气便是叔本华式的②。如果还可以把这称为模仿的话，那么毋庸讳言的是，瓦格纳的文风患有溃疡和肿瘤，这病态使叔本华的信徒们怒不可遏，于是，与瓦氏的用德语写作的本国信徒有关的瓦格纳狂③开始显露出危害性，一如当年的黑格尔狂。

---

① 【德文本注】卡克里奥斯特洛伯爵（Alessandro Graf von Cagliostro，1743—1795），意大利冒险家和炼丹术士。在游历欧洲各大都市后定居巴黎，在贵族社会中获得神医的声誉。后被逐出巴黎，在罗马按照埃及的宗教礼俗成立了共济会会员分会。起初，他作为异教徒被判处死刑，后被赦免，改判终身监禁，死于囚牢。席勒和歌德都将卡克里奥斯特洛这个人物做了文学加工。

② 【德文本注】瓦格纳不喜欢德语，同意大利语相比，他特别不喜欢德语的音调，这表现在他的许多文章里（例如《关于在慕尼黑设立一所音乐学校向巴伐利亚国王路特维希二世陛下的报告》）。在《宗教与艺术》（1880年）一文中，瓦格纳谈及欧洲现代语言整体上的退化和衰变。他曾为汉斯·沃尔佐根《论德语的灭绝和拯救》一文写过肯定的前言，该前言间接表述了瓦格纳对德语的批判态度。——叔本华的著作对德语有不少恶评。在1856年至1860年间，他用《论几个世纪以来德语在教学法领域的恶化》一文总结了他对德语多方面的批评（正字法，前缀，后缀等）。

③ 【法文本注】Wagnerei，该词为尼采自创。与此段末尾的Hegelei（黑格尔狂）构词法一样，亦是尼采所创。

瓦格纳对犹太人的仇恨也是叔本华式的。① 犹太人那厥功至伟的业绩——创立基督教②，瓦氏对此没有公平之论。他把基督教理解为被佛教吹散撒落的种子③；在人们亲近基督教礼仪和情感时，他却企图为欧洲开创佛教纪元而做准备。他的这一企图也是承袭叔本华的。还有，他那一套怜悯动物的说教也源于叔本华④，而叔本华在这方面的先辈显然是伏尔泰。伏尔泰把自己对某些人和事的仇恨伪装成对动物的怜悯，他的追随者们亦然。至少，瓦格纳在说教中所表露的对科学的仇恨绝非源于仁慈和善良，当然也不全是源于精神方面。说到底，倘若

---

① 【德文本注】瓦格纳对犹太人的排拒态度表现在其文章《音乐中的犹太人特性》(1850年)中，他要求人们摆脱"用金钱力量"统治的犹太人，因为犹太人"令人厌恶"。瓦格纳为了从整体上蔑视当代音乐，就煽动人们把犹太人从艺术领域驱逐出去，因为犹太人的语言和音乐贫乏。叔本华在《作为意志和表象的世界》第一篇第三章第48页中说："这实在是大不幸，这个民族往昔的文化乃是我们文化的主要基础，这个民族正是犹太人啊。"

② 【法文本注】叔本华曾竭力想拉拢基督教与佛教的关系，下文将谈到这一点。

③ 【德文本注】瓦格纳有关佛教和基督教的言论主要表现在《宗教与艺术》(1880年)这本书里，认为佛教和基督教的共同特点是遁世。——叔本华在《作为意志和表象的世界》第二篇第四章第41页上说："《新约》的基督教拥有这样一种永生理论，因为这是印度人的思想，所以八成来源于印度，尽管经由埃及传来。"

④ 【德文本注】瓦格纳在"致恩斯特·冯·韦伯先生的公开信"(1879年)中以人的同情心，包括对动物的怜悯来衡量人的品位。此文对动物的"有益"和"德行"进行辩护，更有甚者，是要求"无条件取消"对动物活体解剖。——叔本华在《伦理学的两个基本问题。第二部分，对道德基础的颂文》第19页上说："对动物的怜悯与个性善良紧密相连，可以深信不疑地说，谁对动物残酷，谁就不是好人。"

一位艺术家的哲学只是别人哲学的后续和追补,并且也不对他的艺术造成损害,那么,这哲学也就无足观了①。人们因为一位艺术家戴上临时的假面具,或者戴上不幸的、傲慢的假面具而对他产生怨恨,我们现在还不能足以防止产生这种怨恨。让我们牢记,可爱的艺术家都应该、都必须有点类似演员,他们若无戏剧性的表演,断难持久。让我们忠实于瓦格纳身上真实和原始的东西,我们瓦格纳的门徒也忠实于我们身上真实和原始的东西。让我们宽容他那理性的情绪和激昂,公正地思考一下,一种艺术,比如他的,究竟需要何种罕见的营养素和必需品方能生存和发展呢?[101]他身为思想家而常有失当之处,这倒无关宏旨,公正和耐心不是他的事,只要他的生活对他保持无误就够了②。这生活在对我们每个人呼喊:

"做个血性男儿!不要跟随我,而要跟随你自己,你自己!"③

我们的生活也应对我们保持无误!我们应当自由、

---

① 【法文本注】尼采将在《道德的谱系》(尤其是第三章第2—5节)中重新回到这个问题上,并更为详尽地分析瓦格纳和他稍后接受了的叔本华思想之间的关系。

② 【法文本注】文字游戏:recht haben 与 recht behalten。类似用法亦见第五卷第 348 节"学者的出身"。

③ 【德文本注】这句话是对歌德小说《少年维特之烦恼》第二版(1775年)第二部分前面所做的题词的引申:"你为他痛哭,你爱他,亲爱的人啊/你将他的记忆从屈辱中解救出来吧;/你瞧呀,他的灵魂从洞穴向你招手呢:做个好男人,不要跟随我。"《少年维特之烦恼》以后的各种版本都没有印上这题词。

坦荡,从清白无辜的自我本位①发展自己,强盛自己!当我在观察这类人的时候,耳畔一如既往地响起如下的话语:"情欲比廊下派好,比伪善好;诚实,即便是恶意的诚实,也比因为恪守传统道德而失去自我好;自由的人可能为善,也可能为恶,然而,不自由的人则是对本性的玷辱,因此不能分享天上和人间的安慰。总之,谁要做自由人,必先完全成为他自己。自由不会像神赐之物落在人的怀里。"(《理查德·瓦格纳在拜洛伊特》,94 页)②

100

学会尊敬。——人必须学会尊敬,就像必须学会轻蔑一样。凡是走上新的生活轨道并把许多人也带上新的生活轨道的人,无不惊异地发现,这些被带上新轨道的人在表达感激之情的时候是多么笨拙和贫乏,更有甚者,连单单把这谢意表达出来的能力也不常有。每当他们说话,便似骨鲠在喉,嗯嗯啊啊一番就复归平静了。

思想家在感受他的思想所产生的影响时,在感受他的

---

① 【法文本注】selbstigkeit,尼采以 selbst 为词根的另一新词,指自我本位和生活本身所要求的对自我的优先关注甚至过分关注。另参见第 21 节"致无私的教师"中的 selbstlosigkeit,《瞧,这个人》中的 selbstzucht。

② 【法文本注】尼采引用的是《不合时宜的沉思》的第四篇第 11 节,引文略有不同:der Stocismus und die Heuchelei 变成 Stoicismus und Heuchelei。此外,尼采还在"谁要做自由人,必先完全成为他自己"一句上加了重点符号。

思想改变和震撼人心的威力时,这感受方式几乎是滑稽的,其中还有所顾虑:怕受其影响的人内心受到伤害,怕他们会用各种不当的手段来表达其独立自主的精神受到威胁。要形成一种有礼貌的感激习俗,需要整整一代人的努力,嗣后,思想和天才一类的东西进入感激情愫中的那个时刻才会到来。届时,会出现一个接受感恩的伟人,[102]他不仅因为自己做了好事而受感戴,更主要因为他的先辈们日久天长累积下那个至高至善的"宝物"而受感戴。

101

伏尔泰。——哪里有宫廷,哪里便有说好话的准则和作家写作风格的准则。宫廷的语言就是廷臣的语言,廷臣没有专业,即使在谈论科学问题时也不使用方便的术语,因为这些术语是专业性的。所以,在充斥宫廷文化的国度,凡专业术语和一切显示专家身份的东西都是风格上的疵点。

当今,所有的宫廷无不沦为过去和现在的讽刺漫画,在这一点上,人们惊诧地发现了伏尔泰,这实在叫人有莫名的脆弱和尴尬(例如,他在评论封丹纳尔和孟德斯鸠①

---

① 【德文本注】孟德斯鸠(Charles de Secondat, Baron de la Brède et de Montesquieu, 1689—1755),法国作家,哲学家。他以潇洒的文笔创作了关于欧洲文化的作品(《波斯人信札》,[1721—1754]),关于罗马历史的作品(《罗马盛衰原因论》,1734年),还有一部具有文化哲理色彩的国家学说作品,即关于国家 (转下页注)

这类风格的作家时)。我们今天已从宫廷趣味中解放出来,而伏尔泰却是使宫廷趣味日臻完美的人。

102

写给语文学者的话。——世间有许多非常有价值的珍贵图书,要完好地保存它们并让人们读懂它们,需要数代学者的努力。一再地加强这一信念,便是语文学的任务。语文学的前提是:世间并不缺乏知道如何使用珍贵图书的稀世人才(尽管人们不能立即看到他们),他们就是自己撰写这类珍贵图书或者有能力撰写的人。

我要说,语文学是以高尚的信仰为前提的,即:为了有益于"将要到来"但还没有到来的人,必先剔除大量尴尬的乃至不洁的文章,这工作就是 in usum Delphinorum。①

103

[103]*论德国音乐*。——时下,德国音乐比欧洲任何

(接上页注)内部政治、社会、法制、经济和道德诸条件的共同作用问题(《论法的精神》,1748 年),这是他的主要著作。为了法国,他要求实行英国式的君主立宪制度,这种制度与他的权力分配理论相适应,美国宪法也受到孟德斯鸠国家学说的影响。

① 【德文本注】64 卷本关于希腊和罗马经典作家的一套书(1674—1730)是国王路易十四之子、王储的老师蒙陶西伯爵(Herzog von Montausier)倡议,并修改有伤风化的文段,使成"洁本",用来做"皇太子使用"(in usum Delphinorum)的教材。自此,这个术语泛指由于道德方面的原因而修改成的"洁本"。

一国的音乐更为丰富,只有在德国音乐里,欧洲革命所带来的变化才得以表现;只有德国音乐家才善于表现激动的民众和响遏行云的人为喧嚣,这喧嚣在过去是从不指望别人听到的。反观意大利歌剧,它只熟悉那些被人侍候的人与士兵的合唱,但不熟悉"民众"。另外,在所有德国音乐里可以听出市民阶层对 noblesse① 的深深嫉妒,尤其嫉妒宫廷的、骑士的、自信的、古老的社交风度的 esprit② 和 élégance③。

类似歌德笔下的歌手④在门前或"室内"从事的音乐根本不是音乐,它只能使国王听了满意;这里不意味着"骑士勇敢注视,美人投怀送抱"。希腊神话中专司欢乐与美丽的三女神若不突然受到良心的谴责也不能在德国音乐里露脸。只有当本国的专司欢乐和美丽的三女神显出妩媚姿态时,德国人的精神才备受鼓舞,并由此达到狂热的、深奥的、往往是生硬的"崇高",贝多芬的崇高。

若要对热衷这类音乐的人作一番思考,那么就琢磨

---

① 【德文本注】noblesse:高贵意识。
② 【德文本注】esprit:机智,幽默。法国人的典型的思想和心理状态。
③ 【德文本注】élégance:文雅,潇洒。
④ 【德文本注】暗示歌德的叙事谣曲《歌手》,在歌德小说《威廉·迈斯特的学习时代》第二卷第 11 章里由哈弗纳尔吟唱。尼采这里所说的叙事诗是在第三诗节里:"歌手闭上双眼/放声歌唱;/骑士勇敢注视/怀中美人/歌曲使国王开心/作为酬金,他让歌者领取一条金项链。"(第 15—21 诗行)

一下贝多芬吧,看看贝氏在特普利兹与歌德相遇①是怎样的情形。那是半野蛮与文明②的交汇,平民与贵族的邂逅,风雅之士与"好人"的聚首,幻想者与艺术家的会晤,切盼抚慰的人与被抚慰者的会合,夸张者、被怀疑者与位卑者的互访。贝多芬乃狂怪之士、自虐者、顽愚的狂欢者、愉快的不幸者、忠实的放任者、自命不凡的迟钝者,总之,是个"桀骜不驯的人"。歌德对他也有这个感觉,也送给他这个名号。而对歌德这个特殊的德国人,至今尚无一种音乐可与之匹配呢!

末了,还请想一想,德国人现在对韵律的轻视正在蔓延,韵律意识的萎缩是否可以理解为一种民主的恶习,抑或革命的后遗症呢?因为韵律对法则有公然的兴趣,而对变动中的、未成形的、随心所欲的东西则表厌恶,[104]所以,它听起来犹如来自欧洲古老秩序的音响,这音响像要诱惑人们倒退到古老秩序中去似的。

104

论德语的声调。——人们知道,几个世纪以来,普通

---

① 【德文本注】1812年7月14日至8月10日,歌德在波西米亚的疗养地特普利兹(Teplitz)逗留,与贝多芬多次相遇。歌德对贝多芬的评价有所保留:"他的才能令我惊异,只可惜他过分放达,觉得世界可憎,虽则不无道理,可这并不能使他本人和使别人有更多的享受。"(歌德致泽尔特信,1812年9月2日于卡尔斯巴特。)

② 【法文本注】此处Kultur的用法参见第99节"叔本华的信徒"及相关注释。

书面德语源于何处。德国人由于对来自宫廷的东西尤为敬重，故而有意将宫廷文书视为楷模，对于宫廷的信函、证书、遗嘱之类无不一一仿效。按公文体写作，也就是按宫廷和政府的文体写作，这便是城里人使用德语的高雅之处。久而久之，人们做结论、讲话也学书面文体了，而且在说话方式、遣词造句、选用习语，甚至在声调上都变得更为高雅了。说话用一种矫揉造作的宫廷腔，这腔调积久而成自然。

也许，在别的地方没有出现下列情形：书面文体统御着整个民族的口语、矫情和高雅，并且成为统一语言的基石。我相信，德语的声调在中世纪，甚至在中世纪以后都是充满乡土气息的，是通俗的；只是在近几个世纪才变得高雅起来了，尤其是因为人们觉得有必要大量模仿法语、意大利语和西班牙语的声调。德国（以及奥地利）贵族对于母语根本就不满足。蒙田和拉辛①认为，德语尽管学习外族语的声调，但听起来仍然俗不可耐。直到现在，某些意大利游客所说的德语声调依旧十分粗鄙、土气而嘶哑，仿佛这声音来自乌烟瘴气的房间和不重礼仪的地方。

现在，我注意到在赞赏宫廷文风的人士中，有一种追求声调高雅的热情在蔓延，德国人开始顺应奇怪的"声调

---

① 【德文本注】拉辛（Jean Racine，1639—1699），法国剧作家，受高乃依（1606—1684）影响，他创作古典形式的悲剧（三一律，三幕），语言严谨而明晰。他在剧中把政治和爱情十分高雅地联系起来。作为詹孙教派——法国宗教革新运动——的信徒，他在悲剧中把希腊的命运观念和基督教宿命论和原罪观念结合起来。

魅力"，若长此以往，可能会对德国语言造成真正的危害！在欧洲，再也找不到比这更令人厌恶的声调了。[105]现在德国人觉得语音中要带嘲讽、冷漠、粗俗，这样听起来才显"高雅"，我从年轻的官员、教师、女士和商人的话音里已经听出追求"高雅"的美意，连小丫头都在模仿军官所操的德语了，因为普鲁士军官是这种声调的始作俑者。作为职业军人，他们无不具备令人钦羡的简朴的语言节奏，德国人竟然群起效尤（包括教授和音乐家）！可是，这些军官一旦说话和行动，就成了古老欧洲最不谦逊、索然无味的人，他们对此当然是意识不到的，肯定意识不到！同样，那些视他们为上流社会中人并且乐于让他们"定调子"的优秀德国人当然也是意识不到的。军官的确在"定调子"，上士和下级军官在模仿。请听听那些军事口令吧，德国城市到处都有这声音的咆哮。军队在每座城门前操练着，口令的吼声是何等傲慢，其权威感是何等气冲牛斗，又是何等冷酷无情呀！

德国人真是一个有音乐素养的民族吗？毫无疑问，德国人的说话语调已经军事化了。口语既已熟练地军事化，那么书面语也可能很快会变成这样的，因为人们对这声调习惯了，它已深入民族个性中。与这声调相适应的词汇、习语和思想，人们可以张口即来！

目前，人们的书面语也许在仿效军官文体。我虽很少拜读德国人写的文章，但有一点我是确信不疑的：已经传到外国的德国公众集会并非受到德国音乐的激励，而是受到味同嚼蜡的傲慢自大的新腔调的鼓舞。德国一流政治家的讲话,以及通过皇家话筒传达的他的讲话,几乎全是外国人不愿听甚至极为反感的语调,可德国人却能忍受——自己忍受自己。

105

[106]身为艺术家的德国人。——当德国人真正陷于激情(而不仅仅像通常只有达到激情的良好愿望),那么,他的行为举止便为激情所左右,而不顾行为举止究为何样。可事实是,他的举止奇丑无比,奇笨无比,仿佛没有一点节奏和韵律,观众感觉到的只是他们的难堪和激动,仅此而已!如果他能把自己提升到某些激情所能达到的崇高和狂喜的程度,那么,连观众都变美了!

处于什么样的高度,美才能将其魅力散发到德国人身上呢?这个问题推动德国艺术家进入过度的激情高潮,此乃一种深切要求;要求超越丑陋和笨拙并由此向外观察,观察更美好的、更轻松的、阳光更璀璨的南方世界。因此,他们的痉挛式的激情常常只是一种迹象,表明他们要舞蹈。这些可怜的熊啊,在其内心,有水泽仙女和森林诸神在驱赶它们的本性,其中也不乏更高的神明。

106

把音乐当成拥护者。——"我渴望着一位音乐大师,"一位改革家对他的门生说,"让他学会我的思想,再用他的音乐语汇传播,这样,我必能更取悦于人、更深入人心。用音乐可以把人们导向谬误或真理,谁能驳斥音乐呢?"

"这就是说,你不想被人驳倒咯?"门生反问道。

改革家说:"我想叫树苗长成大树。为了让一种学说变成大树,它必须得让人相信,为了博得信任,它又必须被视为驳不倒的。风暴、怀疑、虫害、邪恶对于树苗都在所难免,这样才能显出它的气度和力量;它要是还不够强大,就让它被摧折好了! 可是,一棵树苗只能被消灭,而不能被驳倒!"

他说完后,门生急不可待,叫嚷起来:"我相信你的事业,并且认为它是强劲有力的,[107]因此不妨说出我内心反对它的话吧。"改革家窃笑,伸出手指威胁他道:"像你这样的门生是最优秀的,但也是最危险的。并非每一种学说都容忍你!"

107

对艺术的感激。——假定我们没有创造出艺术这一虚构的文化形式,并喜欢这形式,那么,看透普遍存在的虚伪和欺骗——现在科学已经给了我们洞见的可能——看透认识和感觉中空想和错误的局限,那将是无法忍受的。① 诚实可能导致厌恶和自杀,但我们的诚实却具备

---

① 【法文本注】此处观点早在《悲剧的诞生》中已有所表示。尼采想说明的是艺术之于知识和真理的优先性。

一种相反的力量，它可以帮助我们避免接受"艺术即是追求虚幻的良好意愿"这一结论。我们并非总是禁止眼睛转动，并非一直让它紧闭。我们在"变化流"中所承受的不再是永恒的缺憾，而认为是承受了一位女神，并且荣耀而质朴地为女神服务。

作为美学现象，存在对于我们来说总还是可以忍受的。眼睛、手以及良知可以通过艺术使我们有能力从内心呈现这类现象。我们有时必须静息一下，办法是把视线转移，从艺术的远处来嘲笑或痛哭自己；我们必须发现潜藏于我们的认识激情里的英雄和傻子；为了感受我们智慧的欢悦，就必须有时感受我们愚昧的乐趣！

正因为我们在内心深处觉得自己是忧郁严肃的，并且比常人重要，所以，没有什么东西能像一顶淘气鬼的帽子那样对我们有好处。因为自己的缘故，我们需要这帽子，需要一切傲慢、飘飞、舞蹈、揶揄、稚气和极乐的艺术，以不致失去超尘拔俗的自由——这自由是我们的理想要求于我们的。倘若我们因过于诚实而完全陷于道学观念，并给自己提出过苛的道德要求，沦为道德怪物和稻草人，那么，这对于我们无疑是一种倒退。

我们本可以超越道德，不仅可以立于道德之上[108]——尽管时刻担心跌落，故姿态有些胆怯和僵硬——而且还可以在道德上空飘飞和嬉戏！

为此，我们怎能缺少像傻子一样的艺术呢？倘若你们总自以为耻，就绝不要与我们为伍！

第三卷

108

[109]**新的战斗。**——佛祖释迦牟尼[1]死后,人们总在一个洞穴里展示佛陀的阴影,如此长达几个世纪。那阴影实在令人不寒而栗。

上帝死了。依照人的本性,人们也会构筑许多洞穴来展示上帝的阴影,说不定要绵延数千年呢。

而我们,我们必须战胜上帝的阴影!

109

我们可要当心!——我们可要当心,别以为世界是一

---

① 【德文本注】释迦牟尼(Buddha):本名悉达多·乔达摩(Siddharta Gotama,公元前 560—前 480),佛教创始人。佛教认为,世间的苦难都是由现实众生的存在及其生命意志造成的,解脱苦难的途径是禁欲、正思、按戒律规定行事,认清生死无常,获得各种真谛,比如世间苦难和消除苦难的真谛,这样,生命神圣的意志就会达到"涅槃寂静"这一佛教最高境界。

个活的实体。它延伸至何方呢？它靠什么给养呢？它如何成长壮大呢？我们大略知道什么是有机体，难道我们应该把仅在地球表面感知到的，又难于言说的派生、迟来、罕见和偶然的事物重新阐释为本质的、普遍的和永恒的吗？正如那些人所为①，把一切称为有机体吗？这实在令我反感。

我们可要当心，别相信宇宙是部机器，它并非为某个目的而构建的。我们使用"机器"这个字眼，对它似有溢美之嫌。

我们可要当心，不要假设一切事物都像邻近的星球循环运行②那样有规律。我们抬头向银河一望，便会产生这样的疑问：那里是否存在许多原始的、相互矛盾的运动呢？同时也存在许多永远是直线运行的星星呢？我们生活于其中的星球体系是个例外，这体系以及由该体系所规定的持久性又造成例外的例外，即形成有机体。世界总的特点永远是混乱，这并不是说没有必然性，而是指缺乏秩序、划

---

① 【德文本注】在柏拉图把宇宙想象为一个有机体之后，谢林首次着重用有机体这个概念表达世界和大自然的关联。德国浪漫主义自然哲学拾起宇宙有机体这一概念并对这一概念继续研究。——把宇宙比喻为一部机器，这在中世纪就有所表现，当时有人把宇宙运动比喻为一只钟。笛卡尔认为动物是没有"灵魂"的机器，自他以后，机械的宇宙论就具体化变成机器论了。沃尔夫认为世界的绝对真理就在于它的机械功能。机器思维认为客体是由一些与中心有关的各部件组成的，它们只与中心相关，组成一个整体。

② 【德文本注】哥白尼认为各行星都有圆形轨道，围绕太阳这个中心运行。开普勒的理论与这个论点稍有不同，认为各行星围绕一个中心点运行不是圆形轨道，而是椭圆形轨道。

【法文本注】注意不要因此认为，星辰的运行促使尼采形成其永恒复返的理论。

分、形式、美、智慧以及一切被称为美的人性。以我们的理智来判断,未成功的成功[110]才是规律,例外并非什么秘密目的,整个八音盒永远重复着那永不能被称作旋律的工作方式。"未成功的成功"已是含有非难之意的人格化说法,可是,我们怎么可以对宇宙非难抑或称颂呢?

我们可要当心,别指着宇宙的脊梁说:它无情、无理性,也不要说它的矛盾。它既不完美,又不漂亮、高贵。它不想变成任何东西,根本不致力于模仿人类!我们的美学和道德的评估休想对它产生影响!它也没有自我保存欲,根本没有本能欲望,它不懂何为规律。

我们可要当心,别说自然界存在规律,它只存在必然性。没有发号施令者,没有遵命者,也没有越界者。如果你们知道,世间不存在任何目的,那么也必然知道,世间不存在任何偶然,因为只有在存在目的性的世界上,"偶然"这个词才有意义。

我们可要当心,不要讲生死相互对立。生就是死的一种形式,而且是十分罕见的形式。

我们可要当心,别以为世界永远在创造新东西,世间不存在永恒的 Substanz①。如同古希腊埃里亚学派②

---

① 【德文本注】Substanz 来自拉丁文 substantia,哲学术语,意为"实体",是与"变化之物"相反的"固定之物"。在亚里士多德以及其后的经院哲学家们、笛卡尔和斯宾诺莎,这一术语都很重要。亚里士多德认为,Substanz 是"事物的实质";笛卡尔认定上帝是绝对的实体,而被创造的 res[事物]要么是物质的实体,要么是精神的实体;斯宾诺莎只承认一种没有终极的实体即神和自然。

② 【德文本注】埃里亚学派(Eleaten):以埃里亚(转下页注)

之神一样,Materie① 也属谬误。②

可是,我们左一个当心,右一个留神,何时了结呢?我们何时才能离开神的阴影之遮蔽?我们何时方能去掉大自然的神性呢③?我们何时方能具备重新被找到、重新被解救的纯洁本性而使人变得符合自然呢?

110

*知识的起源*④。——在悠长的岁月里,人的悟性除

(接上页注)城(Elea,位于下意大利)命名的哲学流派,由克塞诺芬尼(Xenophanes von Kolophon,公元前 570—前 475)创立,时间大约在公元前 540 年。该流派的重要代表人物有巴门尼德(Parmenides,公元前约 540—前 480),芝诺(Zenon,公元前 490—前 430)以及埃里亚城的梅里索斯(Melisson,属公元前 5 世纪人)。与尼采此处论述相关的主要是该流派实体论的两个特征:1. 事物的本体存在于感性世界的事物之外。2. 存在与变化对立,因为变化来自"非存在",复又过渡进入非存在。尼采称这种将本体与事物、存在与变化割裂开来的理论为谬误。

① 【德文本注】Materie:哲学术语,对与"形式"相反之物的称谓即"物质"。在哲学传统里,凡是使事物被感知到,被触摸到并引起感觉的东西就是 Materie。

② 【法文本注】尼采的根本命题:批评理想主义并不意味着维护物质主义。物质也只是一种解释而已。尼采将在其作品中多次提到这一点。有关物质概念的分析,参见《善恶的彼岸》第 12 节。

③ 【法文本注】Verdunkeln,此处动词的本意是"揭去阴影",对观本卷第 108 节"新的战斗"。上帝之死与上帝阴影的消失是新的快乐的前提条件,是快乐的科学之快乐。

④ 【法文本注】有关尼采对"起源"的不同表达法,参见福柯,《尼采、谱系学与历史》(*Nietzsche, la généalogie, l'histoire*),载于 *Hommage à Jean Hyppolite*,Paris,PUF,1971。

了铸成错误外，别无其他。有些错误被证明是有益的，有助于保存人的本性。遇到这些错误或承袭错误的人，便怀着更大的幸福情感为自己为后代奋斗着。这些错误的信条代代相沿地承袭，最终变成人性的基本要素。比如存在如下一些错误的信条：存在恒久不变的事物、相同的事物；存在着物体、实体、肉体；一个事物看起来是什么就是什么；我们的意志是自由的；什么东西对我有益，那它本身就是有益的。如此等等，不一而足。

[111]只是很晚以后才冒出怀疑和否定这些信条的人，真理也才露头，不过也只是一种无力的认知形式罢了。人们似乎不想同真理共同生活，我们的肌体组织是为真理的对立物而设置的，肌体的高级功能、感官的感知和每一种情感都同那些自古就被接受的基本错误合作，更有甚者，那些信条在知识领域居然成为人们判断"真"与"假"的标准了，直至纯粹逻辑最冷僻的范围，概莫如此。这就意味着：知识的力量不在于真实的程度，而在于知识的古老、被人接受的程度，以及它作为生存条件的特性。

凡是在生活与知识发生矛盾的地方，绝不会出现严肃的斗争，否认和怀疑被视为愚蠢的。尽管如此，那些不同凡响的哲学家，比如古希腊的埃里亚学派，就提出并恪守与那些错误对立的观点，他们相信，这些对立的观点是可以生存下去的。他们认为哲人坚定、冷静客观，视野包罗万象，既是个人又是全体，对于反向的知识具有特殊能力；他们相信哲人的知识即为生活的准则。为了能保持这些,哲人必须对自己的现状产生错觉,必须恒定地虚构自己的冷静客观和历久不变,对认知者的本质[1]予以误解,否定认知中本能欲望的力量,把理性视为完全自由、自发产生的活动,他们在反对普遍通行的事物的斗争中实现自己的准则,或者在要求获得安宁、占有和统治时也实现自己的准则,对于这些要统统视而不见,用手捂住双眼。诚实和怀疑二者的高度发展终难造就这样的奇才[2];他们的生活与判断依赖于原始的本能欲望和一切感知的基本错误。凡是在两种对立原则都适用于生活的地方,就会产生诚实和怀疑,因为这二者都能容忍那些根本性的错误,从而也就会出现争执,争辩某种功利是大还是小。

诚实和怀疑也会出现在那些地方:在那里,新的定则对于生存虽则无益但也至少无害,新的定则是一种智性的游戏本能之表现,[112]就像一切游戏一样,它们既无害又使人快乐。人的脑海慢慢充满这类评判和信念,于是从混乱如麻的思绪中产生酝酿、斗争和权欲。在为"真

---

① 【法文本注】Das Wesen,参见《善恶的彼岸》第三章的标题 Das Wesen der Religion,字面意思为"宗教的本质"。尼采使用该语总带有论战和批评的意味。

② 【法文本注】此处为尼采的论断"一物往往产生于其对立面"或"物质往往自相消灭"提供了具有说服力的例子。同样的逻辑原则亦见尼采对基督教发展的分析,尤见《道德的谱系》,第三章,第 27—28 节。也正是基于这一逻辑原则,尼采成为柏拉图的或基督教的形而上学的继承者,换言之,尼采成为他无时无刻不以最坚决的方式加以攻击的价值体系的继承者。

理"而斗争的过程中,不仅功利和欲望,而且每一种本能均各有偏袒;智斗成了工作、刺激、职业、义务、荣耀。终于,知识与求真作为一种需要而归并到其他需要之中,从此,不单是信念,而且审察、否认、怀疑和矛盾都成了一种力量,一切"邪恶的"本能全都从属于知识,为知识服务,并且得到被许可、被尊崇和有益的荣光,最终成了"善"的眼睛,清白无辜。

这样,知识成为生命本身的一部分,进而变成日渐增强的力量,最终知识和那些地老天荒的根本性错误互相冲突,二者都是生命,都是力量,二者共存于同一个人身上。思想家这时成了这样的人:在求真的本能欲望被证明是一种保存生命的力量之后,他内心求真的本能欲望便与那些保存生命的错误开展了首次斗争。与这斗争的重要性相比,其他的一切都无关宏旨。这时,提出了有关生存条件的最后一个问题,这时也首次进行了尝试,并用试验对此问题作出回答。真理在多大程度上才容忍那些被接受的错误呢?这既是问题,又是试验。

111

逻辑的起源。——逻辑是怎样在头脑中产生的呢?肯定是从非逻辑中产生的,非逻辑的领域一定是非常广阔的。

过去,许多人做推论完全不同于我们今天,所以都遭到毁灭,这是不争的事实!举例来说,谁若不是经常根据谋生之道和根据敌视他的人去发现"同类",谁若对事物归纳概括得过于迟缓和谨慎,那么,谁继续生存的可能性就小于能从一切相似中立即找到同类的那一个。

然而,把相似当作相同对待这一占绝对优势的倾向是非逻辑倾向,[113]因为本来不存在相同的东西,可是这倾向却奠定了逻辑的基础。正因为这样,事物的变化必然长期被忽视,不为人感知,以便产生对于逻辑必不可少的物质概念,尽管没有什么实际的东西与这一概念相符。

观察不甚仔细的人比那些在"变化滚动中"观察一切的人占优势。在推论中过分谨慎,或者怀疑成癖,本来就对生命构成极大的危害。谁没有相反的癖好,谁就不能自我保存。相反的癖好指的是:宁愿肯定而不做判断;宁愿出错、虚构而不愿等待,宁愿认同而不否定;宁愿评估判断,而不要正当——正当要经过极严格的训练①才行啊!

我们现在脑子里的逻辑思维和推论的过程与自身非逻辑、非正当的本能欲望的过程和斗争是一致的,我们通常只经历斗争的结果罢了。② 这个古老的机制现在就发

---

① 【法文本注】Angezüchtet,尼采思想中关于教育问题的重要概念,有别于特别注重智力教育的传统视野。正如《偶像的黄昏》中所言,首先要征服的是身体。超人概念和永恒复返概念显然都是尼采对教育问题的终极结论:什么样的人有价值? 什么样的教育技艺能达到培养有价值的人的目的? 有关这一问题,参见 P. Wotling, *Nietzsche et le probleme de la civilisation*,前揭,pp. 186—242。

② 【法文本注】对观第 333 节"何谓'认识'"。

生在我们内心,如此迅疾,如此隐秘。

112

因果。——我们称之为"诠释",实则为"描述",这描述表明我们比古老文明阶段的认识和科学要出色一些。[①] 我们长于描述,至于诠释,我们做得和前人一样少。

我们发现林林总总的连续发生的事物,而在古老文明[②]时代,纯真的人们和探索者只看到两点,即"因"和"果"。我们对于变化有圆满的概念,却无力超越这概念,亦无力深入这概念的背后。每件事都有一系列"原因"呈现于我们面前,于是我们就推断:这个先发生,那个接踵而至,然而却无所领悟。比如,每次化学变化过程的"质"[③]是"奇迹",每次继续运动也是奇迹,可谁也没有对引起继续运动的撞击做过"诠释"。我们又怎能诠释呢!我们只是使用一些不存在的东西,以及使用线、面、体、原

---

① 【法文本注】对观《善恶的彼岸》第 14 节把"解释"(interpretation)与"诠释"(explication)相对而言。

② 【法文本注】culturen,还是文明(civilisation)的意思,参见第 99 节及相关注释。

③ 【德文本注】Qualit:哲学术语,意为"质"。自亚里士多德起,"质"成了人们评论事物的基本范畴之一。一个事物的"质"表明事物本质特性的某种东西,比如苦、咸、色泽等。不同的哲学流派把客观质——即事物天生固有的——与主观质——即主观附加在事物上的——区分开来。

子、可分割的时空；当我们首先把什么都变为概念——变为我们的概念，又怎能诠释呢？

[114]把科学视为对事物最忠实的人性化诠释，这就够了；我们描述事物及其先后嬗递，从而更仔细地描述我们自己。因与果，恐怕永远不再有这二元论了。事实上，我们面前有的只是一种"连续"①，可我们却把有些东西同这连续孤立起来，比如一种运动，我们感觉它是孤立的各点，而这还不是观察出来的，而是推断出来的。

许多的"果"由于突然出现而把我们导向错误，我们仅仅感到突然，而无数的过程却在这突然的瞬间擦身而过了。

视因果为连续，而不要依照我们的本性把它们视为可随意肢解的片断；视发生之事为一种"流"。倘若一种智力能做到这点，它便会将因果概念抛却，将一切条件否定。

113

毒药的学说。——为了产生科学的思考，必须创造和培育出各种必要的力量，并使它们结合在一起。这些力量各自单一发生作用常常不同于它们在科学思考中相互限制、相互控驭的作用。比如，怀疑的本能、否定的本能、等待的本

---

① 【德文本注】ein Kontinuum：指连续不间断的数值统一体。在自然科学领域，亚里士多德首先使用这一概念。他认为，某物的各个部分具有共同的极限，它就是连续不断的。莱布尼兹对连续律的表达是以大自然不做跳跃式运动为前提。康德认为，空间和时间是直观形式，所以一切表象均为连续值。在近代物理学的量子力学领域，连续理论被非连续取代。

能、聚合的本能、分解的本能等力量犹如毒药在起作用。它们尚未懂得彼此的并存、尚未懂得互相间是作为人的内心有组织的力量在起作用之时,大批的人就已沦为牺牲品①了!

我们要在科学的思考中加进艺术力量和生活的实践智慧,形成一种比我们现在所熟悉的由学者、医生、艺术家和立法者这些老古董组成的有机体系统更高的有机系统。我们离这个目标还有多远呢?

114

道德的范围。——我们在构思一幅我们看到的新画时,会立即搬出自己过去所有的体验。[115]当然在构思时,人们的诚实程度是有区别的。除道德体验外,不存在别的体验,即使在感知范围也是这样。

115

四种错误。② ——人一直在接受本人错误意识的教育。第一,他看自己总是不完美;第二,他给自己附加臆造的个性;第三,与动物和大自然的关系方面,他觉得自

---

① 【德文本注】古希腊人原来杀 100 头牛做祭品,后来随着豪华宴饮的流行需大量牲品。此处指人的大牺牲。

② 【德文本注】尼采在其著作《偶像的黄昏》(1889 年)里,在"四大错误"这一章对流行的因果观念提出质疑。这些错误是:混淆因果,设想中"精神的"原因,"幻想的"原因和自由意志的原因。

已处在一个错误的地位；第四，他总是创造新的财富，并且在一个时期内认为这财富是永恒的、必需的。这样，占首要地位的，一会儿是这个欲望，一会儿是那个欲望，而且因为他的看重，这些欲望全都变得高尚起来。

我们若无视这四种错误所造成的后果，我们也就无视人道、人性和"人的尊严"了。

116

群体直觉。——我们不论在何处面临何种道德，总发现人们会对人的欲望和行为作出评估，并划分等级。这实际上代表着一个群体的需要，什么东西对他们有益，何者为先，何者居次，何者第三……这也是一切个体的最高价值标准，个体受道德的教导，要成为群体功能的一部分，个体的价值就存在于群体功能中。

由于保存群体的条件因群体而异，所以便有迥然不同的道德。时下，各种群体、国家和社会处于巨变之中，故而可以预言，将会出现种种走火入魔、旁门左道的道德。道德乃是个人的群体直觉。

117

群体的良心谴责。——在人类漫长而遥远的岁月里，有一种完全有别于当今的良心谴责。当今，人们只对自己想做并已做完的事情负责，而且都有个人的得意之处。

[116]法学教师的讲授都以这一个人的自我情感和快感为出发点,似乎自古以来这儿便是法律的起源地。但是,在人类悠久的历史上,没有什么东西比个人孤独更叫人害怕的了。孤独或感觉孤独,既不受别人指使也不指使别人,仅仅代表个人,这在当时并非一种快乐,而是惩罚:"被判罚为个人独处。"思想自由反倒觉得浑身不自在。

我们视法律和服从为强迫和损害,而当时的人们视自我本位为尴尬和痛苦。孤独,以自己的标准去衡量一切,这在当时是违背时尚的。如果谁喜欢这样做,人们就说他是疯子,因为痛苦、恐惧皆与孤独有不解之缘。

那时,"自由意志"与"居心险恶"结伴为邻。人们行动越是不自由,表现出的群体直觉越多,越是戒绝行动中的个人意识,这样,人们就越是觉得自己具有美德。凡是损害群体的行为,不管个人有意还是无意,均受良心的谴责。他的邻人和整个群体都是这样的。在这方面,我们已极大地改变了观念。

118

善意。——一个细胞变成了另一个更强细胞的功能,这是美德吗?它必须如此。更强的细胞把那个细胞同化了,这是邪恶吗?它同样必须如此,因为它致力于充足的补偿,它要再生。因此,我们不得不依据强者和弱者的善意来区别吞并的本能和顺从的本能。

总想把别的东西转化为自己的功能,这样的强者内心交织着欢悦和贪婪;而愿意变为强者之功能的弱者,内心充溢着欢悦和被贪占的意愿。

同情本质上是前者,是对占有欲的刺激,最令人欣慰的刺激。因此还须考虑:所谓"强"与"弱"是两个相对的概念。

119

[117]这并不是利他主义。——在许多人身上,我看到一种渴望成为某种功能的过盛的精力和盎然的兴致,他们对于那些恰好有可能成为功能的地方有着特别敏锐的嗅觉,且趋之若鹜。

其中也包括那些女人:她们把自己转变为男人的功能——这功能在男人身上较弱——变成男人的钱包、政治或交际手腕。她们自我保存的最好办法,莫过于把自己融入别的有机体内;倘若不成功,便自怨自艾,甚至自杀。

120

心灵的健康。——在医学领域,有一个受人喜爱的道德公式(始作俑者为希俄斯的阿里斯顿①):"道德即心灵

---

① 【德文本注】阿里斯顿(Ariston von Chios):公元前3世纪古希腊哲学家,廊下派芝诺的门生。他的伦理学教导人们树立"人生有为"的理想。

【法文本注】廊下派哲人,以下引文亦见 Von Arnim, *Stoicorum veterum framenta*, 359。

的健康。"为了让这公式适用起见,不妨稍作改动:"你的道德即是你心灵的健康。"因为健康本身并不存在,所以,一切界定某个东西是健康的图谋无不遭到可悲的失败。

确定你的身体是否健康,关键要看你的目的、视野、精力、动力、错误,尤其是心灵的理想和想象力。如此,便会有形形色色的健康。越是让不同的个体昂起头来,越是忘却"人是相同的"这一教条,那么,我们医学家该抛弃的概念就会越多,诸如正常健康的概念,正常的病人饮食,正常的患病过程等。然后,才对心灵的健康和疾病做进一步思考,并且把每个人各具特点的道德摆到他的健康中加以考虑。自然,在某个人那里是健康的,在另一个人可能就是不健康的。

末了,尚有一大问题悬而未决:我们可否不患病而发扬道德呢?我们求知和求自知的渴望是否特别需要患病的和健康的心灵呢?简言之,一味追求健康的意志是否是一种偏见、怯懦,[118]或许竟是高雅的野蛮和落后呢?[1]

---

[1] 【法文本注】此段是尼采有关健康的最重要言论。首先注意尼采弃绝二元论以及从矛盾双方出发的各类思想:对尼采而言,健康不是疾病的反面。这一论点带来惊人的结果:健康不再是一种状态,而应从超越的动态过程的角度重新定义。生病的经验不可替代,也无法避免;更进一步说,任何消除疾病的计划都是没有意义的,唯一起作用的是面对疾病的行动。健康问题在第二版前言(尤其第 3 小节)中已有所涉及。另见第 382 节"伟大的健康";《瞧,这个人》第一部分"为什么我这么有智慧"(尤其第 1—3 节)。相关问题,参见 P. Wotling, *Nietzsche et le probleme de la civilisation*,前揭,第 120 页及以下。

121

生活不是论据。——我们为自己创造了一个适于生活的世界,接受了各种体、线、面、因与果、动与静、形式与内涵。若是没有这些可信之物,则无人能坚持活下去!不过,那些东西并未经过验证。

生活不是论据;生存条件也许原本就有错误。

122

基督教对道德的怀疑。——基督教曾对启蒙有过很大贡献。它教导人们对道德采取怀疑态度,其方式深刻而讲实效;那是一种非难、指控、冷酷无情然而又是极度耐心细致的方式。它清除了每个人内心对其"道德"的信仰,使得那些古代名目繁多的伟大道德以及那些自以为完美无缺、怀着斗牛士的荣耀四处游荡的名士永远从地球上绝迹①。

我们受过基督教"怀疑学校"的教育,今天再读古人比如塞涅卡② 和爱比克泰德③ 之流的道德书籍,便领略

---

① 【法文本注】类似形象亦见《偶像的黄昏》第 5 节"一个不合时宜者的漫游":"我的所有不可能——塞涅卡,或美德的斗牛士"。

② 【德文本注】塞涅卡(Lucius Annaeus Seneca,公元前 4—公元 65),罗马哲学家、悲剧作家、政治家。经历过正常的仕宦道路,也一度被流放到科西嘉岛,之后又当上尼禄皇帝的老师,公元 55—56 年任尼禄的顾问和大臣,政治影响力巨大。由于参加所谓的谋反,奉尼禄之命自杀。他撰写过道德论文、对话和信札,自然科学研究报告和悲剧。他本属廊下派,但也受过其他哲学家的影响,如毕达哥拉斯、伊壁鸠鲁以及犬儒学派等。他的主要兴趣集中在伦理学,提出博爱、人性完美、社群彼此理解等诉求。

③ 【德文本注】爱比克泰德(Epiktetos,公元约 (转下页)

到一种短暂的优越感,并且心中充满神秘的洞察和概观,此刻,我们可谓豪气干云,犹如稚童面对老翁讲话,又似美丽而激动的妙龄女郎面对拉罗什福科①倾谈。我们知道何谓道德,知道得相当清楚!

最终,我们也用这样的怀疑态度看待宗教的一切现状和事务,比如罪恶、忏悔、感恩、圣灵化等等,有如"钻牛角尖",这样,我们在阅读基督教书籍时也产生同样的优越感和洞察力,我们也完全懂得宗教情感究竟是什么东西了!是好好认识和描述这情感的时候了,因为奉行古老信条的虔诚者正在灭绝,让他们拯救他们的投影形象和模型吧,至少为知识界!

123

[119]知识并非只是工具。——即使没有新的热情——我指的是追求知识的热情——科学照样得到促进,

(接上页注)50—130),希腊哲学家,最后一批廊下派人士之一,他的哲学只局限于伦理学领域,把信仰一个由神的理性安排的世界作为道德行为的基础。流传下来的著作除了几本《民间道德训诫》外,还有《道德手册》,此书在古希腊罗马时代晚期乃至其后都受到人们的喜爱。

① 【德文本注】拉罗什福科(La Rochefoucauld,1613—1680),法国作家。其主要著作《思考、箴言与道德原则》(1665—1668)对塞涅卡和西班牙作家格拉西安(1601—1658)所倡导的学说做进一步加工润色,他由此成了具有法国特色的箴言作家。他揭示人的行为是自爱和下意识动机造成的结果,并指责所有虚伪的伦理价值。他的箴言严格地分为两类,这与存在和虚假两极的矛盾相吻合。

发展壮大。如今,不管是相信科学还是对科学存在迷信(这迷信对科学有利,它现在统治着各州,而过去起支配作用的是宗教),都绝少表现出对科学必要的热情。科学也没有被视为求知的热情,只是现状和 Ethos① 罢了。是的,人们常常只对知识怀有好奇心②,习惯于这好奇心,这就够了。有些人是为了名誉和荣耀,还有许多人不知如何打发过多的闲暇而去读书,去收集、整理、观察,向别人转述。这些人的"科学欲"实际上只显出他们的百无聊赖。

罗马教皇利奥十世③有一次(致贝洛阿多④的教皇

---

① 【德文本注】Ethos:道德观念。
【法文本注】ethos 作为一种恒久状态,与代表过渡状态的 pathos 相对。
② 【法文本注】尼采在此显然是受司汤达的启发。在《论爱》的第一章里,司汤达区分了四种根本形式的爱:激情之爱、趣味之爱、身体之爱和自我之爱。
③ 【德文本注】罗马教皇利奥十世:本名美第奇(Giovanni de' Medici,1475—1521),1513 年起任教皇,主要致力于意大利和欧洲政治,促进罗马文艺复兴盛期的文学艺术。
【法文本注】教皇利奥十世接任儒勒二世(Jules II della Rovere),于 1513—1521 年在位,是著名的艺术赞助人。司汤达在《漫步罗马》(*Promenades dans Rome*, Paris, Gallimard, Bibliotheque de la Pleiad, p. 1025—1026)中对他评价如下:"利奥十世,代表着绝对皇权,厌恶被迫从他那喜好感官享受的生活的无忧无虑中走出来";"利奥十世面对艺术极品的时候,有着艺术家所特有的敏感。这使他在那些冥冥之中注定要坐上王位的人当中显得独特。因为,他懂得像一个有思想的人那样享受生活。对于永远忧愁的学究们而言,他可是激起愤怒的一大缘故"。倘若这位教皇的艺术趣味确实如此,那么尼采此处的评判无疑具有相当的力度。
④ 【德文本注】贝洛阿多(Filippo Beroaldo,1472—1518):意大利人文主义者。

通谕①)居然对科学唱了赞歌,把科学称为我们生活中最美的饰物,最值得骄傲,是幸与不幸中的高尚事务。他最后还说:"没有科学,人的一切活动就失去坚实的支柱;即使现在有科学,我们的行动还大有改进的余地,人们依然感到没有把握!"可是,这个平庸而多疑的教皇隐瞒了对科学至关重要的评价,这与教会中所有赞颂科学的人如出一辙。人们从他的话里听出,他把科学置于艺术之上了,这对他这个艺术爱好者而言,岂非咄咄怪事! 原来,他这次闭口不谈艺术高于科学,仅仅出于客气和礼貌罢了。在他,没有挑明的东西才是"被揭示的真理",才是"灵魂的永恒福祉",才是生活的饰物、骄傲、支柱和稳定呢!

"科学是二等事务,并非特别重要,不是绝对必需,不是热情追寻的目标。"这个评价留在利奥十世的心灵深处,这原本就是基督教对科学的评价啊!

在古代,科学是很难获得尊崇和赞扬的,即便对科学最热心的学人也把追求道德放在首位;把知识当作道德的最佳工具加以赞美,这就已经是对知识的最高奖赏了。知识不愿只当工具,这在历史上还是新鲜事哩。

---

① 【德文本注】教皇通谕(Breve):尤其指 15 世纪罗马教皇经常引用的简短的谕令,比如宣布某人加入圣者行列、不甚重要的管理文件、任命等等。Breve 在当今被称为 apostoli scher Brief[教宗书简]。

【法文本注】在这道通谕里,利奥十世维护了人们对非基督教文化的兴趣,尤其是对古罗马文本的兴趣。

124

[120]无穷的视野。——我们离开了陆地,乘船远航! 我们把那座桥梁远远抛在身后了,那片陆地似乎在我们身后撤走,消失了。小船呀,你可要当心! 你身处大海,它并非一直咆哮,现在它就静卧着,犹如绸缎、黄金和亲切的梦幻。

然而,那一时刻一定会到来:届时你将看到大海浩渺无涯,没有什么比浩渺无涯更可怕了! 噢,可怜的小鸟,它虽感自由,可现在又在撞击这笼子的笼壁了!

你备受对陆地眷恋的煎熬,似乎在那里有更多的自由,可"陆地"已不复存在!

125

疯子(Der tolle Mensch)①。——你们是否听说有个疯子,他在大白天手提灯笼,跑到市场上,一个劲儿地呼喊:"我找上帝! 我找上帝!"那里恰巧聚集着一群不信上帝的人②,

---

① 【法文本注】toll 本义指"疯狂",但按尼采的常用含义,却是对异乎寻常之事的赞叹。Toller Mensch 指异乎寻常的人,详见本段的描述。

② 【法文本注】注意此处并没有使用一般意义上的 Gottloser[无神的、无神论的]。该词定位很高,尼采往往用来形容他自己(如见第五卷第 344 节"我们虔诚到何种程度"和第 346 节"我们的疑问")或其他具有自由精神的人。相比之下, 此处的 (转下页注)

于是他招来一阵哄笑。

其中一个问,上帝失踪了吗? 另一个问,上帝像小孩迷路了吗? 或者他躲起来了? 他害怕我们? 乘船走了? 流亡了? 那拨人就如此这般又嚷又笑,乱作一团。

疯子跃入他们之中,瞪着两眼,死死盯着他们看,嚷道:"上帝哪儿去了? 让我们告诉你们吧! 是我们把他杀了! 是你们和我杀的! 咱们大伙儿全是凶手! 我们是怎么杀的呢? 我们怎能把海水喝干呢? 谁给我们海绵,把整个地平线抹去呢? 我们把地球从太阳的锁链下解放出来①,然后怎么办呢? 地球运动到哪里去呢? 我们运动到哪里去呢? 离开所有的阳光吗? 我们会一直坠落下去吗? 向后、向前、向旁侧、全方位地坠落吗? 还存在一个上界和下界吗? 我们是否会像穿过无穷的虚幻那样迷路

(接上页注)无神论只是某种观念上的、人云亦云的无神论,不具备清醒的认识和思考的能力。这种表达法清楚地表明了尼采在真正的自由精神和平庸的自由思想者之间所做的区别。

① 【德文本注】"从……的锁链下解放出来",尼采这句话一方面使人联想起普罗米修斯这个帮助人类、反对诸神的人,他被宙斯用铁链锁在石头上,后又被赫拉克勒斯(一说被宙斯本人)解开锁链放出来。另一方面,他用"我们把地球从太阳的锁链下解放出来"这句话暗示由哥白尼学说引发从地球中心说到太阳中心说的转变。这两件事都表示面向人类和面向生命,普罗米修斯的解放,地球从诸神宇宙不运动中解脱出来,以此赞颂"生命"的创造性和独立性。上帝已死! 此为尼采影响最为深广的中心论断,他以相同或稍做变动的表述一再重复,在《扎拉图斯特拉如是说》中也是这样。这论断涉及的不仅是宗教领域的上帝的观念,而且——按照德国哲学家海德格尔的理解——也摧毁了形而上学,连同形而上学意识和价值。

呢？那个空虚的空间是否会向我们哈气呢？现在是不是变冷了？是不是一直是黑夜，更多的黑夜？在白天是否必须点燃灯笼？我们还没有听到埋葬上帝的掘墓人的吵闹吗？我们难道没有闻到上帝的腐臭吗？上帝也会腐臭啊！上帝死了！[121]永远死了！① 是咱们把他杀死的！我们，最残忍的凶手，如何自慰呢？那个至今拥有整个世界的至圣至强者竟在我们的刀下流血！谁能揩掉我们身上的血迹？用什么水可以清洗我们自身？我们必须发明什么样的赎罪庆典和神圣游戏呢？这伟大的业绩对于我们是否过于伟大？我们自己是否必须变成上帝，以便与这伟大的业绩相称？从未有过比这更伟大的业绩，因此，我们的后代将生活在比至今一切历史都要高尚的历史中！"

疯子说到这里打止了，他举目望听众，听众默然，异样地瞧他。终于，他把灯笼摔在地上，灯破火熄，继而又说："我来得太早，来得不是时候，这件惊人的大事②还在半途上走着哩，它还没有灌进人的耳朵哩。雷电需要时间，星球需要时间，凡大事都需要时间。即使完成了大

---

① 【法文本注】此处明显的敌基督情绪，是对耶稣复活这一从哲学角度而言错误的解决方式的批判。

② 【法文本注】ungeheuer，尼采用来表示某一思想或某一体验的非同寻常的、近乎怪异的、超人的、无可比拟、无法想象的特点。本卷开篇（第108节）佛祖的阴影也被形容为 ungeheuer。第125节作为全书最压抑最沉重的中心，重现同一表达，并与第341节中的 einen ungeheuren Augenblick（惊人的时刻，亦即使人承受永恒复返思想——上帝之死恰恰使这一思想成为可能——那最沉重的分量的一刻）相互呼应，不能不说别有含义。

事,人们听到和看到大事也需假以时日①。这件大事还远着呢！比最远的星球还远,但是,总有一天会大功告成的！"

人们传说,疯子在这一天还闯进各个教堂,并领唱 Reguiem aeternam deo②。他被人带出来,别人问他,他总是说:"教堂若非上帝的陵寝和墓碑,还算什么玩意呢?"

126

神秘的诠释。——神秘的诠释被视为深奥；事实上,它从来就没有肤浅过。

127

古代宗教信仰的余绪。——大凡没有思想的人总认为意志是唯一起作用的东西③,而愿望则是简单的、现成

---

① 【法文本注】这一观点在尼采作品中颇为常见。比如第343节"我们欢乐的含义"；FP XI, 30[5]；34[5]。海涅在《论德国》中也曾以极为接近的方式表达相同的观点。他在提到上帝之死时说:"有关这一新的丧礼,我们也许还要等待几个世纪才能传播到世界各地……至于我们,我们这些另外的人,我们很久以来就穿上了丧服。De profundis。"(前揭,p. 122)

② 【德文本注】Reguiem aeternam deo：罗马宗教礼俗给亡者做弥撒时常用的开始曲第一句歌词,摘自埃斯拉第四书。歌词的首行是"让他们永恒地安息吧",尼采这里的句子可译为"(让我们送给)神明永恒的安宁",是对上述歌词的稍加改动,大意是安魂弥撒曲。

③ 【德文本注】"意志是唯一起作用的东西",参阅本书第99节注2(即本书页196注①)。

的、不可转移的、不言而喻的。比如他实施一个打击,他以为他就是打击者;他打了,是因为他决意要打。对于一个问题本身,他根本发现不了什么,[122]而意志则足以使他接受因与果,而且还使他相信,他懂得了因果关系;对于所发生之事的机制,对于一件必须完成的复杂纷繁的工作的机制,以及意志本身对实施这工作几乎无能为力,他却一概不知。在他,意志是魔幻力量,相信意志就是相信后果的原因,就是相信魔幻的力量。

于是,人们不论在何处,观察事情总相信意志是在背后起作用的原因,而远离必然和自动的运行机制。因为人很久以来只相信人(不相信物质、力量、事物等等),故而,相信因果就成了人的基本信念了。不论何处发生何事,他一律运用这一信念来观察。——这在当今仍是十分本能的行为,是一种返祖现象。"没有原因的后果是不存在的","凡后果又必成原因",这些话从表面看似乎把下列较狭义的话一般化了①:"凡后果均为意志造成","只对有意志的人才产生后果","从来不存在纯粹地、无后果地遭遇某种后果",一切遭际均系意志造成(行为、防卫、复仇、报复等)。在人类远古时代,这所有的说法都是同一个意思,前面的句子并非是后面的句子的一般化,只能说后者是前者的解释。

叔本华有一个假设:凡存在的只是意志罢了,于是把

---

① 【德文本注】参阅叔本华《充足理由律的四重根》(1813年)。

一个古代神话捧上了王位。他似乎从未对意志做过分析，因为他和每个人一样，只相信一切意志的单纯性和直接性；而意愿只是一种习以为常的机制，故容易逃脱眼睛的观察。我要对叔本华提出以下的看法：第一，为了形成意志，必须要有兴趣和不感兴趣的观念①；第二，感受到某种强烈的刺激，亦即感受到兴趣或不感兴趣，这是对事物进行阐释的思考力，它是在我们无意识的情况下工作的；这刺激可以解释为对某事感兴趣或不感兴趣。第三，只是具有思考力的生物才有兴趣、非兴趣和意志；绝大多数有机体则无。

128

[123]祈祷的价值。——祈祷是专门为那些根本没有自己的思想、不知如何提升灵魂的人而设的。在生活的神圣场合、在要求安宁和庄严的场合，如何使这些人自处呢？至少不要让他们起干扰作用，于是，大大小小的宗教创造人就聪明地把祈祷这一形式套在他们身上，祈祷是嘴巴上的功夫，机械刻板的差使，思想要紧张，手、脚、眼都有规定的姿态！他们或者像藏人②一样，不停地喃

---

① 【法文本注】从逻辑上而言，观念先于意志。这是对叔本华的意志先于观念的一次反驳。
② 【德文本注】藏人：亚洲中部喜马拉雅山脉民族，现在人数为300万至500万，主要为农牧民，其社会结构特点是等级森严，僧侣为社会上层，以达赖喇嘛和班禅喇嘛为首，他们被视为佛陀转世，死后又再生为童。

喃念着:"Om mane padme hum"①或者像贝那勒斯②的人们一边掐指,一边"Ram—Ram—Ram"③低诵神的名字,把毗湿奴④的名字念上一千遍,真主⑤的名字念99

---

① 【德文本注】"Om mane padme hum":"Om"在喇嘛教——佛教的一种特殊形式——中是一个具有特殊魔力的音节,借助此音节,坐禅者能获得自由。著名的魔法咒语 Om mane padme hum[啊,莲花生主啊]写在一张纸条上并塞进转经筒,转经筒转动就使咒语中的力量发挥效力。

② 【德文本注】贝那勒斯:印度最重要的圣城,位于印度东北部(现名瓦拉纳西),有1500余座印度教神庙。除印度教教徒外,佛教徒也认为该城是圣地。该城由于有印度大学(成立于1916年),有规模巨大的印度图书馆及大量馆藏的梵文手稿,所以是最重要的梵文研究中心。

③ 【德文本注】Ram 是印度卡比尔教派唯一之神,与安拉(伊斯兰教至高神)同等。该印度教派由著名的印地语诗人卡比尔(Kabir,1440—1518)于15世纪创立于贝那勒斯,把崇拜毗湿奴神与伊斯兰教的神秘主义苏菲斯教派结合起来,摈弃圣像崇拜、苦行、社会等级制度,像伊斯兰教一样,宣布严格信仰唯一神 Ram。

④ 【德文本注】毗湿奴(Wischnu):起先是印度教主神之一,后来与其他众神被视为等同,被尊为至高神。毗湿奴以各种不同的化身出现在人们面前,比如鱼、乌龟、公猪、黑天神和佛陀等,在这些化身中,罗摩(Rama)和黑天(Krischna,毗湿奴第八化身)成了本宗教传统的中心。毗湿奴有1000个名字,姑举其中几个为例:Vishvarupa(一切事物的核心),Vaikunthanatha(天堂主人),Govinda(拯救者),Keshava(光照四方者),Jagaunatha(世界主宰)。

⑤ 【德文本注】真主,即安拉(Allah):阿拉伯语,意为"神"。在伊斯兰教兴起之前,安拉就是至高的男性神了,是"麦加的保护神"。穆斯林尊他为独一无二之神,"除安拉外,别无他神",伊斯兰教教义第一句话如是说。安拉有"99个动听的美名",它们对于神秘主义者十分重要。从穆罕默德那里流传下来一句箴言说,呼唤这99个名字就意味着打通天堂之路。伊斯兰教神秘主义者手持玫瑰花环无数次朗诵这些名字。

遍,使用转经筒①和玫瑰花环②,不论如何,首要的就是让他们在一定的时间内被固定下来做祈祷,表现出一副坚忍的姿态。祈祷的模式就是为那些虔诚教徒的功德利益而设计的,他们一门心思要升华自己的思想。这些人也有厌倦的时候,但一系列尊敬的佛语、声响和虔诚刻板的形式就会打破厌倦,使他们感到惬意。

假设这些稀有的人——在每种宗教里,真正虔诚的人只是例外——知道应该这样帮助自己,但还有一些思想贫乏者不知如何自处,若禁止他们喃喃祈祷,无异于剥夺他们的宗教信仰。基督新教越来越表明这一看法,与其这样做还不如让他们保持眼、手、脚和一切器官的安宁,这样可使他们一时变美,更像一个人!

129

上帝存在的条件。——"要是没有聪明人,上帝本身也不能存在。"路德说过此话,说得在理;然而,"没有愚人,上帝更不能存在"这句话,善良的路德没有说过!

---

① 【德文本注】转经筒:喇嘛教中的一种器具,呈圆筒形,用金属或木料制作,中间有一根轴,筒壁上固定一根有一定重量的小链条,促使圆筒转动。根据喇嘛教的信仰,经筒转动一次相当于念祈祷语一次。

② 【德文本注】玫瑰花环:伊斯兰教教徒使用玫瑰花环很可能是从佛教徒那里学来的。在十字军东征时(13世纪),玫瑰花环就从伊斯兰教的东方进入基督教的西方国家。

130

[124]危险的决心。——基督教决意揭示世界的丑陋和恶劣,却反倒造成世界的丑陋和恶劣。

131

基督教与自杀。——基督教创立之时,曾向人们提出自杀的可怕要求,并以此作为它的权力杠杆。

它只允许两种自杀方式,并且用最高的尊严和最高的希望加以掩盖。其他的自杀方式是严厉禁止的。不过,殉教者和禁欲者①的慢性自戕②又是允许的。

132

反基督教。——现在,反基督教已经不再是我们的动因,而是我们的兴趣了。

133

原则。——一种不可避免的假设——依此假设,人

---

① 【德文本注】禁欲者:在廊下派哲学里以及在自使徒保罗起的基督教教义里,禁欲主义就成了德行的一部分,它限制人的性欲本能。尼采在《道德谱系》第三章"禁欲主义理念意味着什么?"里对这一现象进行了详细论述。

② 【法文本注】entleibung,尼采在动词 sich entleiben 的基础上自创的词,意为"给自己带来死亡",即自戕。

类必将愈益衰败——会在很长时间内比最坚定的信仰——坚信某种不真实的东西(比如基督教)——更有力量。"很长时间"指的是10万年。

134

悲观主义者是牺牲品。——对生活深感厌倦的情绪占上风,凡在这样的地方就会显出一个民族因长期饮食不当而带来的后果。比如,佛教的传播(不是它的起源)在很大程度上取决于印度人过多的、几乎清一色地食用大米,以及由此而造成普遍的身体虚弱。

也许,新时期欧洲人的不满可以从以下事实看出:我们的先世,即整个中世纪完全沉溺于酗酒,那是受日耳曼民族嗜酒的影响。中世纪的欧洲意味着酒精中毒。

[125]德国人对生活的厌倦导致人在冬季病弱不堪,其中也有地下室空气不洁及火炉产生有毒气体的原因。

135

罪恶的起源。——凡是基督教统治或曾经统治过的地方,人们都会有罪恶感,罪恶感是犹太人的情感和发明,也是基督教所有道德的背景,在这方面,基督教实际上是要使全世界"犹太化"。

它在欧洲取得了多么大的成功,人们已经清楚地感觉到了。古希腊是没有罪恶感的世界,它对"犹太化"感觉古怪、陌生,这也就是我们今天的情感;当然也有接近和吸纳它的愿望,世世代代众多卓越人士教导人们不能没有这愿望。"只有当你悔罪时,上帝才会宽宥你",希腊人觉得这话可笑又可怒,他会说:"也许只有奴隶才有这情感。"

在此假设了一个超强而报复欲极盛的上帝,他威力无比,凡人除了会损害他的名誉外,再也不可能损害他;而每个罪恶就是在损害他的名誉呀,一种 crimen laesae majestatis divinae①。千真万确!悔悟、受辱、在灰尘里打滚,这便是与上帝恩惠息息相关的首要条件,也就是在恢复上帝的名誉!至于罪恶会不会造成别的损害,会不会种下诸如病魔一样的灾祸并殃及、扼杀无数生灵,这个身居天庭、追逐名誉的东方人是漠不关心的,因为所谓罪恶只是对他犯罪,而非对人类犯罪!他把恩惠赐给谁,也就赐给谁对罪的自然后果不以为意。上帝和人类被想象得如此疏离和对立,以至于从根本上说就不可能存在对人类犯罪,因为每个行为只看它的超自然后果,而不是看它的自然后果。

犹太人的情感所盼望的就是这个,一切自然的东西有失这情感的尊严②;希腊人则不同,他们认为即使犯罪

---

① 【德文本注】crimen laesae majestatis divinae:损害上帝威严之罪。

② 【法文本注】尼采对哲学传统中的犹太主义的解释,可对观黑格尔在《基督教精神及其命运》(*Esprit du christiannisme et son destin*)中对犹太精神和亚伯拉罕的分析。

也有犯罪的尊严,[126]比如普罗米修斯①的偷盗,埃阿斯②的杀生——发泄其疯狂的嫉妒。他们给犯罪的动机虚构尊严并获得尊严,从而上演了悲剧——这种艺术和兴趣对犹太人而言是非常陌生、怪异的,纵然他们具备向往崇高事物的诗人天赋和爱好。③

136

被遴选的民族。——犹太人感到自己是从各国人民中被遴选出来的,因为他们是其中的道德天才(得益于比任何民族更深刻地蔑视人的禀赋)。犹太人因有上帝这位君主和圣者而志得意满,正如法国贵族因有路易十四一样。

法国贵族让君主剥夺自己的一切威势和自尊,因

---

① 【德文本注】普罗米修斯(Prometheus):希腊神话人物,伊阿珀托斯和克吕墨涅之子,他用计谋试图打破宙斯神的统治。一次祭牲,他扣留好肉不给宙斯,只给他送去用亮晶晶的肉皮包住的骨头。宙斯识破他的阴谋,于是把人类使用的火没收。当普罗米修斯从宙斯处重新盗火到人间,宙斯派人用铁链把他锁在高加索山的岩石上,以示惩罚。那里每天有老鹰啄食他每夜重新长好的肝脏。某个永生者甘愿放弃永垂不朽之念,遂解除了普罗米修斯的痛苦,将他从铁锁下解救出来。在诗歌和造型艺术中,普罗米修斯被桎梏的题材远远多于被解救的题材。
② 【德文本注】埃阿斯(Ajax):荷马在史诗《伊利亚特》中,把埃阿斯描写成特洛亚城外最勇敢的希腊人。
③ 【法文本注】对观《悲剧的诞生》第9节。后者以更突然的方式揭示了所谓的罪恶文化(culture du péché)和牺牲文化(culture du sacrilège)之间的矛盾关系。

而受人鄙视。为了不使自己感受这一切,忘记这一切,他们需要国王的光辉,以及国王那只有贵族方能接近的无与伦比的威望和强权,他们凭借接近王权的特权而居庙堂之高位,于是鄙夷、傲视一切,也超脱了内心的不安①。所以,他们有意识地把王权之塔越建越高,使之耸立云端,同时也把自己权力的最后一块砖砌在高塔上。

137

打个比喻。——耶稣基督只在犹太人的环境中才可能出现。我指的是这样的环境:上空持续布满那酝酿着暴风雨的乌云、怒气冲冲的耶和华②的乌云。那里的阳光极为罕见,有时偶尔突现一缕阳光,穿过那令人悚惧的、无穷无尽的白夜,这阳光被视为"爱"的奇迹,是受之有愧的"恩惠"。只有在那里,基督才梦见自己的彩虹和下凡的天梯。然而,在别的地方,晴朗的天气、太阳被看作规律、常事。

---

① 【法文本注】Gewissen,应从道德意义理解该词:折磨人的、使人受斥责的。

② 【德文本注】耶和华(Jehova):犹太人上帝的名字,但Jehova这个名字并未使用,此名是由此神本名雅威(Jahwe)和 adōnāj(意为"主")合并而成。以色列人与其雅威神的关系是矛盾的,这种矛盾心理一方面出于惧怕神怒或对神的敬畏,另一方面信仰神的悲悯。尼采笔下风雷神的形象与旧约《圣经》流传下来的故事相关:雷电中神身裹云彩下到西奈山,给摩西宣布十诫。

138

[127]基督的错误。——基督教的创始人以为,没有什么比罪恶更令人痛苦了。其实他错了,错就错在他感到自己无罪,压根儿就没有犯罪的经历!于是,他内心充满着一种古怪的、臆造的怜悯:怜悯犯罪的痛苦。其实,他的子民——罪恶的"创造者"——也很少感到这是一种巨痛!

然而,基督教徒事后追认基督的正确,进而将其错误神圣化,变成"真理"。①

139

激情的色彩。——保罗②之流一贯对激情投去恶狠狠的一瞥,视激情为肮脏、倒错和败坏心灵的东西,故而,消灭激情成了他们的理想追求,他们只有在上帝身上才看到激情的纯洁性。

希腊人则不同于保罗和犹太人,其理想追求恰以激

---

① 【法文本注】《敌基督者》有进一步的阐释,尤见第 39 节起。

② 【德文本注】保罗(Paulus):死于公元 66 年或 67 年,很可能被尼禄皇帝砍了头。他被视为基督教的创立者,原始基督教的最重要的神学家。他的理论意味着脱离犹太教,方法是用耶稣赴难和复活以拯救世人取代《旧约》犹太教的救世道路。尼采此处对保罗的刻画是影射他要求人们遁世地"生活在基督之中",这种生活之存在的条件是爱——对原罪和死神的道德姿态。

情为目标,视激情若拱璧,并加以升华、美化、神化。显然,他们感觉在激情中比在任何时候都幸福、纯洁、神圣。

现在的基督教徒呢?他们难道要在这方面变成犹太人吗?或许,他们已经变成犹太人了?

140

过于犹太化的。——如果上帝想成为爱的对象,就必须先放弃审判和正义。一个法官,一个仁慈的法官也不是爱的对象。

基督教的创始人是犹太人,在这方面自感不够高贵。

141

过于东方化。——什么?上帝爱世人有一个先决条件,这就是世人要相信他;谁不相信这爱,他就给谁投去凶神恶煞似的眼神,以示威胁!

什么?有附加条件的爱是万能的上帝之情感![128]可是,这爱从来没有遏制他的名誉心和复仇欲念啊!

这一切过于东方化了!

"如果我爱你,这与你何干?"①用这句话来评价整个

---

① 【德文本注】这句话源于歌德的小说《威廉·迈斯特的学习时代》第四卷第9章。

基督教就足够了。

142

熏香。——佛陀说:"不要阿谀奉承对你行善的人!"①

把此话放在基督教教堂里复诵一遍吧!它立即会净化那儿的空气。

143

多神论②**的最大益处。**——一个人确立自己的理想,并从理想中引导出自己的准则、兴趣和权利,这在今天仍被视为世人最可怕的错误和自我崇拜。事实上,少数斗胆而为的人,不得不总要替自己作如下的辩白:"不是我!不是我要这样!而是上帝!我不过是上帝的媒介罢了!"

只有在创造诸神的奇特艺术和力量中,亦即在多神论中,人的这一本能欲望才得以释放,且变得纯洁、完善和高贵,因为这原本就是一种普遍的、不引人注目的欲望,如同固执、嫉妒和违抗等本能一样。

反对确立个人理想,曾是一切道德必须遵循的准则,且只有这个准则;世人、每个民族都相信只有这么一个唯

---

① 【德文本注】这句引言出处不详。
② 【德文本注】多神论:与一神论相反,信奉多神。

一的、至高无上的准则。可是,人一旦超越自我、超越世俗,便会发现众多的准则:一个神不会否定和亵渎另一个神!在这里,个人首次被承认,个人的权利首次得到尊重。诸神、形形色色的英雄①和超人,凡人和下等人,侏儒、仙女、Zentauren[半人马]②、Satyrn[萨蒂尔]③以及Dämonen[群魔]④等等都被创造出来了,这正是一种不可小觑的预演,即对个人的自私与自大进行辩护的预演。人们赋予神以对抗其他神的自由,也就是把自由交给自己,用以对抗种种准则、习俗和邻人。

[129]相反,一神论也许是迄今对人类最大的危害,它是僵化的教条,只信仰一个真神,除他而外,其余的神全是伪造的。这危害表现在:那种停滞状态正在威胁着

―――――――

① 【德文本注】原文 Heroen,指希腊英雄,他们兼有神性与人性特点:传说中的英雄,其父母一方为神;人死后仍作为更高级的人在活动;在有生之年赢得声誉的人,比如城市创建者、立法者、慈善家、哲学家、诗人等。在宗教实践活动中,在地区内受推崇的英雄所起的作用往往大于诸神。

② 【德文本注】Zentauren:希腊传说中凶猛而贪婪的怪兽,上半身为人,下半身为马。

③ 【德文本注】Satyrn:酒神狄奥尼索斯的随从。人形,但长着马尾巴、马耳朵和马臀,是好色的化身。抒情诗人阿里翁(Arion,公元前 7 世纪,一说前 6 世纪),写 Satyrn 戏剧。在阿提卡戏剧表演时,Satyrn 通常裸体,马尾和生殖器用遮羞布遮蔽。

④ 【德文本注】Dämonen:希腊人对神力的称谓,常常喻意命运,不能理解为个性化的人。在哲学领域,苏格拉底特别提到他的 Daimon,意为神知和人愚的中介。由于基督教的缘故,这个概念成了对异教诸神的称谓,又有了"凶恶、恐怖"这层次要的意思。尼采使用这个概念,既有表示神力的褒义,又有表示知识的非人性"冷酷"力量的贬义。(译注:中文似可译为"精灵"或"恶魔"。)

人类，也就是我们可以看得见的、大多数动物早已达到的过早的停滞状态。这些动物相信类群里只有一个标准和典范，并把这一道德融入自己的血肉里。

在多神论中，人的自由思考和多向思考已经形成了，这是一种力量，即一再创造新视觉并使之成为自己的视觉的力量。所以，在一切动物中，只有人的视角和视界不是恒定的。

144

宗教战争。——迄今，民众的最大进步表现在宗教战争，因为宗教战争证明，民众开始以崇敬之心来对待各种概念了。

宗教战争之所以爆发，是因为各教派之间进行深入细致的争辩，从而使普遍的理性也随之精确细密化了，一般平民百姓也喜欢"钻牛角尖"了，对琐碎小事也十分注重了，甚至认为"灵魂的永恒福祉"恰恰系于概念的细微区别上。

145

素食者①的危险。——主要食用大米会促使人们吸

---

① 【德文本注】Vegetarianer（素食者），尼采造的这个词容易使人联想到Wagneraner（瓦格纳的追随者）这个词。瓦格纳高龄时吃素，在其著作《宗教与艺术》（1880年）中对素食主义有所阐述。

食鸦片和其他麻醉剂,同样,主要食用土豆会促使人们酗酒。由此而造成后遗症:思想和感觉的麻木。

这与某些印度教师可谓不谋而合,他们就是要促使人们的思想和感觉麻木,鼓吹素食,并且要把它变成民众的准则,企图创造和增加自己能够满足的需求。

146

德国人的希望。——我们不要忘记,许多民族的名称常常是骂名,比如,鞑靼人①[130]这名称是"狗"的意思;"德国人"本义是"异教徒",这是哥特人皈依宗教后对本部落大量未受洗礼的人的称呼,是他们翻译旧约《圣经》而出版的希腊文译本②里的叫法,"异教徒"在希腊文中是"民族"的意思。

请参阅乌尔菲拉③的文章吧:德国人是欧洲第一个非

---

① 【德文本注】Tartaren(鞑靼人),正确的写法应为 Tataren,多加一个字母"r"据说是圣路易(1226—1270)所为,他把掠夺、嗜杀、入侵的蒙古人比喻成希腊神话中地狱(Tartaros)里的凶神恶煞。

② 【德文本注】旧约《圣经》:最古老和最重要的希腊文译本叫 Septuaginta[《七十士译本》],东正教至今仍旧通用。

【法文本注】从希伯来文译出的旧约《圣经》古希腊文译本。翻译时间为公元前 2 世纪,传说译者是 72 名犹太学者。

③ 【德文本注】乌尔菲拉(约 311—383):西哥特人的主教和传教士,阿里安——日耳曼基督教派的创始人。大约在公元 360 年他开始把《圣经》译为哥特文。

【法文本注】有关乌尔菲拉,参见《旅行者及其影子》第 90 条,以及尼采致 Peter Cast 的信(1882 年 7 月 30 日和 1883 年 5 月 20 日)(Nietzsche, *Lettre à Peter Cast*, Paris, Bourgois, p. 314、352)。

基督教民族,他们后来把老的骂名变为引以为荣的名号,这是完全可能的,叔本华就把这当作他们的荣誉。这样,路德的事业也才得以完成。他教导他们不要成为罗马的附庸,教导他们要会说①:"我挺立在此!我只能这样!"②

147

问与答。——野蛮民族从欧洲人那里首先接受的是什么呢?是烧酒和基督教——欧洲人的麻醉剂。

是什么东西致使他们迅疾而亡?是欧洲的麻醉剂。

148

宗教改革的发源地。——当教会腐败、堕落到极点时,德国教会遭受的破坏却最少,因此,德国成了宗教改革的发源地。这是一个迹象,表明人们对于萌发的腐败再也无法忍受了。

相比较而言,没有哪个民族比马丁·路德时代的德国人更恪守基督教义了;德国人的基督教文化③正准备

---

① 【法文本注】对观《善恶的彼岸》第 244 节结尾部分。尼采在那里以德国人的名义提出了完全不同的词源理解。

② 【德文本注】是马丁·路德 1521 年 4 月 18 日在乌尔姆国会上回答有人提问"你是否还想呼吁"时所说的话。他在这句话后还补充说:"上帝助我,阿门。"但根据最新研究,实际上他只说了:"上帝助我!阿门。"

③ 【法文本注】cultur,参见第 99 节及相关注释。

迎来百花争艳的局面,可惜就差一夜,这一夜带来的风暴摧毁了一切。

149

宗教改革的失败。——希腊人曾多次试图创立新的宗教,但都遭到失败,不过这也证明他们在很古的时代就拥有高度文化①;同时也证明,[131]在希腊很早就涌现了不同类型的个人,信仰模式不是单一的,不是只用一种"希望处方"医治不同的疾病。

毕达哥拉斯、柏拉图,也许还有恩培多克勒,以及更早的俄耳甫斯教的狂热奇才②等等,均渴望创立新宗教。前二人具有创教者的非凡胸襟和才华,对他们的失败,世人莫不惊异:其结果只是导致教派的分裂。一个民族的宗教改革失败,宗教派系抬头,人们据此可以推断,这个民族群体里已形成形形色色的多元化趋势,这个民族开始要摆脱恶劣的群体本能意识和道德习俗了。此乃具有重大意义的悬浮状态,有人惯于诋毁它,说它是道德沦

---

① 【法文本注】cultur,参见第 99 节及相关注释。
② 【德文本注】俄耳甫斯教是一种具有酒神神秘特性的宗教运动,由公元前 6 世纪前后居住在希腊和意大利南部的特拉克人发起和传播。他们的传统可以从众多有关神和人的起源的诗歌中得到了解,其宗教实践活动旨在获得彼岸的极乐生活,通过宗教净化行为使信徒节制的生活起变化,使他们变为近似于毕达哥拉斯哲学流派的人。"狂热奇才"这一概念源于路德,用以称谓思路不清晰、内心躁动不安的人。

落,可是,这状态正宣布卵细胞业已成熟,打破蛋壳指日可待!

马丁·路德的宗教改革在欧洲北方取得成功,这表明欧洲北方相对南方而言是落后的,它只是单一和单色调的需要。倘若南方旧世界的文化未被德国蛮族之血大量混杂,且渐趋蛮化,继而失去这文化的绝对优势,那么,也就不可能出现欧洲普遍的基督教化了。

一个人或者一个人的思想之影响愈广泛、愈不受限制,那么受其影响的群众必然是愈均匀、层次愈低;而不愿受其影响的反向努力则表露出内心的反向需要,这需要也就是自我满足和自我实现的需要。反过来说,若统治欲旺盛的强人只局限在教派之间施加微不足道的影响,那么人们据此可以推断,此时存在着一种真正的高度文化。这也适用于各种艺术和知识领域。

哪里有统治,哪里就有群众;哪里有群众,哪里就需要奴性;哪里有奴性,哪里就少有独立的个人;而且,这少有的人还具备那反对个体的群体直觉和良知呢。

150

对圣者的批评。——倘若人们为了具备某种美德,难道必须具备这种美德那最残忍的形式吗?正如基督教圣者曾经希望和必须具备的那样?

[132]基督教圣者仅仅依靠观念忍受生活的煎熬,以至于人人在审视他的美德时,无不突然产生蔑视自我的

情感。具有此类影响的美德,我姑且称之为残忍。

151

关于宗教的起源。——正如叔本华主张的①,形而上的需要并非宗教的源头,而是它后发的幼芽。在宗教思想的钳制下,人们习惯于"另一个(后部、下部、上部)世界"的理念;假若消除宗教的这一幻想,人们便产生难耐的空虚,总感到缺少了什么。从这一情感遂产生"另一世界",不过它是一个形而上的而非宗教的世界。

在远古时代,导致人们接受"另一世界"的并非本能欲望,亦非某种需要,而是在解释自然现象时发生的错误,或者可以说是智力不济吧。

152

巨变。——一切事物的光和色悉数改变了!我们已不能完全理解古人对日常耳熟能详的事物,比如对白天、觉醒之类的感受。这是因为古人相信梦,而现实的生活被另外的光线笼罩着②。整个人生亦然,包括对死亡及

---

① 【德文本注】参阅叔本华《短文集》第2卷第15章,"论宗教":"你不得不看到,人的形而上学需求必须得到满足。……他受到指点去信仰,去接受权威。"

② 【法文本注】值得注意的是,尼采在此提出,一种信仰(包括,尤其包括一种错误的信仰)可以改变生存条件,也就是改变一个人的价值或一个群体的价值。

其意义的思考。我们的"死"也是一种完全不同的死;一切经历之事完全是另一个样子,因为上帝在它们内部向外发光;一切决断、一切对遥远未来的展望也罩着另外一层光,因为人们获得神谕,或神秘的暗示,而且还相信预言。人们对"真理"的感受也不同了,因为疯子被视为真理的传声筒,这委实令我们悚惧,要么令我们忍俊不禁。

"不公正"对情感的印象也不同了,因为人们担心不公正不仅是人为的处罚和侮辱,而且也是上帝的报复。

当人们相信魔鬼撒旦时,是何等欢愉呀!当人们发现恶魔就在近旁窥探时,是何等激情呀!当怀疑被视为最危险的罪恶,是对永恒之爱的亵渎,是怀疑一切美好、崇高和仁慈的事物时,那是怎样的一种哲理呀!

[133]我们给林林总总的事物涂上新的色彩,且继续涂抹,可是,面对那位老大师——我指的是古人——面对他那绚丽辉煌的色彩,我们还有什么能耐呢?

153

富于创意的诗人。——"正是我亲手把这部最伟大的悲剧写就;也是我首次把道德放在生活里打上结,并把这个结死死抽紧,唯有上帝才能解开。"——贺拉斯如是说!

"出于道德的原因,我在第四幕中把诸神全部杀死了！那第五幕该如何写呢？悲剧如何收场呢①？难道我得构思一个喜剧的结局吗？"

154

生活对人的危害不同。——你们根本不明白自己经历之事，像醉汉在生活中奔波，跌倒了，从阶梯上滚下去了。所幸，你们因为沉醉反而未受损伤。你们的肌肉无力，神志不清，便不像我们觉得阶梯上的石头如此之硬！

生活对于我们具有更大的危险性。我们是玻璃做的，一经撞击便感疼痛！一旦跌倒，就失落一切！

155

我们缺少什么。——我们发现并热爱大自然，这是因为我们头脑中不存在伟人。希腊人相反，他们对自然的情感是完全不同于我们的。

156

最有影响的人。——一个人抗拒他的时代，把时代

---

① 【德文本注】传统的三幕戏剧结构从文艺复兴时代起扩大为五幕，被哥特舍特（Johann Christoph Gottsched，1700—1766）和弗莱塔克（Gustav Freytag，1816—1895）定为德国古典文学戏剧的固定形式。亚里士多德的三幕悲剧分展示部、转折部和悲剧结局部的三个发展阶段；而五幕剧的剧情发展阶段，按弗莱塔克（《戏剧技巧》，1863 年）的说法是：1. 展示部，2. 激动人心的契机部，3. 高潮部，4. 剧情的低潮部，5. 结局部。

拒之于门外,更有甚者,还追究时代的责任。这样肯定造成影响。他是否想造成影响,这不重要;关键是他能。

157

[134]撒谎。——当心！他一沉思,就立即准备好了一个谎言。这是所有民族经历过的一个文明阶梯。请想一想吧,罗马人说 Mentiri① 是什么意思?

158

自我麻烦的个性。——对一切事物追根刨底,这是一种自我麻烦的个性。它叫人总是使劲瞪大眼睛。最终发现的东西要比自己所希望的多得多。

159

任何美德只适合于某个时代。——大凡坚贞不屈的人,他的诚实常常促使他心神不安,因为坚贞不屈作为一种诚实的品格乃是另一个时代的美德。

160

同德行打交道。——在美德面前,人们也可以不顾

---

① 【德文本注】Mentiri：撒谎,臆造。

体面,溜须拍马。

161

致时代的"情人"。——出逃的神父和被释放的罪犯总是想装出一副不露过去劣迹的面部表情。

然而,诸君可曾见过这类人呢?他们知道未来反映在他们的脸上,并且对诸君——"时代"的情人——彬彬有礼,以至于面部丝毫不露对未来憧憬的表情。

162

自我本位。——自我本位是感情上的透视法则。根据这法则,近处的东西看上去大而重,远处事物的尺寸和分量则渐次缩小。

163

[135]大胜之后。——大胜的最大好处,莫过于解除了胜利者对失败的恐惧感。"我为何不能失败一次呢?"他自言自语,"我现在已有足够的本钱了。"

164

寻求安宁的人们。——我知道这些天才人物在寻求安宁,从他们在自身周围叠起许多黑糊糊的东西我就知道。谁想睡觉,谁就会把房间弄黑暗,要么就钻进洞穴——这,就是对那些不知道又想知道自己最需要寻求什么的人的暗示!

165

抛弃者的快乐。——某人把某个东西彻底抛弃已经很久了,当他偶然重新遇见它时,还误以为是发现它呢。凡发现事物的人总是感到幸运!

让我们比那些蛇类聪明点吧,它们躺在同一片阳光下实在过于长久了。

166

我们只与自己交往。——我的一切本性都在对我说:赞美我吧,推动我吧,安慰我吧。其余的,我一概听不见;或者,即使听见也立刻忘却。

我们只与自己交往,一直如此。

167

*厌世*①*与博爱*。——胃里装满着他们,不能再消化

---

① 【德文本注】原文为 Misanthropie,意即厌恶人类、愤世嫉俗、厌世。尼采此处指的是莎士比亚悲剧《哈姆雷特》(转下页注)

他们,人们就说:对他们厌烦了。对人的厌恶是过于追求博爱和"同类相残"的结果。

可是,是谁叫你把人当作牡蛎一般吞食呢,我的哈姆雷特王子?

168

[136]一个病人。——"他的情况不妙!"——他哪儿不好?

"他患贪心病,贪图别人的赞美;但此病是无药可治的。"——简直不可思议!整个世界都在恭维他,人们不仅用手,而且还用嘴巴在抬举他哩!

"是呀,可是他听觉不灵呀。朋友赞美他,他听着好像是朋友在自夸;敌人赞美他,他听着好像是敌人要求得到同样的赞美;最后,余者之一——余者不多,也不像这一位有名——赞美他,他竟然感到受了侮辱,因为这人既不愿把他当朋友也不愿把他当敌人看待。他常说:既反对我又乔装正人君子,这样的人我才瞧不起呢!"

169

公开之敌。——在敌人面前表现出勇敢,实际上是为了

(接上页注)中的事。该剧表现哈姆雷特王子在两种人道主义观点之间犹豫不决,一种是道德观,一种是人道观。从道德上讲,他有为父复仇之责任,但人道主义又使他退而却步,不敢复仇,因为他认为个人复仇对恢复道德沦丧的世界秩序不会有什么益处。这种优柔寡断最终导致矛盾各方全部死亡。

自己。因为面临敌人总有人怯懦、优柔寡断、思绪混乱。拿破仑就是这样评价他知之甚稔的姆拉特①,一个"勇冠群伦"的人。由此可知,公开之敌对某些人是必不可少的,倘若这些人要抬高自己并获取美德、显示阳刚之气和欢悦情愫的话。

170

从众。——他至今一直随大流,赞美大众;不过,有朝一日他将沦为大众的敌人! 他之所以从众,是因为懒惰,殊不知众人还不至像他所希望的那么懒。他们总要前进的! 他们不允许任何人停滞不前! ——可是他呢,喜欢呆在原地不动!

171

名望。——众人对某人的感激之情达到恬不知耻的程度,某人也就有名望了。

172

[137]败兴者。——A:"你是个败兴的家伙,大伙儿

---

① 【德文本注】姆拉特(Joachim Murat,1767—1815),法军统帅,原为拿破仑随从,在军中飞黄腾达。与拿破仑之妹卡洛琳娜联姻后在法国获得极高的官位和声誉。后为那不勒斯国王,经过彻底的政治和经济改革,他使那不勒斯成了欧洲的榜样。远征俄国(1814年)后,他与拿破仑关系破裂,后来试图诉诸武力夺回已再度变为波旁王朝属地的那不勒斯,事败被俘遭处决。

都这么说！"

B:"没错！我败每个人结党营私之兴,所以没有一个派别原谅我。"

173

深奥和故作深奥。——知识深奥者致力于明晰;当众故作深奥者致力于晦涩,因为众人以为凡见不到底的东西皆高深莫测,他们胆小如鼠,极不情愿涉水。

174

偏离。——议会制度意味着,允许公众在五种主要政见中选择,讨好那些喜欢独立、保持个性、为自己的政见而斗争的人士。

最后,不管是强令众人接受一种政见也罢,允许五种政见也罢,都无足轻重。但是,谁要是偏离这五种政见,势必招致物议。

175

关于辩才。——至今,究竟谁是片言可以折众的雄辩家?是那被猛擂的鼓声。只要国王在强权中保留这鼓声,它就一直是巧舌如簧的演说家和煽惑民众者。

176

同情。——可怜的执政诸侯呀！时下,他们的权利不经意间竟然变成要求了,而要求听起来又居然有傲慢的味道了！当他们一个劲儿说"我们"或"我的子民"时,古老而邪恶的欧洲不禁微笑起来。真的,欧洲——现代世界的庆典司仪[138]——才不情愿同他们一起搞庆典呢,它或许会宣布:Les souverains rangent aux parvenus。①

177

关于"教育"。——在德国,上等人缺乏一种重要的教育方式,即上等人的笑。德国的上等人是不笑的。

178

有关道德启蒙。——必须劝说德国人抛弃梅菲斯特和浮士德②,这二者代表着反对知识价值的道德偏见。

---

① 【德文本注】Les souverains rangent aux parvenus:意即"那些王公诸侯得编入暴发户行列"。尼采把这种说法硬加在法国外交官德·塔莱兰(Charles Maurice de Talleyrand,1754—1838)身上,此人在1814年维也纳会议上确保了法国在欧洲的霸权地位。

② 【德文本注】在歌德的悲剧《浮士德》上部,浮士德同魔鬼梅菲斯特订约,以便超越他现有知识和经历的范围。歌德在18世纪70年代初开始构思《浮士德》,到1808年完成《浮士德》上部,下部成书于1832年。上部的故事情节根据1587年德意志民间文学有关浮士德的传说写成。

179

思想。——思想是我们情感的影子,思想总比情感暧昧、空幻、简单。

180

自由思想家①的美景良辰。——只要教会存在,自由思想家哪怕面对科学也自己剥夺自己的自由!——其间,人们也赐予他们自由——就这点而言,他们的日子过得还挺美。②

181

跟随与带头。——A:"有两个人,一个总是跟随,另

---

① 【德文本注】18世纪启蒙的自由思想家们鉴于世界是可以得到合理解释的,故而否认神明。在他们之后,尼采称那些对传统规范持激进态度的新思想家为自由思想家,即使他们怀疑科学真理的价值。但社会先决条件是避免同稳定社会的宗教发生公开争论。

② 【法文本注】尼采分析自由精神的文本特别多。除了本书第347节"信徒和信仰需要"及《善恶的彼岸》第二章以外,另见其1888年遗稿中的一段文字:"对我而言,自由精神是非常明确的东西:自由精神以其对自我的严格、以其真诚、勇气和说'不'的绝对意愿(这个'不'是多么危险啊),比哲人和其他'真实'的信徒更高贵一百倍——我把迄今为止的知名哲人们都称为戴着'真理'(那个女人)这顶帽子的可鄙的自由思想者。"(FP XIV,22[24])除此以外,参见《人性的,太人性的》I,第225节。

一个总是带头,也不管命运把他们引向何方。然而,以德行和思想衡量,跟从的要高于带头的!"

B:"对吗? 对吗? 这话还是讲给他们听吧。它不适合于我,也不适合于我们! —— Fit secundum regulam①"。

182

孤寂。——个人独处,说话声音不大,写字声音不大,因为害怕那空洞的回声[139]——厄科女神②如是评说。在孤寂中,一切声音无不变调走样。

183

属于美好未来的音乐。——在我看来,世间的首席音乐家应是只知至幸之悲哀而不知其他悲哀的人。然而,这位音乐家至今尚未出现。

184

司法。——宁可听任别人偷盗自己,也不要周围一群稻草人,这就是我的癖好。反正只是癖好罢了,岂有

---

① 【德文本注】Fit secundum regulam:这符合规律。
② 【德文本注】厄科(Echo):希腊神话人物。山间女神厄科爱恋那喀索斯,但未得到回应。厄科痛苦,日渐消瘦变成一副骷髅骨架,后又化为岩石,把她的声音保存在回声里。

他哉!

185

贫穷。——他现在穷了,原因并非别人剥夺了他的一切,而是他抛弃了一切。缘何如此?——他惯于寻觅。

所谓穷人,正是那些对他甘愿受穷做了错误理解的人。

186

心绪不宁。——他现在所做的一切无不正当而平凡,但他却心绪不宁,因为成就非凡卓绝之举乃是他的使命。①

187

伤人的报告。——这位艺术家②作报告,炫耀他那十分美妙的灵感。他夸夸其谈,大放厥词,使用拙劣的说服技巧。这方式实在使我受到伤害,仿佛他在对群氓说话似的。之后,我花了一些时间研究他的艺术,但总感到

---

① 【法文本注】谐音游戏:ordentlich(正当、适宜)和 ausser-ordentlich(非凡)。

② 【德文本注】"这位艺术家":估计是影射瓦格纳带有强烈戏剧效果的戏剧音乐作品,尼采对这些作品抱排拒态度。

像在"跟坏人打交道"一样。

188

劳动。——劳动、工人之类现在也与我们当中最懒惰的人十分贴近了！[140]"我们都是工人！"若用此话表示国王谦恭有礼,这在路易十四①时代也是挖苦和不礼貌。

189

思想家。——他是思想家,这意味着:他善于简单地——比事物本身还要简单地——对待事物。

190

面对赞美者②。——A:"人,只受同一类型者的赞美!"

B:"可不是嘛！赞美你的人会对你说:你真像我!"

191

辩护。——要破坏一件事,最刁钻的办法是:故意用

---

① 【德文本注】路易十四,参阅本书第47节注1。
② 【德文本注】参阅歌德:"赞美谁,与谁就同属一类。"(《歌德全集》第三卷第220页)

歪理为这事辩护。

192

善良人。——什么东西能区分面善的善良人和其他人呢?

一个陌生的女人在场,善良人一见钟情,感到十分快意,他的第一个评价是"我喜欢她",接踵而来的,先是想占有(很少顾及对方的价值),继而迅速占有,终则享受占有的欢愉,使被占有者"蒙恩"。

193

康德①的玩笑。——康德决意采用冒犯"每个人"的方式证明"每个人"有理,这是康德心中的秘密玩笑。他撰文反对学者,袒护民众的偏见。但他的文章只写给学者看,却不写给民众看。

194

[141]"坦诚"的人。——那个人的行为动机总是心

---

① 【德文本注】康德,18世纪最重要的哲学家,主要著作是《纯粹理性批判》(1781年)、《实践理性批判》(1788年)、《判断力批判》(1790年)。尼采这里听说的康德冒犯每个人的思维方式是指对偏见的彻底批判,依据尼采的看法,这些偏见最终被证明是存在的,因为民众除了愿意相信理性是有限度的还愿意相信什么呢?《纯粹理性批判》论证的恰恰就是这个。

照不宣的,可以告人的动机则停在嘴上和伸开的手心里。

195

聊博一哂!——看啊!看啊!他脱离人群跑开啦!这些人于是就跟在他的后面跑,原因只是他跑在众人的前头罢了。群居的人们就喜欢这样啊!

196

听觉的局限。——人们只愿听那些自己可以找到答案的问题。

197

当心!——我们最愿意告诉别人的只有一样,即隐蔽的封条以及封条下面的藏匿物。

198

骄傲者的厌烦。——骄傲者甚至对带领他前进的人也感到厌烦。他坐在车上,悻悻然瞪着拉车的马。

199

慷慨大方。——富翁的慷慨大方往往只是一种忸怩作态。

200

笑。——笑意味着幸灾乐祸,不过伴随着良心。

201

[142]鼓掌。——在鼓掌喝彩时,总伴有一种噪音,即使我们给自己鼓掌也在所难免。

202

挥霍者。——他还不至于像那位一再清点自己全部财产的富翁那么鄙琐。他具有非理性的挥霍禀性,故而浪费自己的才思。①

203

这是一个黑色的灵魂(Hic niger est②)。——在通

---

① 【法文本注】尼采形容自然的两个惯常词语:挥霍和冷漠。如《善恶的彼岸》第 9 节。
② 【德文本注】Hic niger est 意即:这是一个黑色的灵魂。源于贺拉斯的《讽刺集》。
　【法文本注】尼采还在《道德的谱系》第一章,第 5 节中引用了这一表达法。

常情况下,他是没有思想的;可遇到特殊情况,却能想出许多坏点子。

204

乞丐与礼貌。——"没有门铃就用石头敲门,这并非不礼貌。"乞丐和形形色色的落难者无不这样认为,但却无人赞同他们。

205

需要。——人们视需要为事物发生之"因",其实,它往往是事物发生之"果"。

206

雨中。——下雨了,我念及穷人们这时挤在一处,各自怀着许多忧愁,对忧愁也毫不掩饰,于是,每个人都一门心思给他人制造痛苦,这样,自己在天气不好时才感快慰,可悲的快慰。这就是穷人的穷困①了!

207

[143]嫉妒者。——此人生性嫉妒,别指望他会生育

---

① 【德文本注】穷人的穷困:对《圣经》中常常赞扬的"穷人的富有"的辩驳。

孩子；他嫉妒孩子，就因为他不再是孩子。

208

伟人。——某人是"伟人"，但人们不可据此推断，他是个男子汉。他也许是个男娃娃，或者是时代的变色龙，抑或是中了邪的小姐。

209

询问动机的习惯。——存在着一种询问我们动机的习惯，它不仅使我们忘记自己的最佳动机，而且使我们滋生对动机的违抗和反感。此乃愚不可及的询问习惯，但也恰是专制者的诀窍和诡计所在。

210

勤奋的标准。——不必超过父亲的勤奋，这信条使人致病。

211

隐蔽之敌。——给自己保留一个隐蔽之敌——这是一种奢望。纵然是具有高尚情操的英才，其美德也往往不能满足这奢望。

212

不要受骗。——他的气质有失粗野,总是匆匆忙忙,缺乏耐心,说话结结巴巴。因此,人们很难知道,他到底安的什么心。

213

[144]通往幸福的途径。——智者问傻子,通往幸福的途径是什么? 傻子毫不迟疑,就像别人向他打听去附近那个都市之路似的,答曰:"自我欣赏,再就是东游西荡。"智者嚷道:"住嘴,你要求太多啦,自我欣赏就够啦!"傻子回答说:"没有一贯的蔑视,又怎能不断地欣赏呢?"

214

信仰使人快乐①。——道德只赐予那些笃信本人道德的人以幸福和快乐,却不赐予高人雅士。高人雅士的道德存在于对自己和对一切道德的深刻怀疑之中。说到底,还是"信仰使人快乐"! 注意,并非道德使人快乐!

215

理想与物料。——你有高尚的理想,你是否也就成

---

① 【德文本注】信仰使人快乐:此语源于《马可福音》。

了一块高贵的石料,必须用你来雕凿高贵的神像呢? 倘若没有这神像,那么你的一切工作是否全部成了野蛮的雕刻呢? 是否就是对你理想的亵渎呢?

216

声音的危害。——嗓门太大,简直不能思考精细的事务。

217

因果。——在"果"出现之前和出现之后,人们认定的"因"是不相同的。

218

我的反感。——我不喜欢那些为了制造影响而像炸弹引爆一样的人。[145]与他们共处会人人自危,害怕突然失聪或更甚于此者。

219

惩罚的目的。——惩罚的目的是为了使主持惩罚的人变好。对于惩罚的辩护士来说,这就是最重要的借口。

220

牺牲。——牺牲者对于牺牲和奉献的看法与旁观者是不同的,但是人们从未允许他们表达自己的看法。

221

宽容。——父子之间的宽容远远胜过母女之间的。

222

诗人与说谎者。——诗人视说谎者为同母哺育的兄弟,诗人把兄弟的那份奶吃掉了,所以这兄弟一直很虚弱,而且一直没有良心。①

223

感官的 Vikariat②。——"我们也用眼睛听别人说话,"那位听别人忏悔的神父如是说,他年迈、耳聋,"可是盲人,谁的耳朵长谁为王。"

---

① 【法文本注】对观歌德在《诗与真》中对诗人的分析(《歌德文集》,前揭,第 39 页)。

② 【德文本注】Vikariat:代理职务。该词原本用于基督教领域,如代理牧师的职务。

224

动物的评论。——我担心动物把人当成它们的同类,当成危害无穷、失去了动物正常理智的同类,当成会笑、会哭、荒唐和不幸的动物。

225

[146]*随着本性的人。*——"邪恶的东西一向有着强大的影响力,而人的本性便是邪恶的!那就让我们随着本性吧!"人类中善于抓住影响力①的那一群在私下里作如此的推断,可人们还常常把他们置于伟人之列呢。

226

怀疑者及其风格。——我们可以简明扼要地说明强大无比的东西,但前提条件是聚集于我们周围的人要相信我们的强大。这样的环境教育人们要具备"简明的风格"。怀疑者无论说话还是做事都突出重点。

227

*错误的判断,错误的一掷*②。——他不能控制自己

---

① 【德文本注】"抓住影响力"是尼采常用的对瓦格纳的指责。
② 【法文本注】又一个谐音游戏:Fehlschluss[错误的判断]和 Fehlschuss[脱靶,不中]。

了,那妇人据此判断:此时要控制他真易如反掌,于是朝他扔出一根绳索,意欲将其绑缚。——可怜的妇人啊,即刻沦为他的奴隶了!

228

调解人。——在两位坚定的思想家中间斡旋,被称之为"和稀泥"。斡旋者不具备观察独特事物的眼力,看任何事物都觉得相似,且同等对待。这是弱视的特征。

229

违抗与忠诚。——出于违抗心理,他坚持某一被他看穿的事物——他把这称为"忠诚"。

230

缺少沉默。——他的整个气质不能服众,这是因为他对自己的善举从不保持缄默。

231

[147]"彻底的人"。——求知缓慢的人认为,缓慢也是知识的一部分。

232

梦。——人要么永不做梦,要么梦得有趣;人也必须学会清醒:要么永不清醒,要么清醒得有趣。

233

最危险的观点。——我现在做的或叫他人做的事,对未来至关重要,届时将作为过去发生的最伟大事件。若以这样巨大的效应观点看问题,一切行为都是一样的伟大和一样的渺小了。①

234

音乐家的自慰语。——"你的生命并未在人们的耳朵里鸣响,你为他们默然地生活着,他们全不领会你的美妙旋律,以及你那跟从或带头的决心。你真的不是在宽阔的大街上随着军队的音乐而来,所以,那些善良的人们无权说你的人生转变缺少音乐,谁有耳朵,谁就会听到的。"②

---

① 【法文本注】此段与从第 341 节"最终的分量"起分析永恒复返理论的众多文字非常接近。注意 ungeheuer 的再次使用。
② 【德文本注】"谁有耳朵,谁就会听到的",源于《马太福音》。

235

思想与个性。——有些人达到了个性的顶峰,但思想却与这一高度不相称。有些人则刚好相反。

236

为了感动群众。——想感动群众的人是否必须成为饰演本人的演员呢?是否必须先把自己置身在这荒诞而清晰的饰演之中,并把自己的整个人格和事业放在这粗糙和简单化中加以表演呢?

237

[148]彬彬有礼的人。——"他彬彬有礼!"——是的,他身边随时带着糕点喂刻耳柏洛斯①。他胆怯地把每个人,包括你我,全看成是刻耳柏洛斯,此即为他的所谓"礼貌"!

238

没有嫉妒。——他完全没有妒意,这也难怪,因为他

---

① 【德文本注】刻耳柏洛斯:希腊神话中地狱的看门狗,它向进地狱者亲切地摇尾,但不许任何人出来。

决意占领一块迄今无人占领,甚至无人见过的土地。

239

郁郁寡欢的人。——一人不快,举家失欢,阴云密布。只有靠奇迹才能使这类"不快"之人绝迹。但快乐早已失去"传染"性了,这是什么原因呢?①

240

海滨。——我不想为自己造房子(不当房主也是我的福气),假使一定得造,那我就要学罗马人,把房子延伸到海里。——我非常乐意同那个美丽的怪物共享秘密。

241

作品和艺术家。——这位艺术家除了功名心别无所有。最终,他的作品只是供给每个人观看的放大镜罢了。

242

Suum cuigue②。——不管我对知识如何贪求,然而

---

① 【法文本注】司汤达言:"再没有什么比陪伴一个忧伤的人更可怕的了"(*Correspondance*, t. 1《书信》卷一,Paris, Gallimard, Bibliotheque de Pleiade, p. 120);不过,他同时也说:"快乐是传染的"(*Journal*, t. 2《日记》卷2,前揭,p. 8)。尼采的文本与司汤达的文本之间出现类似的截然不同,这是罕见的例子中的一个。

② 【德文本注】Suum cuigue,意为"严守本分"。

我从事物中获取的仅仅是属于我的知识,别人应该占有的知识仍留在事物里。一个人怎么能当小偷或强盗呢?

243

[149]好坏的起源①。——只有知道"这个不好"的人才能创造改进的办法。

244

思想与说话。——人们并非全靠说话表达思想。

245

选择即是赞美。——艺术家选择素材,这就是他的赞美方式。

246

数学。——我们要尽可能把数学的缜密和严格推广到其他科学中去,倒不是相信这样做可以使我们认识事物,而是为了确定人与事物的关系。数学是人类进行认

---

① 【法文本注】有关"好坏"这对命题的分析已见于《人性的,太人性的》,并将在《道德的谱系》中得到进一步探讨。

识的工具罢了。

247

习惯。——习惯使我们双手机巧,使头脑笨拙。

248

书籍。——我们不能超越一切书籍,这难道应怪罪书籍吗?

249

求知者的喟叹。——"噢,我真贪婪!在这个灵魂里安住的不是忘我精神,而是贪求一切的自我,似乎要用许多人帮他观察和攫取的自我,[149]要挽回一切的自我,不愿失去属于他的一切的自我!

"噢,我贪婪的烈焰哟!噢,我多么愿意获得再生,变成一百个人呀!"谁不能以自身体验理解这位喟叹者,谁就无法理解求知者的激情。

250

罪过。——虽然思想敏锐的女巫法官,甚至女巫本人相信巫术有罪,但这罪实际上是不存在的。一切罪过都不存在。①

251

被误解的受苦者。——伟人所受的痛苦与他的崇拜者所想象的不同,伟人的痛苦莫过于在某些凶恶时刻出现鄙琐、小气的情绪波动,简言之,产生痛苦是因为伟人对自己的伟大产生怀疑,并非因职责的需要而做出的牺牲和殉难。

普罗米修斯同情世人并为他们而牺牲,这样,他就是快乐的,自感伟大的;然而,当他嫉妒宙斯②和凡人带给他的敬意时,他是痛苦的。

252

宁可负债。——"宁可负债,也不要付一枚没有铸印我们头像的硬币!"——我们的主权要求这样做。

253

处处为家。——一天,我们终于抵达目的地,自豪地

---

① 【法文本注】Schuld,既是错,也是罪。有关错误概念的揭示,参见《道德的谱系》,第二章。
② 【德文本注】宙斯:希腊至高之神,与赫拉结婚,是诸神和人类之父。

说,我们经历的旅程是多么漫长啊。但实际上,当初我们并未察觉自己在远游,之所以能够浪迹天涯,实得力于我们每到一地都有"宾至如归"的感觉。

254

[151]对付困境。——专心致志者可摆脱一切困境。

255

模仿者。——A:"什么?你不希望有模仿你的人?"

B:"我不希望别人模仿我;我只希望每个人给自己示范一下我所做的。"

A:"哦——?"

256

表皮。——深沉之人的欢乐在于,偶尔像飞鱼一般弄潮于波峰浪尖;他们对事物估价最为恰当:凡事均有表面,或称之为表皮——sit venia verbo①

257

亲身经历。——某人并不知道自己有多富,直到有

---

① 【德文本注】sit venia rerbo,意为:如果可以这样说的话。出处是小普林尼的《书简集》。

一天,他亲眼看见许多富翁沦为窃贼,在偷他的东西了。

258

机遇的否定者。——没有一个胜利者相信偶然的机遇。

259

远离天堂。——"善与恶①皆为上帝的成见。"蛇如是说。

260

一加一。——一个人总是错,所以真理始于两人;一个人无法证明自己,所以两个人就无人可以驳倒。

261

[152]独创性。——何谓独创?观察到某种尚未命名、尽管有目共睹却无从称谓的东西即谓独创。唯有名

---

① 【德文本注】善与恶:参阅尼采的著作《善恶的彼岸》(1886年)和《道德的谱系》(1887年),两书以权力意志观解释道德价值评估起源于自然史中——亦即在道德彼岸——演化之人的类型史。

号才使人看得见事物,这已成习惯。所以,独创者非命名者莫属了。

262

Sub specie aeterni①。A:"你离开活人的步伐越来越快了,活人马上就要把你的名字从名单上勾销了!"

B:"这是参与享受死人特权的唯一办法。"

A:"什么特权呢?"

B:"就是毋须再死的特权呀。"

263

没有虚荣。——我们恋爱时,都想掩饰自己的缺点,这并非出于虚荣,而是不想给被爱者带来痛苦。是啊,爱者想以上帝的面目出现,这也并非出于虚荣。

264

我们的行为。——凡我们所为之事,从未被人理解;

---

① 【德文本注】Sub specie aeterni:"永恒"之见。源自斯宾诺莎的《伦理学》Sub specie aeternitatis["永恒"之见],斯宾诺莎认为,精神永恒存在于人们以永恒的形式领悟事物,尼采对这个提法讥讽地加以变化,说只有死者方能永恒。(也参阅本书第一卷,第37节注3。)

一直是这样:要么被赞美,要么被指责。

265

最终的怀疑。——究竟什么是人的真理?——不可驳倒的谬误便是。

266

需要残酷。——伟人对自己那次等的美德和思虑是残酷无情的。

267

[153]*因为目标远大。*——志向高远之士不仅超越他的业绩和评价者,甚至超越公正。

268

是什么造就英雄?——是什么造就英雄?——倘若能同时面对至深的痛苦和最大的希望。

269

你相信什么?——我相信:一切事物的价值必将重

新得到评估。

270

你的良心在说什么？——"你要成为你自己。"①

271

你的最大危险何在？——在于同情。

272

你喜欢别人什么？——别人怀有我的希望。

273

你说谁差劲？——那个老是自感羞愧的人。

274

你觉得什么最具人性？——使某人解除羞愧心。

---

① 【德文本注】"你要成为你自己"，源自品达《皮托竞技会颂歌》II,72。品达(Pindar,公元前518—前438)是希腊抒情诗人，被视为古代崇高诗风之大师，对新时代的克洛卜施托克和歌德影响甚巨。

【法文本注】尼采用此句作为《瞧，这个人》的副标题。

275

什么是获得自由的标志？——不再自我羞愧。

第四卷

圣雅努斯(Sanctus Januarius)①

你用烈焰之矛,

戳穿我心灵之冰,

我的心灵在怒吼,

向着它的最大希望——大海急奔,

恒久的光明啊,

恒久的健康啊,

在最爱的必须中自由。

至美的雅努斯呀,

你的神奇,令我衷心赞颂!

1882年1月于热那亚

---

① 【德文本注】Sanctus Januarius:"圣雅努斯"。一月是罗马雅努斯神的月份,该神有两个头,表示进与出、始与终的统一,罗马的私人或国有企业开张时都要祈求雅努斯神。尼采此处的引申义献词也是本着这一传统。

276

[154]新年感言。——我依旧活着,我依旧思考;我必须活下去,因为我必须继续思考。Sum, ergo cogito: cogito, ergo sum①。

今天,人人都可以表达自己的愿望和诚挚的思想,我也想说说对自己的愿望,说说今年第一个掠过心头的想法,这想法应该成为我继续生活的基础、保证和营养。我要更加努力向学,把事物的必然性视为至美,如此,我必

---

① 【德文本注】Sum, ergo cogito: cogito, ergo sum:法国哲学家笛卡尔的名言:"我在故我思,我思故我在。"他在《沉思录》(1641)第二部中陈述"我思"的行为是最清晰可靠的,由此得出主体的存在:"我思,故我在。"

【法文本注】笛卡尔的这句话是用法语写出的,但尼采总是以拉丁文加以引用。这或许可以说明,尼采对笛卡尔的认知并非通过直接阅读。

将成为美化事物的人群中的一员。Amor fati①,从现在起,你就是我的所爱了!

我无意对丑开战,无意指控,无意指控控诉者;什么也不看,这将是我唯一的否定!一言以蔽之:我只希望在某个时候变成只说"是"的人!

277

个人的上帝。——生活中存在着某个高潮,倘若达到这个高潮,我们就连同自己的一切自由——我们坚决否定了存在之混乱中那关怀性的理性和善意——再次陷于思想不自由的危机,并且不得不进行艰难的尝试。

只有这时,个人的上帝才以深入人心的力量突现于我们面前。[155]这理念的最佳支持者乃是亲眼目睹后留下的个人印象。于是,我们遇到的万事万物无不是为求至善至美而存在,每时每刻的生活似乎只想不断地证

---

① 【德文本注】Amor fati:"爱命运"。自尼采著作《扎拉图斯特拉如是说》成书时起,"爱命运"这一提法就标明尼采说"是"的意志。同时请参阅第 313 节"我要像拉斐尔一样,不再画刑讯之痛苦画了"。

【法文本注】amor fati 是廊下派的用语。毋庸置疑,尼采赋予该语新的含义。事实上,amor fati 与永恒复返思想(见本卷倒数第二节,即 341 节"最重的分量")、扎拉图斯特拉下山(见本卷最后一节,即第 342 节"悲剧开始了",也就是本书第一版的结束语)有着非常紧密的关系。第一节和最后两节的相互呼应再一次表明了尼采在谋篇上的深思熟虑。在 1888 年遗稿中,尼采以明确的方式阐明 amor fati 与永恒复返的关系,参见 FP XIV,16[32]。

明这句话。天气的好与坏、失去朋友、疾病、诽谤、信札未至、脚扭伤、逛商店、相反的论据、读书、做梦、欺诈等等,在眼前或在过后不久即证明它们全是"不可或缺"的事物,对于我们全都具有深刻的意义和益处!

我们不再信仰伊壁鸠鲁的诸神①——那些无忧无虑的不知名的诸神——代之信仰某个满腹心事的,甚至对我们的每根细发也了然于胸的,对仁慈济世从不感到厌烦的小神明,这样做会存在更危险的迷惑吗?

我以为,我们别管那些神明和那些殷勤的天才人物,我们要以自己的看法为满足,这看法就是:我们自己的理论和实践在解释和处置事件时已达迄今最高的高度。但我们切勿过高估计自己的智慧和灵巧,即使当我们在演奏乐器时所产生的神化和谐令我们惊喜不已,妙不可言,以至于不敢相信它是属于自己的。事实上,有一位先生时常伴我们一起演奏,这就是可爱的偶然机遇,它即兴地引导我们的手。最聪慧的上帝也想象不出什么音乐比我们笨拙之手演奏的音乐更美妙。

278

死的概念。——生活是纷扰的小巷,生活在种种需求、种种杂乱的声音里,使我感到一种悒郁的快乐。每时

---

① 【德文本注】伊壁鸠鲁驳斥对天命的教条式信仰,认为诸神犹如我们的楷模,高高兴兴地随意地将生命赐予了我们。

每刻涌现多少享受、焦躁和贪欲啊！又涌现多少对生的渴念和陶醉啊！

然而，不久将至的寂静在等待这些喧闹的、渴求生命的人们，人人背后站着他的阴影，那阴郁的同路人！这情形总像远航之船在启航前的最后时刻：人们比平时有更多的话要彼此倾诉，[156]无奈时间紧迫，那个大海及其荒凉的沉默在喧闹的背后等得心焦了——它对猎物竟是如此贪婪，又是如此的十拿九稳。而众人呢，众人认为，迄今的一切皆是虚无，或微不足道，立即将至的未来才是一切，故而才有如此匆匆忙忙、大喊大叫、喧哗骚动、过度分享！人人意欲捷足先登，想成为即将降临之未来的第一人。死和死的寂静是属于这未来的唯一之物，确定无疑的、大家共有之物！但是，这唯一的确定性和共同性对人几乎不起任何作用，人们居然远离那种感觉，即感觉不到他们是死神的弟兄，这是多么奇怪呀！

看到人们根本不去想死亡这回事，真叫我乐不可支！我愿意有所作为，以便使他们懂得对于生的思索有着百倍的价值。

279

友朋星散。——我们曾是朋友，但时下形同陌路。事实确也如此，用不着隐瞒和佯装，好像羞于言及似的。

我们是两艘船，有各自的目的地和航线。我们可能在航行中交会，同庆节日，而且已经这样做了。此后，两艘勇敢的船只静泊于同一个海港和同一个太阳下，看似二者皆达目的。

然而，我们各自的使命有着强大无比的力量，它旋即驱散我们至不同的海域和航线，或许，我们再也无缘相会了；或许，纵然相会也彼此不复相认，因为不同的海域和阳光已把我们改变了！

我们彼此必然成为陌生人，这是控驭我们的铁则！唯其如此，我们彼此应该更加尊重才是！对往昔友谊的忆念应该更加神圣才是！肯定会存在茫无际涯的曲线和星儿运行的轨道，我们各自的航线和目标仅为其中一个短距离罢了。让我们把自己升华至这一理念吧！

人生苦短，我们的视力无奈过于微弱，以至于不可能超越崇高的朋友关系。如此，让我们还是信奉似天上星儿一般的友谊吧，即使我们彼此不得不成为地球上的敌人。

280

[157]求知者的建筑学。——时下亟需一种观点，这观点恰恰是各通都大邑所缺乏的：建筑物及其设施作为整体要表现出自我沉思的庄严与崇高，它是静默、宽敞、庞大、沉思的场所，附设的高大长廊，适宜于任何天气，无车马之喧，无喊声盈耳，即使是神父大声祈祷也不允许，也不能为这建筑的高雅神韵所容。

教会垄断沉思的时代一去不复返了，Vita contemplativa① 首先必须是 vita religiosa②，这样的时代一去不复返了，然而，宗教建筑物的确是表达了这一观念的。我不明白，我们为何对宗教建筑物竟然十分满意，纵然它们已经去掉了宗教的用意；这类建筑在说着冷漠而拘束的语言，它们是上帝之家，是超自然的豪华交际场所，我们无神论者若置身其中，则不能产生自己的才思。

我们要化为植物和砖石，当我们信步在这类大厅和花园中时，犹如徜徉于我们的内心城府。

281

善于找到结尾。——大凡第一流大师都有一个特点：事不分巨细他都能找到完满的结局，不管是一首曲子或是一个思想的结尾，也不管是一部悲剧的第五幕或是一件国家大事。

第二流大师面临结局则方寸大乱，不像波多飞诺市近郊的山岭以一种安详而自豪的平静伸入海中，热那亚海湾正是在波多飞诺市近郊唱完自己的曲调③。

---

① 【德文本注】Vita contemplativa：特别指中世纪沉思的、用理论进行观察的生活，不同于日常生活。

② 【德文本注】vita religiosa：宗教生活。

③ 【德文本注】地中海有限的旋律，这是个比喻，是指尼采在《瓦格纳事件》(1888 年)和《善恶的彼岸》(1886 年)两书中对地中海区域音乐的设想，这音乐与瓦格纳没有终极的浪漫主义旋律截然不同。

282

步态。——存在着各种思想方式,它们泄露了天才人物来自下层或半下层民众的身世。他们的步态也"泄露马脚",往往不良于行。比如拿破仑,[158]使他至为气恼的是不能在一些诸如加冕大典的场合"堂堂正正"地行走,摆出君临天下的架子。人们对此也很理解,拿破仑不过是军队的统领罢了,而且当统领傲则傲矣,但又总是慌慌张张的。他本人大概也晓得这些。

看到那些作家穿上长袍,既时兴又皱皱巴巴,还发出窸窣的响声,人们便忍俊不禁:原来,他们这样着装才不致露"马脚"啊。

283

准备着的人们。——一个更富于阳刚之气的、战斗的、再度首先把勇敢视为荣誉的时代开始了。对于显示这个时代特点的一切迹象,我是由衷欢迎的。

这个时代必须为一个更高级的时代开辟道路和聚集必要的力量,亟需大批做好准备的、勇于任事的人才,要把英雄气概带进更高级时代的知识领域,要为获得观念和实现观念而奋斗①。然而,这样的人才既不能从虚无

---

① 【法文本注】字面意思是"引发战争"。为了某一思想而引发战争,参见 FP XIV,25[1]:"我引发战争……"

中产生，也不能从现代文明①的泥沙中，抑或从大都市的教育中产生。他们将是沉默、孤独、果决、不求闻达、坚持到底的人；他们挚爱各种事物，寻求他们可以征服②的一切；具有爽朗、忍耐、简朴、蔑视虚荣的个性；显示敢于胜利的大勇，但对失败者的虚荣亦能宽容，能对一切胜利者以及对每次胜利的荣耀的偶然因素做出独立而精辟的分析；他们也有自己的节假日、工作日和哀悼时间；他们惯常胸有成竹地发号施令，如需要，也随时准备应命；对个人和对集体同样感到自豪，视别人之事为己事，总之，是更富创造性、对现实更具危险性、欢乐幸福的人！

那就请相信我的话吧：获取生活中最丰硕果实和最大享受的秘密在于，冒险犯难地生活！

将你们的都市建在维苏威火山旁吧！把你们的船开进未经探险过的海域吧！生活在战斗中吧，同你们自己、同与你们匹敌的人开战吧！你们这些求知者呀，倘若还不能成为统治者和占有者的话，那就成为强盗和征服者吧！

这个时代即将过去！[159]你们像一头胆怯的小鹿在森林中东躲西藏、生活于斯的这个时代即将过去！知识终于伸手要掠取属于它的一切了，它要统治，要占领，请你们永随知识吧！

---

　　① 【法文本注】cultur 和 civilisation，参见第 99 节及相关注释。

　　② 【法文本注】überwinden，尼采的又一关键词，指超越的行为，该词是对权力意志的根本定义。

284

自信。——自信的人并不多,在少数自信者中,有些人的自信实际上是盲目的——有益的盲目——或者思想不清晰。(倘若他们看穿自己的底细,不知会作何感想!)

另一些人无论做什么,好事也罢,大事也罢,首先务必同潜藏于内心的怀疑者争论一番,直到说服这个怀疑者,他们才获得自信。不过这样做是需要几分天才的。这是一些不自满的人,很了不起。①

285

Excelsior②!——"你将不再祈祷,不再崇拜,不再耽于无限的信任。你拒绝在最高智慧、至高权力、至善的前面却步,拒不放弃你的思想。你离群索居,无比落寞,没有永久的看护人和朋友,生活中连眺望远山的机会亦不可得③——山头白雪皑皑,内部有沸腾的岩浆——对你,既不存在报复者,也不存在要最后修正你的人;发生

---

① 【法文本注】Die grossen Selbst-Ungenügsamen。最后一个单词形容容易满足、要求不多的人。对观第 8 节的用法:Oh ihr genügsamen。

② 【德文本注】Excelsior:意谓"更高"!

③ 【法文本注】有关孤独,参见第 309 节"走出孤独"和《扎拉图斯特拉如是说》。注意孤独这一命题在整个卷四中所起的作用。

的一切不再有理性,将要发生的一切对你也不再有爱;不再有你那疲惫之心的憩园,在那里,只需发现而无需寻找;你反对任何终极的和平,你渴望战争与和平那永恒的复返①。断念的人啊,你是否要舍弃一切呢?谁会赋予你力量去做这件事呢?从未有人具备这力量啊!"

有一个湖泊,它会在某日拒绝排水,在现在的排水处筑起一道堤坝,水面于是越涨越高;同样,类似湖泊的拒绝也将赐予我们力量,放弃本身是可以忍受的,人自此越升越高,再也不向上帝流泻了。

286

[160]插话。——这儿有许多希望。倘若你们未曾体验内心的光焰、炽热和朝霞,你们又能从这些希望中看见和听见什么呢?

我只能这样提醒你们,别无他法!

你们是否想要我感化石头,把动物变成人呢?噢,假定你们是石头和动物的话,那么,还是首先去寻觅你们的俄耳甫斯②吧!

---

① 【法文本注】这是"永恒复返"一语的首次出现,显得有些突兀,但绝非偶然。正如第 341 节从头到尾都在解释永恒复返的理论,却始终没有出现"永恒复返"的字样。由此可见,整个第四卷(而并非仅仅第 341 节,如某些解释者们所认为的)担负着引介这一理论的重任。

② 【德文本注】Orpheus:俄耳甫斯,参阅本书第 87 节注 2(即本书页 182 注①)。

287

喜欢盲目。——漫游者对自己的影子①说:"我的思想应该告诉我现在站在何处;无论我浪迹何方,思想也不应背弃我;我喜欢未来的不确定性,而不愿因为焦急和因为对未来预先付出代价而毁灭。"

288

高昂的情绪。——我以为大多数人不大相信高昂的情绪,因为那仅是瞬间之事,至多不超过一刻钟。少数人由体验而知高昂情绪可以持续较长时间只是例外的情形。

具有高尚情操的人,亦即代表轩昂情绪的人,至今还只是一个梦,只是一种迷人的前景罢了,历史尚未给我们提供任何确切的实例。尽管如此,倘若一系列有利的先决条件被创造和被固定下来,历史也可能会"娩出"这类人②。可惜这些条件目前无法凑齐,哪怕最乐观的偶然

---

① 【德文本注】参阅尼采《人性的,太人性的》下卷第二章"漫游者和他的影子"。

② 【法文本注】尼采再次回到 Züchtung(教育)的问题上来。同样地,必须思考以何种方式促使某一类(从生理学角度而言)决定性的人的诞生。此处的人的类型通过高昂的激情得到定义。所谓高昂的激情,类似于永恒复返思想所体现的狄奥尼索斯式的明确的激情。如何教育这样的人,或者按扎拉图斯特拉的话来说,如何意想得到这样的人? 第383节"后记"做出了解释。另参见 F P XIII,11[413]。

机会也无法将它们凑齐。

也许,使我们心灵为之悚惧的下列特殊情感对未来人却属正常:在高昂和低落的情绪中动荡;忽上忽下的感受;一种类似不停登梯和在云端安歇的情愫。①

289

上船!——个人特有的生活及思想哲理——犹如和煦、赐福、孕育着果实、眷顾个人的太阳——是怎样影响着每个人呢?[161]是如何使每个人超然于赞美与责备,使其自我满足地、慷慨大方地布施幸福和善举呢?是怎样不断地化恶为善,使一切力量蓬勃发展并趋成熟、不让哀怨和烦恼的杂草丛生呢?当人们思考这些问题时,便会迫切要求地呼喊:噢,还得创造出许许多多这样的太阳才行呀!

即使邪恶、不幸、特殊的人也应有自己的哲学、权利和阳光!"对他们无需同情!"——我们必须忘却这傲慢的想法,尽管人们长期以来学习和培训了这种观念。但是,我们也不必为他们设置神父,以便听他们忏悔,不必为他们设置驱邪者和赎罪者!而是需要新的正义、口号和哲学家!道德的地球是圆的!它也有对立物!而对立物也有生存的权利!

---

① 【法文本注】对观《瞧,这个人》中有关狄奥尼索斯激情的描述("为什么我写出这么好的书",《扎拉图斯特拉如是说》)。

另一个世界尚待发现,而且不止一个! 上船吧,哲学家们!

290

不可或缺的事①。——赋予个性一种"风格",实在是伟大而稀有的艺术!

一个人综观自己天性中所有的长处及弱点,并做艺术性的规划,直至一切都显得很艺术和理性,甚至连弱点也引人入胜——一个人就是这样演练并运用这艺术。这儿加了许多第二天性,那儿又少了某种第一天性,无论哪种情形都须长期演练,每天都要付出辛劳;这儿藏匿着那不愿减少的丑陋,这丑陋在那儿又被诠释为崇高②。不愿变为有形的诸多暧昧被储备下来作远眺之用——它们应对远不可测的东西进行暗示。最后,当这工作完成时,无论是大人物还是小人物所表现出来的都是对本人兴趣的强制,这兴趣是好是坏,不是人们想象的那么重要,只要是一种兴趣,这就够了!

[162]那些有自己的准则,在强制和束缚中犹能享受快乐、闲雅的人,必将成为统治欲极盛的强人。他们看到自己具备某种风格的天性,即被战胜的、服务于人的天

---

① 【法文本注】引自《路加福音》10:42。这是尼采经常引用的篇目。
② 【法文本注】《悲剧的诞生》在涉及古希腊悲剧的形成过程中已提到这一点,尤见第 7 节。

性，他们那强有力的意志便感到宽慰。这样的人即使修建宫殿和花园也断不会解放天性的①。

反之，那些憎恨风格束缚的人就是不能自制的人。他们觉得，倘若自己被套上讨厌的强制枷锁，自己就变得鄙俗不堪。一旦听任强制的役使，自己即已沦为奴隶，所以他们仇视这役使。这类奇才——可能是第一流的——总是旨在把自己和周围的人塑造成、解释成具有自由天性，即粗野、专横、富于想象、混乱无序、令人惊异的天性。他们乐此不疲地追求这一宗旨，唯其如此才感到惬意。

只有一件事是不可或缺的：人必须对自己满意，否则就会落得个报复自己的下场，我们外人也会沦为他的牺牲品，总得忍受他那可憎的面目。可憎的面目使气氛变得忧郁、恶劣。②

291

热那亚。——我参观过热那亚及其市郊别墅、供王公贵族游乐散步的大花园、有民众居住的宽阔高地和山坡。我必须说：我看到一代代先人的面貌了。

这个地方布满勇敢而自负的人们的影像，他们曾在

---

① 【法文本注】掌握自我、在律法中得解放。尼采的全部作品无不渗透着这两个思想。

② 【法文本注】有关这一点，参见《偶像的黄昏》中"一个不合时宜者的漫游"，20；FP XIII，10[167]；FP XIV，14[119]。

此生息繁衍，并且将绵延千古，这是那些历经几个世纪的宅第、建筑物和装饰物告诉我的。当初，他们纵然有时恶意相向，但对生活却充满善意。我不厌其烦地审视，看那些营造者是怎样把目光投向周围远近的建筑物，投向城市、大海、山冈，那目光充满着一种力量，即誓把这一切纳入自己的规划并最后变为自己财富的力量；充满着征服欲，充满着整个地区盛行的一种乐趣，即永不满足的辉煌占有与索取的乐趣。这些先贤认定远方辽阔无垠，[163]怀着求新的渴念，在旧世界旁建立一个新世界。

反观我的故乡，现在依旧是人人相互仇怨，每人都用某种方式表现自己在邻里中的优越感，都企盼用自己的建筑构想，或借炫耀自己那赏心悦目的宅第来倾倒故里。在欧洲北方，当你参观各都会时，就会留下一个至深的印象：普遍存在着对准则、对服从的兴趣。你会发现营造者那个顺从和适应社会的、趋同的内心世界。

而在热那亚，你拐过每个街头巷尾，准会发现那些熟悉海洋、冒险和东方的人，他们对邻人、对准则淡漠，如同厌恶枯寂乏味之事，用带有妒意的目光衡量一切业已阐述的事物，有着神奇而狡黠的想象力，至少要把一切重新在脑子里过一遍，用手去感觉，用心去揣摩，哪怕只用一个阳光灿烂的下午也好，他们那永不满足的、悒郁的心灵终于在这个下午得到一次满足，他们的眼睛在这个下午只看本人，绝不旁骛。

292

致道学家①。——我不想搞道德说教,但我要忠告道学家:假若你们硬要把美好事物的荣誉和价值剥夺净尽,那就请你们一如既往,尽管啰嗦下去吧!请把美好事物置于你们道德的顶尖部位吧!请从早到晚诉说道德的幸福、心灵的宁静、正直、公平和固有的报答吧。你们不厌其烦地说教,以至于美好事物终于得到普及,变成街谈巷议了。然而,这些东西的金玉外表过后就逐渐褪色,更有甚者,连里面的黄金也变成铅块了。说实在的,你们擅长的不过是炼金术②的还原工艺,擅长如何使价值连城之物贬值罢了。

不妨试一试另一种方案吧,以便不重蹈你们那事与愿违的覆辙:否定那些美好事物吧!不要再给它们喝彩并使其轻易流传吧!把它们再变成孤寂者隐藏的羞愧吧![164]宣布"道德即是被禁的东西"吧!这样,你们就获得英雄人物的本色了。当然,这样做会有些可怕,但绝不会像现在那样令人讨厌!

难道在道德领域,今天的人们就不愿像中世纪的埃克哈特③大师那样吗?他说:"我祈求上帝,让我摆脱上

---

① 【德文本注】参阅叔本华发表于1840年的《论道德的基础》中的名言:"道德说教易,道德说理难。"

② 【德文本注】炼金术:中世纪和新世纪前的化学早期形式,乃一种神秘技艺,目的是从别的元素里炼出黄金。

③ 【德文本注】埃克哈特(Meister Eckhardt,1260—1327),德国神秘主义者,参阅他的著作《训诫与文牍》,法兰克福和汉堡版,1956年,第195页。

帝吧。"

293

我们的空气。——我们很清楚：以妇人和许多艺术家那种悠闲的方式散步的人一旦审视科学，就会被科学的严谨、对大小事物的铁面无情、思索评估判断的快捷弄得头昏目眩，惊恐不安。尤其令他们吃惊的是，科学要求艰苦卓绝和尽善尽美，即使达到这境界也得不到任何赞美和奖赏，相反，就像在士兵中，得到的只是大声的呵斥和严格的指令，因为做得好是应该的、正常的，失误则是不应该的。和别处一样，凡属正常、无误就不值得称许和赞赏。

"科学的严谨"如同上层社会的礼仪一样，足使不明内幕的人诚惶诚恐；可是，对它习以为常的人却只愿与它厮守，只愿生活在这晓彻、有力、高度充电、富于阳刚之气的空气里；而任何别的地方，在他看来均不够纯洁，他在这些地方就感呼吸不畅，就会疑心自己的最佳技术对旁人了无益处，对己亦无欢乐可言，又因为种种误解，他的一半生命会从手指缝里溜走，还必须时时处处小心翼翼，躲躲藏藏，形只影单，总之，纯属徒耗精力！

可是，一旦他具备科学的严谨和清晰，他就拥有自己的全部力量了。他在科学中可以翩然翱翔！既如此，他缘何要再次堕入那混浊的水域呢？——在那里，他不得不涉水而玷污其翅翼。不！对我们而言，生活在那般污秽的地方委实过于艰难,我们是为这纯净的空气而生的,我们是光的竞争对手,我们愿像以太尘粒①,不是背离、而是迎向太阳!

但我们现在力量有限,还是倾力做我们唯一能做的事吧:给地球带来光明、变成"大地之光"吧![165]为此,我们具备翅翼、快捷和严谨,也有男子汉气概,以至于像可怖的烈火。让那些不知借助我们去温暖和照亮自己的人惧怕我们吧!

294

反对诬蔑本性。——这些人真使我感到不快,他们认为本性是病态,是倒错、卑劣的东西。正是他们误导了我们,致使我们也以为人的本能和癖性是邪恶的,对自己的和对别人的本性极端不公正,全是受了他们的迷惑!

本来,无忧无虑,舒适可人地听随本性者是大有人在的,但人们并不这样做,其原因就是害怕那个"想当然"的"邪恶本性"! 故而在人群之中,鲜能看到那种无所畏惧、不认为自己有什么可耻而四面八方恣意翱翔的高尚气质。

我们,天生的自由之鸟呀,不管飞向何方,自由和阳光都与我们同在!

---

① 【德文本注】Ätherstäubchen:"以太"尘粒。Äther[以太]在 19 世纪还被认为是宇宙中传播光的媒介。

295

短期的习惯。——我喜欢短期的习惯,把它视为无价法宝,即认识许多事物直至它们酸甜苦辣之底蕴的无价法宝。我的本性完全是为短期习惯而安排的,包括身体健康的需要以及我能看见的大小事物。我总认为,这样的安排使我永远满意。短期的习惯也相信热情,即相信永恒。我发现和懂得了这个道理,真值得别人羡慕呢。短期的习惯在中午和晚上滋养着我,散播着深深的满足感,以至于我不再有别的企求,也无需比较、轻蔑和憎恶什么了。

但是,既是短期习惯,就常有终止的时候,美好的事物届时与我分手,但它不同于使我反感的东西,[166]道别时显得异常平静,对我很满意;我也对它满意,仿佛我们必须互相致谢、握手道别似的。又有别的习惯已在门口等候了,我的信念——很难摧毁的愚蠢与智慧!——也在那儿等候,我相信,新的习惯是正确的,非常正确的。在我,食物、思想、人、城市、诗歌、音乐、学说、日常安排、生活方式等等,莫不是短期的习惯了。

相反,我憎恶长期的习惯,它在我身边就像暴君,使我的生活空气凝固。有些事物的形态表明,似乎必然会由此产生长期的习惯,比如单一的工作职务,总与同一个人共处,一个固定的住所,始终如一的健康状况等。是呀,我对自己的所有痛苦和疾病——一直是我的缺憾——是感激不尽的,因为它们留给我几十条后门,使我得以逃脱长期的习惯。

但话又得说回来,我最不能忍耐之事,也是最可怕之事,就是完全没有习惯地生活,完全随机应变地生活,那样无异于放逐我,那是我的西伯利亚。

296

固定的名声。——固定的名声从前是十分有用的东西。在群体本能意识统治的地方,至今对个人最有用的东西莫过于承认他的个性和事业一成不变,即使事实并非如此。"可以相信他,他一直是这个样子啊,"当社会陷于险境,这是最重要的赞美了,社会满意地感到这个人是道德领域随时可以利用的可靠工具,那个人是功名心方面、第三个人是思想与热情方面随时可以利用的可靠工具,社会尊崇"工具本性",尊崇对自己的忠诚,尊崇观点和努力的执着,甚至对不道德的东西,只要它们一成不变,也是敬重有加。

如是的评价与道德习俗①合流,到处泛滥,教导着人的"个性",而把一切变化的、需重新研究的、自我求变的东西弄得臭名远播。[167]尽管这思想方式还占着很大优势,但对于知识而言却是为害最烈的评估方式,因为认知者那良好的意志,亦即勇气百倍地随时反对自己的成

---

① 【德文本注】"道德习俗":参阅本书第一卷第 43 节注 1。

见,完全不相信自己身上固定的东西的意志被它判了恶名。于是,认知者那些与"固定名声"相抵触的思想就名誉扫地了,而"石化"的观点反而声誉卓著。

我们当今依旧生活在这种势力的强制下！当我们感到数千年的评估依然在禁锢着自己,左右着自己,那真是度日维艰啊！数千年来,知识一直被恶劣的心绪所困扰,在伟人奇才的历史上,必然有过诸多的自卑和隐痛——这个说法大概离事实不远吧。

297

能够反驳。——众所周知,能够容忍反驳是文明①的高尚标志。有些人甚至知道,高等一点的人希望并鼓励别人反驳自己,俾使得到指教,认识至今尚未认识的错误。

然而,反驳的能力,在敌视熟悉的、传统的、神圣的事物中获得的良知,那才是我们文明的伟大、新颖和令人惊叹之处,才是思想解放②的最大步伐。这,又有谁知

---

① 【法文本注】cultur 再次出现,不过指个人而非群体。此处用法表明,在 clutur 这一问题上,最重要的莫过于价值问题,无论是个人的价值还是群体的价值。尼采经常提到的一句话 ein hohes Zeichen von Cultur[文化的高贵征兆],就是这个意思。另参见《人性的,太人性的》上卷第五章的标题"高级文化和低级文化的征兆"。

② 【法文本注】思想自由的标志之一,便是有能力接受好的想法。与此相反的,就是受到不好想法的禁锢,并为自己的本性感到羞耻。有关这一点,参见第 294 节"反对污蔑本性"。

道呢？

298

喟叹者。——途中，我蓦然捕捉到一个观点，并赶紧用简单贫乏的言语将它固定下来，怕它飞走。可是，这观点死了，因枯燥的言语而死，低垂、悬挂在这些言语中。当我审视它时，简直不明白：我逮住它时，这鸟儿为何那般快乐呢？①

299

[168]向艺术家学什么？——我们有什么办法可以把本来不美、不吸引人、不值得贪求之物变美、变得吸引人、令人贪求呢？

在这方面，我们可以向医生学习，比如，医生把苦的东西稀释，把酒和糖放进混合杯里，不过还可以向艺术家学得更多，因为他们本来就是不断致力于这类艺术的创作。

与事物拉开距离，直至看不见它们；或者为了看清事

---

① 【法文本注】《朝霞》第 257 节以类似的方式阐述过同一观点。《善恶的彼岸》最后一段（第 296 节）也重新提起言语在表达思想过程中的无奈："啊！你们是多么奇怪的东西，我的思想，无论是写出来的还是画出来的！"值得一提的是，尼采是在《善恶的彼岸》的结尾处提到这个问题，关于本书，则见第五卷第 371 节"我们很难被理解"和第 381 节"理解问题"。

物而追加补看；或者变换角度观察，从横截面观察；或者把事物放在某个地方使其产生部分变形和伪装；或者做透视法观察；或者用有色玻璃观察，在夕阳余晖里观察；或者赋予事物一层不完全透明的表层。凡此种种，我们都应向艺术家学习；岂止学习，我们还应比他们更聪明才是，因为他们美好的力量通常止于生活的起点和艺术的终点，我们呢，我们要成为生活的创造者，尤其是创造最细微、最日常的生活。

300

科学的前导。——倘若不是魔术师、炼金术士、占星家和巫师先行于科学，不是他们怀着一腔热望最先对种种隐秘的、被禁止的力量产生探索的渴求和兴趣，那么，你们相信科学会产生和壮大吗？你们相信在知识王国里要成就某事，希望总是多于成功吗？

给我们展示的这类科学前奏和预演，当初根本没有被人认识到，在古代，也许连宗教也没有被当成预演，而只是人们享受某个神明的自我满足感和自我解救的工具罢了。人们会问，在没有接受宗教教育，甚至在连宗教前身也没有出现时，[169]人们是否已自发产生对神秘力量的渴求并以此为满足呢？普罗米修斯是否必须先承认偷了火种并为此悔罪，最后才发现由于他渴求光明而创造了光明呢？是否不仅人，而且上帝也是他手中的陶土和作品呢？一切东西只是雕塑家的雕像吗？幻觉、偷窃、高加索山、秃鹫、求知者的整个悲剧——普罗米修斯悲剧就是这样吗?

301

静观者的幻觉。——上等人与下等人的区别就在于前者比后者见识要广博得多,而且是一面看和听,一面思考。① 这也是人与动物、高等动物和低等动物的区别所在。

对于人格高度发展的人来说,世界变得越来越丰富了,有越来越多的利益钓钩向他抛来,他越来越兴奋,种种好恶本能越来越多。上等人越来越快乐,也越来越发愁。一种幻觉始终陪伴着他:他一直以为自己是生活这出伟大话剧的观众,是这场了不起的音乐会的听众,称自己的本性是静观的,而忽视自己是生活这出戏的创作者、继续创作者,忽视他与这出戏的演员是大有区别的,更不同于戏台前纯粹的观众和参加节庆的客人。诚然,作为创作者,他当然有沉思力(vis contemplativa②)和对作品

---

① 【法文本注】试比较第 95 节"死后的哀荣"中对司汤达的评价:"本世纪最具洞察力和敏感性的法国人"。这两段文字清楚表明了尼采如何通过为敏感和敏感性辩护,而与简单平常的感觉主义划清界限。超人(司汤达、莎士比亚和其他少数几个人一起构成了超人的最佳典型)的特点在于同时具备强大的力量和思想,换言之,他们同时是暴君和受控者。正如第四卷的高潮部分第 341 节所说,这是一种"高尚灵魂的状态"。

② 【法文本注】沉思力。

的评论，但同时，他也有创造力（vis creativa[①]），而这正是那些演员们所缺乏的啊。

我们，思考着、感知着的人，正是要实实在在创造并且不断创造现在还不存在的东西，即创造永无止境的世界，包含种种评估、色彩、重量、观点、阶级、肯定、否定的世界。我们创作的这首诗一直被那些所谓实践的人们（亦即我们所说的演员）背诵、熟记，且溶化在他们的血肉中，被应用于实践和日常生活。凡是当今世界上有价值的东西[170]并非按其特性而估定价值——特性总是无价值的——价值是人赠予的，我们就是赠予者呀！是我们创造了这个与人有关的世界呀！

我们缺乏的正是这一认识，有时刚刚抓住这一认识，可转瞬又忘了。我们误解了自己那至善的力量，而且对自己——沉思默想者——低估了一个等级，总不能如自己本可达到的那样自尊，那样快乐。

302

最幸运者的危险。——拥有敏锐的感觉和审美情趣；习惯于最精选、最美好的理念，犹如习惯于合宜和离得最近的食品；享有至强至勇的灵魂；以平静的目光和坚

[①] 【德文本注】Vis creativa：借助理论观察并且具有美学创造力。

【法文本注】创造力。

定的步态经历人生；随时准备成就非凡卓绝的事业，就像去参加庆典，满怀诸多渴念，渴念着未被发现的世界、海、人、神，聆听充满欢悦的音乐，似勇敢的伟男、士兵和航海家在这妙音里小憩、娱乐……可是，在尽情享乐的时刻，幸运者往往会热泪沾襟，忧伤难抑，因为谁不希望，这一切若是永为他拥有、永为他的现状，那该多好呀！

这是荷马的幸福所在了！荷马为希腊人，不，为他自己创造了诸神！然而无可讳言的是心灵中一旦拥有荷马式的幸福感，人就沦为阳光下痛苦不堪的生灵了！以此为代价，人们购买被生活巨浪冲上海滩的贝壳，珍贵无比的贝壳！一旦拥有这贝壳，人就愈益多愁善感，极易陷于痛苦，以至于些许的忧愁与恶感便使他们厌弃人生，一如荷马所为。年轻的渔夫们曾给荷马出了一道愚蠢的小谜语①，荷马却猜不出！是啊，小谜语就是更幸运者的危险呀！

303

两位幸福的人。——此人虽年轻，却擅长在生活中即兴表演，对此，老于鉴赏的观众也惊愕不已。[171]尽管此人一直在做大胆冒险的表演，但似乎从未失手。人们不禁想到擅长即兴演奏的音乐大师，听众觉得他们的

---

① 【德文本注】相传，年轻的渔夫们打趣地问耄耋老人荷马，他们捕捉到了什么，他们指的是虱子。荷马猜不出这个谜语，猜不中的痛苦成了他的死因。

手有如神助,是不会出错的;纵然也出错,和凡人一样,可是他们技巧娴熟,能急中生智,情绪一来,手指一动,就可以把偶然出错的音调敷衍过去,并纳入主题结构中,还赋予这纰漏以新的含义和神韵哩!

这儿还有一位,情形截然相反。凡是他决意做的,计划做的,都基本上遭到了失败。对此,他也难免沮丧,失败也曾将他逼到悬崖边,几近毁灭。如果说他终于摆脱了厄运,但所受的损害也绝非微不足道。你们以为他很不幸吧?可他早已打定主意:不必过于看重自己的希望和计划,他对自己说:"这个失败了,也许那个就会成功;总体上看,我对失败的感谢应超过对成功的感谢。我是否生来就是固执的人,头上长角的人呢?我的生活价值、生活成果在另外的地方,我的自尊心和痛苦也在另外的地方。我从生活中明白了更多的东西,就因为我常常差点失去生活,也正因为这样,我比你们所有的人从生活中得到更多的东西!"

304

在行动中抛弃①。——"别干这个!你就死心吧!战胜你自己吧!"这一类道德说教真讨厌;使我称意的道德是促使我干某事,从早到晚不要考虑别的,不要有别的

---

① 【法文本注】同一表达法已出现于第 233 节"最危险的观点"。

梦想，只是重复做这事，要专心致志，尽可能独立完成！

凡是这样生活的人，他就一个接一个地抛弃不属于这生活的东西，今天眼看这个、明天又眼看那个与他告别，犹如轻风拂动树梢时纷纷飘落的黄叶，但他毫无怨尤。要么，他根本无暇顾及这些东西的离去，因为他的眼睛只盯着自己的目标，永远前瞻，不旁骛，不后顾。"我们的行动决定我们抛弃什么，[172]我们在行动中抛弃。"我很喜欢这句话，这也是我的 placitum①。但我并非刻意追求贫乏，而是不喜欢那些消极的道德——其本质是否定和自我否定。

305

自制。——道德教师爷总是首先嘱咐人们要极力克制自己，由此传给人们一种古怪的疾病：类似痒的刺激，不断对本能的冲动和兴趣爱好的刺激。不管是从内心还是从外部，引诱和驱动被刺激者的东西实在多得很，以至于被刺激者感到他的自制难以为继、陷于危机了。于是，他怀疑自己的本能欲望，觉得不应听任本性自由翱翔，于是停留在那里，显出防卫姿态，武装起来对付自己，带着敏锐而怀疑的眼神，永远守护他自己修筑的城堡。

是呀，他可能因此而伟大了，可别人瞧他是多么可憎

---

① 【德文本注】placitum：见解。
　【法文本注】ce qui plait：所喜欢的。

啊！真是自作自受！割断与心灵中最美好东西的联系，多么可怜呀！别人也无需对他继续说教了，因为他学会了原本不属于自己的东西，早已失去自我了！

306

廊下派与伊壁鸠鲁的门徒。——伊壁鸠鲁的门徒善于审时度势，善于挑选人物和事件，务使这些适合于他们那异常敏感的智性；他们舍弃其余，因为那些是他们难于消化的食物①。廊下派的门徒则习惯于将小石子、小虫子、玻璃碎片和毒蝎囫囵吞下，而丝毫不感恶心，他们胃纳极佳，生活无论把什么杂物倒进他们的胃里均能接受，使人很容易想起阿尔及尔的伊萨②阿拉伯教派，与这些麻木的阿拉伯人一样，他们也很希望在展示其麻木（这麻木正是伊壁鸠鲁的追随者们不情愿有的）时拥有一批应邀前来的观众，以便向观众显示他们也有自己的"乐园"③。

---

① 【法文本注】尼采典型的譬喻互换做法。这里同时提到的是神经系统和消化系统。有关尼采写作中的譬喻衔接与互换，参见 Eric Blondel, *Nietzsche, le corps et la culture*，前揭。

② 【德文本注】伊萨：成立于16世纪的神秘教团，本来叫阿伊萨瓦教团。该教团大多数成员都能表演像尼采在这里所讲的那些神奇事。阿尔及尔的阿伊萨瓦教团在1880年前后拥有3000多名正式成员，其实力可见一斑。他们甚至扩张到突尼斯。

【法文本注】尼采常常以让人意想不到的方式把廊下派和阿拉伯世界联系在一起。

③ 【德文本注】伊壁鸠鲁公元前306年在雅典成立"花园"学校。

[173]禁欲主义对于随遇而安的人,对于生活在动荡时代并依赖于突然而又多变的人来说,可能是十分合适的,而有些人看透命运之神将允许他们过长期稳定的生活,便觉得依傍伊壁鸠鲁学说大有裨益,至今的脑力劳动者就是这样!在他们看来,失去敏感的刺激、得到禁欲主义那一张布满刺猬之刺的硬皮①,无疑是一切损失中的最大损失。

307

有利于评判。——你现在觉得某个东西是个错误,而当初你却对它情有独钟,把它当成真理,或认为它真实可靠。现在,你终于把它推开了,并说你的理智获得了胜利。

然而,当初你还是另一个人的时候——你永远不可能是同一个人——这错误对你也许就像现在的"真理"一样是势在必然,因为它像一层皮,隐藏和掩盖了许多你不可能看见的东西②。是你的新生活而不是你的理性扼杀了那种看法,是你不再需要那看法了,所以它坍塌了,非理性像虫一般从里面爬出来了③。

我们作评判,绝非随心所欲,也绝非完全客观,它至

---

① 【法文本注】有关皮肤的各色各样的譬喻,是尼采文本里最常见的命题之一。如见第305节"自制":"……由此传给人们一种古怪的疾病:类似痒的刺激"。有关伊壁鸠鲁主义,参见第45节"伊壁鸠鲁"和第375节"我们缘何像伊壁鸠鲁的信徒"。
② 【法文本注】有关表皮的另一个譬喻,参见上注。
③ 【法文本注】同一譬喻亦见第34节"隐藏的历史"。

少常常在证明,我们内心尚存一股生机勃勃的、可以冲破那层表皮的劲力。

我们要否定,必须否定,因为有某种东西要活在我们内心①并要肯定它自己②,这种东西,我们现在还认识不到,也观察不到! 这将有利于评判。

308

每天的历史。——你每天的历史是个什么样子呢? 瞧瞧你的习惯吧,每天的历史就是由你的习惯写成的呀。这些习惯到底是无数小怯懦和怠惰的产物呢,还是你的勇敢之产物,你那富于创意的理性之产物呢? 这两种情况泾渭分明,但是你可能会得到人们同样的赞美,你也可能给人们带来同样的功利。

不过,赞美、功利和尊敬大抵只能满足那些只求有良心的人,却不能满足你这类考察人的人,这类人知道何谓良心。

309

[174]*走出孤独。*——一天,漫游者③关上门,站在

---

① 【法文本注】Etwas in uns。此用法在尼采文本中出现了许多次,有时候稍带变化。最别具意义的莫过于《善恶的彼岸》第1节中在阐述真理的意愿时的用法。

② 【法文本注】此句必须与本书第一卷第26节"生命是什么"联系在一起读。

③ 【德文本注】漫游者:参阅本书"戏谑、计谋与复仇"第27节注1。

门后哭了,说:"求真、求实、求内在的、求良知的癖性和热情是多么讨厌啊!这个忧郁而热情的驱动者为何老跟着我?我需要休息,可它不答应。许多东西并不能引诱我在此停留!到处有我的阿尔米达乐园①,所以,我的心一再被撕裂,一腔无穷的辛酸!我必须继续迈开这疲倦的、伤痕累累的双脚,我必须前行,故而常常转头回望那些无法挽留我的至善至美的事物,不免有些怨恨——因为它们无法挽留我呀!"

310

意志与浪潮②。——浪潮来了,多么贪婪,仿佛急于得到什么!它以令人悚惧的匆忙深入岩沟的最深角落,似乎要捷足先登,占得先机,好像那里隐藏着价值连城的宝物。可这时又慢慢退潮了,依然是白花花的一片,显得兴奋。浪潮,它失望了吗?

它找到它要找的东西了吗?它佯装失望了吗?又一浪潮来了,比前一次更贪婪、更凶悍,它的心灵似乎充塞着秘密和掘宝的兴趣。浪潮就是如此生活。我们,有意志的人们也是这样生活,我不想说得更多。

---

① 【德文本注】阿尔米达乐园:仙女乐园,最美的魔女阿尔米达首先将骑士里纳尔多吸引进园。这个故事见意大利诗人塔索(Torquato Tasso,1544—1595)的叙事诗《被解放的耶路撒冷》(1575年)。

② 【法文本注】谐音游戏:Wille(意志)和 Welle(浪潮)。

什么？你们不相信我？你们对我发火，你们这些漂亮的怪物？是否怕我全部泄露你们的秘密？那好吧！尽管对我发火吧，尽你们所能，高高掀起你们那碧绿的、凶狠的身躯吧，在我和太阳之间筑起一道高墙吧，就像你现在所为！真的，这世间现在除了绿色的朦胧和闪电外别无他物了。你们这些傲慢的家伙，涌流吧，喜悦或凶恶地咆哮吧，或者潜入海底吧，把你们的绿宝石撒向深渊吧，再把你们那无尽的白色浪花和泡沫覆盖其上吧。这一切对我合适，就因为这一切对你们合适。我岂能背叛你们呢？因为——好好听着！——我了解你们，了解你们的秘密，了解你们的族类。你们与我本属一族呀！你们和我——我们共有一个秘密！

311

[175]折光。——人并非一贯勇敢，当厌倦之时，我们这类人也会发出如许的悲叹："给人添苦恼，是件十分棘手的事；噢，但又不得不这样做啊！假若我们想摆脱苦恼而隐居起来，那对我们又有何益呢？还不如生活在熙熙攘攘的人群中，愚昧地同愚者共处，虚荣地同虚荣者共处，狂热地同狂热者共处，这样做是否更可取呢？如此傲慢的偏执是否欠妥呢？当听到别人对我怀有恶意时，我的第一感觉是否就是满意呢？正是这样啊！我似乎在对那些人说：我同你们格格不入，许多真理在我这边。你们尽管把幸福建立在牺牲我的基础上吧！这儿是我的缺

点、失误、幻想、厌倦、困惑、泪水、虚荣、矛盾,似猫头鹰一般的藏匿……你们觉得好笑吧?那你们就笑、开心地笑吧!事物的规律和本质是希望缺陷和错误给人带来快乐,我对此并不生气。

诚然,曾经出现过"比较美好"的时代,那时,人们每当有个新颖的思想就感到自己不可缺少,就带着新思想跑到大街上对每个人喊道:"瞧呀!天国临近了。即使没有我,我也无所谓了。我们大家都是可有可无的。"假如我们勇敢,就断不会产生这种想法,我们真不会这么想啊。

312

我的狗。——我给我的痛苦起了个名字,管它叫作"狗"。它与别的狗一样,忠诚、有趣、聪明、纠缠不休。我可以对它厉声呵斥,在它身上发泄恶劣情绪,就像别人对待他们的狗、仆人和老婆一样。

313

[176]不画刑讯图。——我要学拉斐尔[①],不再画刑讯图。世间的崇高事物已经足够,犯不着到那样的

---

① 【德文本注】拉斐尔(Raffaello Santi, 1483—1520),文艺复兴盛期意大利画家、建筑师。

地方去寻觅。在那里,崇高与残酷为邻,犹如亲生姐妹。倘若我立志当崇高的刽子手,我的雄心绝不会感到满足。

314

新家畜。——我要把我的狮子和老鹰①留在身边,以便随时得到暗示和预兆,知道我的力量之强弱。难道我现在一定要轻视它们而又害怕它们吗?它们战战兢兢仰望我的时刻会重新到来吗?

315

最后的时刻。——风暴是我的危机所在:我会遭遇那置我于死地的风暴吗?正如奥利弗·克伦威尔②死于风暴一样?或者,我会像蜡烛一样熄灭吗?它不是被风吹熄的,而是因为自感厌倦,是一支燃尽的蜡烛?再或者,我们自己吹熄,以免燃尽?

---

① 【德文本注】"狮子和老鹰":同时也是扎拉图斯特拉的象征物。参阅尼采著作《扎拉图斯特拉如是说》的"前言"和"论三种变形"(1883年)。

② 【德文本注】克伦威尔(1599—1658),英国政治家,清教徒。1645年他决定发动一场议会党和查理一世之间的英国内战,在驱散议会、战胜苏格兰人和爱尔兰人后,他于1653年担任"护国公",为共和政体军事独裁的首领。他领导的其他战争增强了英国的殖民、商贸和航海的势力。

316

预言家。——诸位有所不知,预言家实际上是很痛苦的。你们只以为他们大才槃槃,并且希望自己也具有他们的"天赋"。

然而,我想打个比方。空气里,云层里的电使动物多么痛苦啊!我们知道,有些动物有预测天气的能力,猴子便是。(在欧洲也可以观察到,不限于直布罗陀 Menagerien①。)但是我们没有想到,它们的痛苦与预言家的相似!当强大的阳电突然遇到云层里的阴电,[177]当天气即将骤变的时候,这些动物便如临大敌,要么准备抗御,要么准备逃逸,不过大多数情况是溜之大吉。它们把坏天气不是当成天气,而是当成敌人,它们已触到敌人的手了。

317

回顾。——我们处在某一生活阶段,很少意识到这期间迸发出来的激情,只觉得它是我们唯一的理性状态,全然是 Ethos, nicht Pathos② ——这里姑且借希腊人的

---

① 【德文本注】Menagerien:禁猎区。
② 【德文本注】Ethos, nicht pathos:习俗的生活状态,而非主观激情。
【法文本注】古希腊思想中的一对传统的反 (转下页注)

口吻作如此区分。

今天,几首乐曲唤起我对冬天、对一幢楼宇和对一种归隐林泉的生活的忆念,并且使我重温当初浸淫于其中的那种感受——那时我认为是可以永远如此度过一生的;可现在我才领悟到,这在当时完全是激情,一如眼下这充满痛苦和安慰的音乐。这类激情,人们不可能保留数年,更不可能保留永远,否则也未免过于"不食人间烟火"了。

318

痛苦中的智慧。——人在痛苦中与在欢乐中一样,同样有智慧。痛苦与欢乐同属保持人之本性的头等力量,如果它们不是这种力量,早就被祛除了。顾名思义,痛苦就是给人制造痛苦,但这不能成为反对它的理由,这正是它的本质所在呀。

我在痛苦中听到船长的命令:"收帆!"一个勇敢的航海家——"人"一定练习过千百种扬帆的方法,否则他就会太快结束,大海也会迅即将其吞没。我们过日子也必须节省精力,一旦痛苦发出可靠信号,就须及时如此对应。大的危机和风暴逼近时,我们要尽力避免"被吹得胀鼓鼓",要好自为之。

(接上页注)命题。Ethos 指特点,是永恒的定义;pathos 指激情,是过渡的状态。值得一提的是,从《善恶的彼岸》开始,尼采经常用 pathos 指代情感性模式,亦即这样那样价值学的等级分类的基础。最具有戏剧意味的一次阐述,莫过于尼采分析"距离的 pathos"(如见《道德的谱系》第一章第 2 节)。

的确,也有人在巨痛迫近时听到相反的命令。[178]风暴起时,他们不以为意,坦然处之,比风暴更傲然、欣然、更似赳赳武夫,是啊,是痛苦本身给他们带来了最伟大的时刻!他们是人类中承受痛苦煎熬的英豪、伟人。对于痛苦,这些罕见之士必有自己的辩白。真的!人们不应拒绝他们的辩白!痛苦是保持和促进人之本性的头等力量,纵然他们是通过抑制安乐舒适、毫不隐讳地厌恶欢乐才具备这力量的。

319

经历的诠释者。——所有宗教的创始人以及与他们类似的人都谈不上诚实。他们向来不是以自身的经历、体验认识事物。"我到底经历了什么?当时在我内心、在我周围发生了什么?当时我的理智清醒吗?我的意志是否排除了感官的迷惑,勇敢地抑制了幻想?"他们之中无人这样问过。可爱的教徒们现在也不这样问。他们只是渴望得到反理性的东西,并且希望轻而易举地满足这一渴望①,唯其如此,他们才经历"神奇"②和"再生"之类,

---

① 【法文本注】有关某类人所特有的某种程度的需求,以及从第 8 节"没有意识到的道德"起就提到的自我满足的轻易性,在此重新得到阐述。教徒们的思想被控诉,与此同时,一种新的属于未来哲人和自由精神的思想,以及其所代表的决不妥协的精神,在此得到揭示。

② 【法文本注】参见《善恶的彼岸》第 47 节:"怎么?一个'奇迹',无非是解释的错误,语文学的欠缺?"

聆听安琪儿的妙音!

可是,我们——渴求理性者——则要严格体察自身的经历,像对待一项科学试验,时刻体察!我们要做自我试验,成为试验动物。

320

再度晤面。——A:我是否完全理解你?你仍在寻求吗?在这现实世界里,何处是你命运的归宿呢?你在何处可以沐浴阳光、安享无尽的舒适、证明你的存在价值呢?你好像在对我说:但愿我们各管各、抛弃泛泛之论吧,没必要替别人和社会操闲心啊!

B:我要做的绝不止此。我不是寻求者。我要为自己创造一个属于自己的太阳!

321

[179]慎之又慎。——我们不要在惩罚、责备和纠正别人方面用过多的心思!我们是很难改变一个人的。即使我们这件事做成功了,那么我们说不定在不知不觉中也被别人改变了!

倒不如静观默察,等待着我们的影响胜过别人的影响吧!还是不要参与直接的斗争吧!斗争亦即惩罚、责备和纠正别人的意志呀!还是把自己提升得更高吧!赋予自己的榜样以更加绚丽夺目的色彩吧!用自己的光亮使旁人黯然失色吧！我们不要被别人搞得灰头土脸,像一切惩罚者和不满意者那样。我们宁可走开,眼观别处!

322

比喻。——假若所有的星星均在思想家内心的循环轨道上运行,那么他们就不是最深刻的思想家;洞察自己就像洞察无限的宇宙,并将银河体系纳入内心,这样的人才知道,银河体系也是无规律的,它导致存在的混乱和迷宫一般的情状。

323

命运的奖赏。——命运给我们最大的奖赏,莫过于它让我们站在敌人一边战斗一个时期。这样,我们注定要获大胜。

324

In media vita[①]！——生活没有让我失望,绝没有!年复一年,我觉得生活愈益实在、愈益值得贪恋和神秘了。这感觉始于这一理念:生活是求知者的试验,并非义务、灾难和欺骗! 这理念是伟大的解放者!

---

① 【德文本注】In media vita:在生活中。

知识对他人也许意味着别的什么,比如是歇息的床,或达到歇息的途径,或消遣,或无聊的玩意;在我,知识则是一个既充满危险又充满胜利的世界。在这里,英雄也有用武之地。

[180]"生活是获取知识的途径",心里有了这一原则,人就不仅勇敢,而且也活得快乐、笑得开怀!而善于笑和生活的人,难道不是首先善于战斗并夺取胜利吗?

325

什么是伟大?——假如一个人在内心没有给自己增添巨痛的力量和意志,他如何能成就伟业呢?人能吃苦,这实在微不足道,连柔弱的妇人乃至奴隶,在这方面也有不同凡响的表现。

但是,倘若给自己增添巨痛、听见巨痛的呼号却不被巨痛和不安所毁,这样的人才堪称伟大啊!

326

心理医生与痛苦。——道学家和神学家有一个共同的劣根性:老是喜欢向人们唠叨,说人们的身心状况欠佳,必须进行彻底、艰难的治疗。人们也总是热衷于聆听这类说教,几百年如一日,也就真的相信这个偏见了,觉得自己的身心状况的确很糟了,所以老是长吁短叹,愁眉苦脸,觉得生活无望,仿佛忍耐已达极限了。

可实际情况到底如何呢？实际上，他们是坚信和热爱生活的，满腹的诡计和灵巧足以打破窘困，拔除痛苦和不幸的棘刺。

我以为，人们性喜夸大痛苦和不幸，这似乎已成"优良"的生活习惯了；另一方面却绝口不提那些镇痛的、诸如麻醉剂一类的药物。镇痛的良方还包括匆忙思考、安静的环境、美好和痛苦的回忆、意图、希望、形形色色的自尊和同情，这一切几乎都能达到 Anaestheticis① 的效果，[181]而痛苦达到极致就自然而然地不省人事了。我们十分善于在苦中加甜，尤其给心灵痛苦加甜，无论在勇敢和崇高之时还是在屈服和绝望中作谵语（高尚的谵语）时都有镇痛的辅助药物。

损失仅为一时性的损失罢了，我们一旦受损，便有某种馈赠自天而降，比如一种新的力量，比如仅为获得力量的契机，这也很好！道学家对我们这些"恶人"的心灵"痛苦"瞎想些什么呀！对热情之人的"不幸"又胡诌我们什么呀！是啊，欺骗在这里才是正题②：他们明知我们这类人多福多欢，却对此讳莫如深③，因为那样有悖于他们的理论啊。按照这理论，一切幸福的源泉在于灭绝激情，剪除意志！

末了，关于这些心理医生的良方及其鼓吹的彻底、艰

---

① 【德文本注】Anaestheticis：镇痛剂。
② 【法文本注】参见第157节"撒谎"。
③ 【法文本注】对观《善恶的彼岸》第39节："……为了说那些幸福的人的什么坏话——对于他们，道德家们缄默不语。"

难的治疗,我们不禁要问:我们的生活果真如此痛苦、不堪负荷而不得不用禁欲主义的、呆滞的生活方式取代才行吗？我们的状况并没有坏到必须接受禁欲主义生活方式的地步呀！

327

严肃对待。——大多数人的智力是一部笨拙、阴暗而嘎嘎作响的机器,运作起来实在有点叫人厌烦。他们开动这部机器进行慎思,就叫作"认真对待事物"。噢,慎思,对他们必定是件麻烦事。

一旦可爱的 Bestie Mensch[①] 陷入沉思,似乎就没有不失去良好心绪的,它变得"严肃"了！"哪里有欢笑和愉悦,哪里思维就失灵",这严肃的动物居然对一切"快乐的科学"有如是的偏见——好吧！就让我们证明这的确是偏见吧！

328

打破愚昧。——有人振振有词地顽固地鼓吹一种信念:个人本位主义是卑鄙龌龊的。这信念显然给个人本位主义造成了损害(而有利于群体本能意识,我将要重复

---

① 【德文本注】Bestie Mensch:意即动物人。古代对人的定义,一方面是"动物",另一方面是"生物",会笑的理性生物。

一百遍这么说),[182]因为它抽掉了个人本位主义中良好的意识,认定它是万恶之源。

"个人主义是你一生的不幸",几千年来就是这样对人说教的,可正如上述,这剥夺了个人主义的许多智慧、欢乐、想象力、美,而使它愚化、丑化和毒化!相反,古代哲学教导人们认识不幸的原因则完全不同,从苏格拉底①起,思想家们教诲说:"你们没有思想、愚昧、按常规得过且过,从属于邻人的意见,这,就是你们少有幸福和欢乐的原因了,而我们思想家才是最幸福最欢乐的呀。"

在此,我们姑且不论这种反愚昧的教诲是否比那种反个人主义的说教理由更充分些,然而,可以肯定的是,这教诲抽掉了愚昧意识中那自视良好的一面,这些哲人打破了愚昧。

329

闲暇与懒散。——存在着一种印第安人血统特有的野性,当年美国人掀起的淘金热就是这野性的表现,他们干活匆匆忙忙,连气都喘不过来。新世界这种固有恶习已传染到欧洲,古老的欧罗巴也变得粗野起来了。奇怪的倒是,人们对此竟无任何想法。

---

① 【德文本注】苏格拉底:来自雅典的希腊哲学家。他以讥讽的提问技巧和对话形式揭露错误的知识,将其斥为无知("我知道我一无所知"),令他的同代侪辈十分尴尬,终于被指控为蛊惑雅典青年而被处以服毒死刑。苏格拉底接受了这一遭到其门徒反抗的判决。他没有亲自著书立说,他的哲学思想主要由柏拉图以苏格拉底对话形式记录并流传。

时下,人们多以休息为耻,长时间的沉思简直要受良心的谴责了,思考时,手里要拿着表;午膳时,眼睛要盯着证券报。过日子就好比总在"耽误"事一般。"随便干什么,总比闲着好"①,这原则成了一条勒死人性修养和高尚情趣的绳索。

由于劳动者的匆忙,一切礼仪和礼仪情感也消亡了,根本无暇顾及动作的节奏了。现在到处要求做事要粗略而明晰,便是明证。在希望与别人真诚相处的一切场合,在与亲朋、妇孺、师生、上司和王公贵族的交往中,人们既无精力又无时间来考虑仪式、[183]繁琐的礼节、交谈的睿智,更谈不上安闲了。追逐利润的生活总是迫使人们费尽心机,不断伪装,要尽阴谋,占得先机。要比别人在更短的时间内成事,时下已成为特殊的美德。于是,允许人们恢复诚实本性的时间实在少得可怜,就在这少有的时间里,人们也是疲惫不堪,要尽量伸展四肢百体呀。

人们写信也按这个习俗,书简的文体和内容无不打上"时代的征兆"②。如果说还存在社交的快乐和欣赏艺术的快乐,那么这快乐也像是奴隶在工作劳累之后稍微放松一下而已。啊,我们这些有教养或无教养的人对这"快乐"是多么满足啊!然而不久又慢慢对该不该有这快乐产生了怀疑!劳动越来越获得良好意识:图快乐的习

---

① 【法文本注】在《自然与恩惠原则》(*Principes de la nature et de la grâce*)第7节"为何有胜于无?"中,尼采以戏谑的语气提出莱布尼茨这一著名的理性原则("伟大的原则")。

② 【德文本注】"时代的征兆":参阅《马太福音》16:3。

性自称是"恢复体力的需要",并开始自感羞愧了。

"我们对自己的健康是欠了账的",若某人在乡间的聚餐会上被人发现,他会惯于这样申辩。是的,不久可能会出现这样的情形:人们在对这一习性,即对生活进行思考的习性作让步时(也就是一面思索一面散步,或同友人散步),会内心感到不安,会自我蔑视。可是,从前的情况刚好相反,劳动在人们的意识中总是不光彩,名门望族的后裔要是不得已去干活,就会向人隐瞒自己的工作。奴隶干活也有思想负担哩,认为是在做被人瞧不起的事。"干活"本身就是卑贱,"只有 otum[1] 和 bellum[2] 才有高贵和荣誉可言",此为古代的偏见!

330

掌声。——思想家不需要旁人的喝彩和掌声,只要对他自己的掌声从不怀疑就行——对他来说,这是断不可缺少的。有谁不需要自己的掌声或类似掌声的赞美吗?塔西佗在谈论智者(并非中伤)时说:quando etiam sapientibus gloriae cupido novissima exuitur[3]——就

---

[1] 【德文本注】otum:安闲。

[2] 【德文本注】bellum:战争。

[3] 【德文本注】quando ... exuitur:意即"因为即便智者也是在万不得已时才放弃对荣誉的追求"。参阅古罗马历史学家塔西佗(Cornelius Tacitus,公元 55—116)《历史》第 4 部分。
　　【法文本注】尼采在《道德的谱系》第 3 节的第一段结尾处重新引用了这句话,但稍有变动。

是说,他从来不会这样做。

331

[184]宁愿耳聋,不愿震耳欲聋。——从前,人们只需要轻轻招呼,现在不顶用了,必得大声呼叫才行,因为市场大大扩展了。这么一来,嗓门本来就大的人还得扯开嗓门,增大音量,就是上等货也得声嘶力竭地叫卖。若是没有市场上的嘶哑叫唤,时下也就不存在天才人物了。

对思想家来说,这自然是个邪恶的时代。思想家必须学会在两种嗓音中寻求宁静,还要佯装耳聋,直至有一天真的变聋。他若还没有学会这一套,那就存在一种危险:因焦躁和头痛而致死的危险。

332

不愉快的时刻。——大抵每个哲学家都有过不愉快的时刻,他在这个时刻思忖道:人们若是连我的普通道理都不信,这能怪我吗!

然后,一只幸灾乐祸的小鸟从他身边飞过,啾啾而鸣:"这能怪你吗?这能怪你吗?"

333

何谓"认识"?——斯宾诺莎以其特有的朴实而高超

的方式说：Non ridere, non lugere, neque detestari, sed intelligere!① 那么，这"理解"到底与前三者——我们立即就能感知的——有何不同呢？它是嘲笑、哀叹和鄙视这些相互对抗的本能欲望所产生的结果吗？在产生一种认识前，每一种本能都必然首先对这一事物或所发生的情况提出单方面的看法，然后，各种单方面的看法彼此斗争，从斗争中产生折中，达到平衡和各方的认同，达成公平和契约。这些本能借助这公平和契约便可保存自我，维持彼此的权利。我们只明白了这一较长过程中所达到的最后和解与结论，并据此认为，所谓理解，实则为一种和解的、公平的、良好的、本质上与本能完全相反的东西，[185]只不过是各种本能相互之间的某种关系罢了。

长久以来，人们把有意识的思考视为思考的全部。现在我们才逐渐明白，思维活动大部分都是在我们无意

---

① 【德文本注】Non ... intelligere：意即"不要嘲笑，不要哀叹，不要鄙视，而要理解！"此意源于斯宾诺莎的《伦理学》第3部分"前言"。

【法文本注】斯宾诺莎在这个前言里两次用到此句，以批评哲学家们为了把自然中的人想象成为一个王国里的国王，对人的天性采取了一种过于热烈的态度，而没有能够以哲学的方式来分析激情。斯宾诺莎的两个句子如下：

... sed nescio cui naturoe humanoe vitio tribuunt, quam propterea flent, rident, contemnunt, vel, quod plerumque fit, detestantur.[……可是，在人的天性里存在着不知什么缺陷，为此，他们嘲笑、哀叹、鄙视。]

Nam ad illos revertere volo, qui hominum Affectus et actiones detestari vel ridere malunt, quam intelligere.[现在，我想回来谈谈这样一些人，他们喜欢鄙视和嘲笑激情及人们的行为，甚至胜于理解。]

识、无感觉中进行的;①但我还认为,这些相互斗争的种种本能彼此十分敏感,并力图给对方添增痛苦。这就是思想家往往会突然感到精疲力竭(战场上的精疲力竭!)的根源所在了。不错,在我们内心也许潜藏着英雄气概,但它绝非斯宾诺莎所说的神圣的、"永自安眠"的东西。②

有意识的思考,特别是哲学家有意识的思考,其实是一种最软弱,因而相对也是最温和、最宁静的思考方式。如此看来,对于认识之特性的理解,最容易出错的恰恰是哲学家了。

334

必须学会喜爱。——我们对待音乐,首先必须学会把握音乐形象和旋律,学会把它当成一种孤立和隔绝自我的生活,然后还需要良好意愿,作出努力,方能接受它。尽管它陌生怪异,他们仍然对其意境和表现方式保持忍耐,对其神奇保持慈善心态,久而久之,我们终于习惯于它了,我们期望它了,缺少它时,就若有所失;于是,它也就源源不断地施展其魅力和强制,一发不可收拾,直到我

---

① 【法文本注】参见第 357 节"老问题:何谓德国式",以及《善恶的彼岸》第 3 节。
② 【法文本注】此处的斗争不仅仅发生于认知过程,也发生在人类的整个生活之中。参见 M. Muller-Lauter, *Der Organismus als innerer Kampf. Der Einfluss von Wilhelm Roux auf Friedrich Nietzsche*, in *Nietzsche Studien*, Berlin-New York, Walter de Gruyter, 1978。

们最终爱它,对它俯首帖耳,心醉神迷,乃至不知世上还有什么更美妙的事物。

我们就这样学会了喜爱音乐,对其他事物也是这样。我们总是对陌生怪异的东西保持良好的意愿、耐心、谦逊和温和的态度,因而最终获得激赏:陌生怪异之物慢慢抛却面纱,呈现新奇的、无可言状的美,这是它对我们殷勤好客的酬谢啊。

凡是自爱的人都是通过这样的途径学会喜爱的,舍此别无他途。人,必须学会喜爱。

335

[186]向物理学欢呼致敬。——到底有多少人善于观察呢?而在少数善于观察者中又有多少人善于观察自己呢?

"每个人都是离自己最远的人",①察人者明于此,感到很扫兴;"认识你自己吧!"②这箴言是上帝对人说的,它充满恶意,且与观察自我联系起来,实令人失望。几乎每个人在谈论德行时所表现出的气质(快捷、乐意、自信、健谈、眼神、微笑、可人的热情等)都证明这箴言的确是与

---

① 【德文本注】与此相反的说法是:"每个人都是离自己最近的人",源于罗马诗人特伦茨(公元前 200—前 159)的喜剧《安德利阿》第 4 幕第 1 场。

【法文本注】尼采还在《道德的谱系》第 1 节中引用了这句话。

② 【德文本注】"认识你自己吧!"德尔斐阿波罗神庙的铭文。

观察自我挂上钩的,他似乎要对你说:"亲爱的先生,这是我自己的事呀!还是带着你的问题去找那个人吧,那人会做如下回答:我在任何事情上都没有像在德行方面那样明智。这就是说,当人判断'这是对的',推断'此事必然发生',并且做被自己称为正确和必然的事时,那么,他们行为就是符合道德的!"

可是,我的朋友,你刚才对我说了"这是对的",你何以知道这个是对的,恰恰这个是对的呢?"因为我的良知告诉我这个对;良知首先决定何者是符合道德的,那它就绝不会说不道德!"那你为何一定听从良知呢?你怎么会把这一判断看成是真实可靠的呢?难道就没有别的良知了吗?难道你对一种理性的良知①,亦即隐藏在"良知"背后的良知一无所知吗?"这是对的"——你的这一判断的来历,可追溯到你的本性、好恶、经验和非经验。你必须问:"这是怎么发生的?"接着还需问:"究竟是什么迫使我听从它?"你听从它的命令,正如士兵听从长官的命令,或者像一位妇人深爱着对她发号施令的男子,或者像惧怕发号施令者的懦夫和"马屁精",或者像追随他人、毫无主见的傻瓜。总之,你听从良知的原因可能有一百种,然而,你只把这个或那个判断当成是良知在发话,[187]亦即感觉它是对的,其原因就是你从未对自己做过深思熟虑,盲目接受自童年起被人称为"对"的事物;或者还有这样的原因:你的面色和荣誉,连同被你称为"己任"的东西

---

① 【法文本注】参见第 2 节"理智的良知"。

发生了困难,事关生存条件,所以你被迫认为那是"对"的(你有生存的权利,你认为这无可厚非!)。

你那一成不变的道德评价说不定就是一种证据,即证明你个人的可悲和没有人格,你的"道德力量"的源泉可能就在于你的固执,或者可能就在于你的无能,即无能审察新的崇高目标!简言之,你若是思考更周全一些,观察更仔细一些,学习更多一些,那么你在任何情况下都不会把自己的"责任"和"良知"称为责任和良知了。洞见当初的道德评估是如何产生的,你就会感到"责任""良知"这些庄严字眼是何等索然无味,正如你对其他的庄严字眼诸如"罪恶""拯救灵魂""解脱"等等感到扫兴一样。

我的朋友,现在我不谈"绝对律令"了!这个词使我耳朵发痒,忍不住发笑,尽管你在场,一脸的严肃。此刻,我想起了老康德,他受到"绝对律令"的袭击,心乱如麻,遂逃进自己内心的"上帝""灵魂""自由"和"永恒"处,犹如一只狐狸慌张地逃回牢笼。而先前,康德的力量和智慧是打破这牢笼的!这或许是对"绝对律令"、对被他骗到手的"绝对律令"的惩罚,委实滑天下之大稽!

什么?你很钦佩内心的绝对律令?钦佩道德评价的"固定性"?钦佩"大家必须像我这样评价"的"绝对性"?果如此,还不如钦佩你的个人主义,钦佩你的个人主义的盲目、狭隘和平庸呢!所谓个人主义就是把你的评价当成普遍的准则,而个人主义之所以是盲目、狭隘和平庸的,就因为它表明你尚未发现自己,尚未创造出你的独特、最独特的崇高目标——这目标从不是另一个人的,更不是大家的。

谁若作出这样的判断:"在这种情况下,人人都必须这样做",谁就还没有在"认识自我"方面走出五步远;否则他一定晓得:[188]世上不存在、今后也不可能存在相同的行为;每个行动都是以独有的、不可能重复的方式完成的,每个将要完成的行动也是如此;行动的所有准则只涉及粗略的外表(即使迄今一切道德那些最深层和最精细的准则也是这样),用这些准则只能达到表面上的同一性,因而是虚假的;每个行为,无论对它观察还是回顾,都是琢磨不透的;我们对一些诸如"好""高尚""伟大"等等的看法根本不可能用自己的行为来证明,因为每个行为是不可认知的。不错,我们的观点、价值评估是我们行为体系中最强有力的杠杆,然而在各种情况下,它们的力学原理又是不可能得到验证的。

如此说来,还是让我们一门心思来净化自己的观念和价值评估吧,不要再考虑"我们行为的道德价值"吧,我的朋友!人们喋喋不休地议论道德,这在当今实在令人讨厌。在道德法庭上搞审判,这有违我们的兴趣,让我们把这些议论和兴趣还是留给那些人吧,留给那些只会把一部分历史拖入当代、否则便无所事事的人吧,留给那些从来不是当代人的人吧!他们可是人多势众呀,他们占了大多数!

我们要成为我们自己——新颖、独特、无可比拟、自我立法、创造自我的人!为了当创造者,我们必须成为物理学家。迄今一切价值评估和理想全都建立在对物理学的无知和违背物理学的基础上,所以,我们要向物理学欢呼致敬! 更要向强迫我们钻研物理学的诚实欢呼致敬!

336

大自然的吝啬。——大自然为何对人如此吝啬,不让人各按其内在的光辉或多或少地发光呢?

[189]伟人的升降沉浮为何不像日出日落那样,呈现可视的绚丽? 人类的一切生命竟然简单明确到如此地步!

337

未来的"人性"。——当我用遥远的目光回望那遥远的时代,便发现现代人身上除了奇怪的道德和疾病外,再也找不出任何其他惹人瞩目的东西了。姑且把我的观察称为"历史意识"吧。

历史意识是导致历史出现新奇和怪异事物的萌芽,倘若这萌芽假以时日,比如几个世纪或更长的期许,会最终长成散发奇妙气味的奇妙植物,因它之故,我们古老的地球会比迄今更宜于人类安居。我们当代人刚开始一环一环地铸造情感链条,亦即对未来的强烈情感链条,但又几乎不知自己的所为。

对我们而言,这似乎称不上什么新情感,而是旧情感的弱化与式微——历史意识依旧如许的贫乏与冷漠,许多人受到它的袭击,犹如受到寒潮的侵袭一般,变得益发贫乏与冷漠了；另一些人觉得历史意识是老之将至的征候，他们视地球为忧郁的病人，这病人为了忘却自己的今天，乃撰写自己的青春史。事实上，谁把人类的历史一股脑儿当成自己的历史加以感受，谁就会普遍触摸到各色人物的忧伤：顾虑自身健康的病人，回忆青春之梦的老者，被人夺走恋人的情郎，理想毁灭了的殉道者，在战斗中未决出胜负却造成朋辈伤亡的迟暮英雄。这便是一种新的情感色彩。

然而，承受和可以承受这形形色色、不可胜数之忧伤的英雄犹在，他在翌日的战斗打响后，犹能对朝霞和自己的命运欢呼，他思接千代，目通万里，继承了往昔一切高尚的思想，且在继承中满怀责任感。这些志行高洁之士，迄今尚无人可望其项背，他是新一代志行高洁者的"头胎儿"，[190]他把人类的一切，诸如最老、最新之物、损失、希望、征服、胜利等集于内心，压缩为一种情感，由此而产生人类前所未有的幸福，一种充满力与爱、泪与笑的神圣幸福。这幸福宛如夕阳，一直馈赠它那永不枯竭的财富，并将其倾入汪洋大海，当最可怜的鱼儿也能借助夕阳余晖的"金桨"划动时才感到自己最为富有！这神圣的情感就是未来的人性！

338

受苦的意志与同情①。——首先做个富于同情心的

---

① 【德文本注】参阅本书第一卷第 13 节注 2（即书页 100 注①）。

人,对你们自己是否有益呢?你们若富于同情心,对受苦的人是否有益呢?对第一个问题,我们暂且不予回答。

别人几乎不了解我们所受的巨痛,即使同吃一锅饭的人,我们也会对他隐瞒;可是当别人发现我们的苦处,又把苦处视为平淡,轻飘飘地祛除别人的痛苦,本来就是同情的天性呀。然则,我们的"施主"比敌人更贬低我们的价值和意志,同情的施主在对不幸者施舍善举时,往往会有智性的轻率表现,即饰演命运之神的角色,这实在有点使人愤愤不平:他完全不懂,内心的顺从和依附正是你我不幸的所在。我心灵的整个结构,通过"不幸"达到心灵平衡,开发新的需求和源泉,旧伤痕的愈合,对过去的排拒等,总之,凡是与不幸可能有联系的东西,亲爱的同情者一概漠然置之,他只想帮助他人,却根本想不到,世间存在不幸对个人来说是完全必要的;也根本想不到,你我需要恐惧、匮乏、贫困、黑夜、冒险、鲁莽、失误,正如需要这些东西的对立物一样;他也根本想不到——恕我说得神秘一点——通往个人的天堂之路总需穿越个人的地狱①。不,他不懂:"同情的宗教"[191](或"心")发令帮助别人,当有人最快地完成了帮助,这个人就认为他的帮助最得力!倘若你们——这一宗教的追随者——对别人和对自己也怀有这种想法,倘若你们不愿意让自己的痛苦留在身上,连一个小时也不让留,而且防止了一切可能

---

① 【法文本注】同一用语亦见《道德的谱系》第三章第 10 节和《朝霞》第 113 节。

自远处而降的不幸,倘若你们把痛苦和不快当作邪恶、可憎、该死、生存的污点,那么,在你们内心除了同情的宗教外还有另一宗教,即舒适的宗教,而且后者说不定还是前者之母呢。哎呀,你们这些善良和舒适的人啊,怎么对人的幸福几乎是一窍不通呢! 须知幸与不幸原本是一对孪生兄弟,它们共生共长;可是,它们在你们身上总也长不大!

好,让我们再回到第一个问题上来吧。一个人怎样才能固守在自己的道路上呢? 总有某种呼喊在召唤,召唤我们到旁边去;可我们的眼睛却绝少看见那里有什么东西,所以没有必要马上丢弃自己的东西,快步跑到旁边去。我知道,把我引入歧途的方式方法不下百十种,而且都是冠冕堂皇的,最高级的要数"道德"方法了! 是啊,怀有同情心的道学家甚至认为,恰恰这个,而且只有这个才是符合道德的:离开自己的路,赶快去帮助邻人! 我也十分清楚,只需要让自己目睹一次真正的痛苦,那我也就失落了! 假若一位受苦的朋友对我说:"你看呀,我马上就要死了,你答应我,与我一起死吧!"我会答应他的,正如当我看见一个为自由而战斗的山民会使我下定决心向他伸出援手,甚至献出生命一样——这是出于良好动机而挑选出来的例子,并不怎么妥帖。是的,确实存在一种隐秘的诱惑,让你去帮助一切令人同情的人,呼喊"救命"的人;而且我们"自己的路"又过于艰难,要求过于苛严,离旁人的爱和感谢也太远,所以我们也不是不愿意离开它,不是不愿意离开自己的良知,而逃进旁人的良知,逃进

"同情宗教"的可爱庙宇。

现在,一旦爆发某场战争,就会引发一个民族中的高尚人士那秘而不宣的欢悦情绪。[192]他们以狂喜的心情直面死神的威胁,因为他们相信,为国捐躯便使他们终于得到那个久寻而不可得的允许了,即允许偏离自己的目标了。对他们,战争就是曲线自杀,伴随着良知的曲线自杀。

为了免谈别的,我就公开说出我的道德吧:隐居起来吧,这样使你能活下去!① 不必了解那些被时代认为是至关重要的事情!把三百年的悠长岁月横亘在你与当代之间吧!将当今的喧嚣,即战争和革命的喧嚣,当作是对你喃喃低语吧!你也会帮助别人的,不过只帮助你完全了解其痛苦的那些人,因为他们与你有同样的希望,也就是说,你帮助的是朋友,而且是以你自己帮助自己的方式去帮助的。我要使他们更勇敢、坚韧、单纯、愉快!我要教给他们时下很少有人懂得的东西,也是鼓吹同情的人最不懂的东西:同乐!②

339

Vita femina③。——要看出一件作品美的极致,光靠

---

① 【法文本注】尼采引用了司汤达的名句:"藏起你的生命!"(*Journal*《日记》,1814 年 7 月 4 日, in *Oeuvres intimes*,前揭,p. 907)。

② 【法文本注】对观此段的位置与《善恶的彼岸》第 295 节的位置。

③ 【德文本注】Vita femina:生活似女人。

知识和良好意愿是不够的,还要靠极为罕见的偶然机遇:云彩的纱巾从这美的极巅飘走,太阳在高空朗照,为我们。

我们必须站在合适的地方观察,我们的心灵也必须把纱巾从心灵的至高点揭去,心灵需要外在的表达,以便获得一个支撑点并掌握自己。然而,这一切鲜能同时实现。所以,我以为,一切美好事物,不管是作品、行为、人,还是大自然,其极巅至今仍不为大多数人所了解,甚至对最优秀的人物也隐而不彰。极巅即使显露了,也只显露这一次而已。

希腊人曾祈求过:"让所有美的东西展现两三次吧!"①噢,他们如此吁请神明是很有道理的,因为无神的现实世界根本不给我们提供美的东西,要么只提供一次!我说,世界充满美的事物,然而它们得以展露的美妙时刻实在罕见。② 但这也许正是生活的最大魅力所在了:[193]一块用黄金编织的、充满美好机遇的面纱屏蔽着生活,蕴含着希望、抗拒、羞涩、嘲讽、同情、诱惑……是啊,生活就像女人!

340

临终时的苏格拉底。——我十分心仪苏格拉底,

---

① 【德文本注】参阅柏拉图《高尔吉亚》498e 和《斐勒布》59e—60a,以及恩培多克勒《残稿》25。

② 【法文本注】此处提到的美妙时刻值得注意。在第 341 节中,正是在这一奇妙的、异乎寻常的、"惊人的"时刻,尼采引出了他的永恒复返的思想。

他的言行,甚至他的沉默所表现出来的勇气和智慧使我倾慕不已。雅典城里这位语含讥讽的"歹徒""蛊惑民心者"能把恃才傲物的青年感动得浑身颤抖、啜泣,诚为有史以来谈锋最健的绝顶智者,他即使沉默也显出他的伟大。我真希望他在生命的最后一刻也是保持沉默的,果真如此,他在天才人物队伍里的身价会更高。

然而,不知是死神、毒药,还是好心或恶意,总之有某个东西使他临死时终于开口说话了:"噢,克力同,我还欠阿斯克勒庇俄斯一只公鸡呢①。"听见这句既可笑又可怕的"遗言",有人明白了它的含义:"噢,克力同,生活是一种疾病啊!"可谓一语中的!

作为须眉男子,苏格拉底在众人眼前犹如猛士,活得潇洒、快乐(Heiter)②,可谁料到,他竟然是个悲观主义者呢!他直面人生,强颜欢笑,而把自己最深层的情愫、最重要的评价隐藏,隐藏了一生呀!苏格拉底啊,苏格拉底深受生活的磨难!但他对生活也实施报复——使用隐晦、可怖、渎神的言语!像苏格拉底这类人是否必然自食其果呢?与苏氏那车载斗量的美德相比,一点点宽容是

---

① 【德文本注】参阅柏拉图在《斐多》118a 中对苏格拉底临死情景的描写。克力同是苏格拉底的门生。阿斯克勒庇俄斯(Asclepius)是古希腊阿波罗的儿子,后来成了医药神。他能使人永生,于是被宙斯判处死刑。

② 【法文本注】Heiter:与快乐的思想(Heiterkeit)相呼应的形容词。尼采如此形容苏格拉底,显得别有含义,这也表明了对尼采而言"苏格拉底状况"的复杂性。

否太吝啬了呢？噢，朋友们，在这方面，我们必须压倒希腊人！①

341

最重要的。——假如恶魔在某一天或某个夜晚闯入你最难耐的孤寂中，并对你说："你现在和过去的生活，就是你今后的生活。它将周而复始，不断重复，绝无新意，你生活中的每种痛苦、欢乐、思想、叹息，以及一切大大小小、无可言说的事情皆会在你身上重现，会以同样的顺序降临，同样会出现此刻树丛中的蜘蛛和月光，同样会出现现在这样的时刻和我这样的恶魔。存在的永恒沙漏将不停地转动，[194]你在沙漏中，只不过是一粒尘土罢了！"你听了这恶魔的话，是否会瘫倒在地呢？你是否会咬牙切齿，诅咒这个口出狂言的恶魔呢？

你在以前或许经历过这样的时刻，那时你回答恶魔说："你是神明，我从未听见过比这更神圣的话呢！"倘若这想法压倒了你，恶魔就会改变你，说不定会把你辗得粉碎。"你是否还要这样回答，并且，一直这样回答呢？"这是人人必须回答的问题，也是你行为的着重点！或者，你又如何善待自己和生活，给予其最终的、永远的确认和保

---

① 【法文本注】对观第36节"遗言"中苏格拉底最后的话，该节还提到了奥古斯都、尼禄和提比略的遗言。注意在有关能否保持沉默这一点上，奥古斯都与苏格拉底是非常接近的。

证,除此之外,别无他求?①

342

Incipit tragoedia②。——扎拉图斯特拉三十岁时离别故乡和乌尔米湖③,来到山上。他在山中以孤独和思考为乐,十年间乐此不疲;然而最终还是改变了主意。

一天早晨,朝霞满天,他起床后迎着朝阳走去,并对它说:"伟大的太阳啊! 若是你的光辉不照耀人们,你又有何幸福可言呢! 十年来,你每日登临我的穴居处。倘若没有我,没有我的鹰和蛇,你大概早就厌倦你的光辉和你来我处的这条路径了。每个黎明我们将你等候,欣然

---

① 【法文本注】有关此条的分析,参见 J. Salaquarda, *Der ungeheure Augenblick*, in *Nietzsche Studien*, Berlin-New York, Walter de Gruyter, 1989。另见尼采在《快乐的科学》之后所写的残篇 11[143]:"'可是如果这一切都是必要的话,我如何能决定我的行为呢?'永恒复返的思想和对这一思想的信仰,是在一切分量中最沉重的分量。你以为食物、场所、空气和社会在改变你、决定你吗? 你的思想更甚。因为正是思想决定了你要去选择什么样的食物、场所、空气和社会。而一旦你自己渗入那思想中的思想,你将整个儿发生蜕变。'我是否要这么做,以至于我要这么做上无数无数次?'这个问题是一切分量中最沉重的分量。"

② 【德文本注】Incipit tragoedia:意谓"悲剧开始了",这段文章包含《扎拉图斯特拉如是说》的开头部分。

【法文本注】参见第二版前言第一小节和书末第 382 节"伟大的健康"结尾部分。

③ 【德文本注】乌尔米湖(Urmi):伊朗现今雷赛伊湖的古名。在《扎拉图斯特拉如是说》中,这个湖名被删除。

接受你充沛的光明,并虔敬为你祝福。"

"看啊,我多像一只蜂儿,聚敛了大量的蜜汁,对自己的智慧已感厌倦了。我亟需人们那一双双伸开的手,好把我的智慧馈赠、奉献给他们,直到智者再度因自己的愚蠢而欢欣,穷人再度因自己的财富而快乐。为此,我必须下山,正如你每日傍晚降落在海的背后,并给另一个世界送去光明。噢,你,光热无量的太阳呀!我必须像你一样'落'下去,下山,到人群中去。"

"祝福我吧,你那安详的眼睛毫不嫉妒这一无上的幸福!祝福这只将要溢出的杯子吧,水将泛金地从杯中流泻,载着你那狂喜的余晖流向各处!看呀!这杯子又将空空如也,扎拉图斯特拉又将再度变成人了。"如此,揭开了扎拉图斯特拉下山的序幕。[①]

---

① 【法文本注】此节将逐字逐句(除专有名字 Urmi 以外)地被引为《扎拉图斯特拉如是说》的开篇。

第五卷

我们这些无所畏惧的人

Carcasse, tu trembles? Tu tremblerais bien davantage, si tu savais, où je te mène①。

Turenne②

---

① 【德文本注】Carcasse ... te mène：骨架啊，你发抖？当你知道我将引领你去何方，你必定更会浑身战栗。

② 【德文本注】Turenne：图伦（1611—1675），法王路易十四麾下的统帅，在萨斯巴赫（巴登）阵亡。

【法文本注】参见 FP X, 26[440]。

343

[195]我们欢乐的含义。——"上帝死了"①,基督教的上帝不可信了,此乃最近发生的最大事件。这事件开始将其最初的阴影投射在欧洲的大地上,至少,那些以怀疑的目光密切注视这出戏的少数人认为,一个太阳陨落了,一种古老而深切的信任变成怀疑了,我们这个古老的世界必将日渐黯淡、可疑、怪异、"更加衰老"。我们大概还可以说:这事件过于重大、遥远,过于超出许多人的理解能力,故而根本没有触及他们,他们也就不可能明白由此而产生的后果,以及哪些东西将随着这一信仰的崩溃而坍塌。有许多东西,比如整个欧洲的道德,原本是奠基、依附、植根于这一信仰的。

---

① 【法文本注】此语最早在第125节"疯子"中由疯子说出。

断裂、破败、沉沦、倾覆,这一系列后果即将显现,可是有谁眼下能对此作出充分的预测才不愧为宣布这一可怕逻辑的导师呢?才不愧为宣布这一史无前例的日蚀和阴暗的预言家呢?

我们——天生的释谜者,立于高山之巅期待着未来,置身在当今和未来以及这二者的矛盾之间,是下个世纪的头胎婴儿和早产儿——现已看到那即将笼罩欧洲的阴影了,然而究竟是何原因使得我们对这阴暗不抱丝毫同情,[196]丝毫不为自己担忧和惧怕,反而期盼这阴暗的来临呢?也许是我们受这一事件的近期影响太深之故吧,这影响也许同人们估计的恰好相反,断不是悲伤和消沉,而是难于言说的新的光明、幸福、轻松、欢愉、勇气、朝霞①……

不错,我们这些哲学家和"自由的天才"②一听到"老上帝已死"的消息,就顿觉周身被新的朝暾照亮,我们的心就倾泄着感激、惊诧、预知和期待的洪流。终于,我们的视野再度排除遮拦,纵然这视野还不十分明亮;我们的航船再度起航,面对重重危险;我们再度在知识领域冒险③;我们的海洋再度敞开襟怀,如此"开放的海洋"堪称

---

① 【德文本注】"朝霞"暗示尼采1881年问世的同名著作《朝霞》。朝霞是以老上帝之死为前提的。

② 【法文本注】有关自由精神概念,参见第180节"自由思想家的美景良辰"及相关注释。

③ 【法文本注】Jedes Wagnis:大胆冒险的行为。这一表达法让人想到尼采所重新定义的哲人的经历之危险。另见《善恶的彼岸》第1节。

史无前例。①

344

我们虔诚到何种程度。——人们说得十分在理：在科学领域，信念是没有公民权的。只有当各种信念把自己贬抑为某种谦逊的假设、暂时的尝试、可调整的假设②之时，它们才被允许进入科学领域，或甚至获得某种价值的认可，不过，依然要加上一项限制，即它们必须处在警察——"不信任警察"——的监督下。

更确切地说，这是否表示只有当一种信念不再是信念时，才被允许进入科学领域呢？对科学思想的约束是否始于人们不应擅自产生信念呢？……大概就是这么回事吧。需要质问的只是：为了使约束生效，是否必须存在一种专横强制的、绝对的信念，以便使其他信念沦为它的牺牲品呢？

人们知道，科学也是以某种信念为基础的，根本不存在"没有假设"的科学。"真理是否必要"，对这个问题必须先做肯定的回答，务使一切原则、信仰和信念无一例外

---

① 【法文本注】offnes Meer：同一用法亦见第二版前言第1小节及相关注释（参本书页38注③）。

② 【德文本注】"可调整的假设"：按照康德在《纯粹理性批判》（第2版，1787年）B670页的说法，纯粹理性的观念对于获取经验知识没有决定性的作用，而只对知识关联体系有调节性作用，康德在这本书里称观念是"启迪性的假设"，亦即可能获取知识的假设。

地表达如下的意思："没有什么比真理更必要了，与真理相比，[197]其余一切事物只有次等价值。"这种追求真理的绝对意志究竟是什么呢？是不受人欺骗的意志吗？是不骗人的意志吗？

追求真理的意志也可解释为"不骗人"的意志，前提条件是"我不骗人"这个一般法则也包括"我不骗自己"这个个别法则。可是，人为何不愿骗人呢？为何不愿受骗呢？有人说，"不愿欺骗"和"不愿受欺骗"这二者的原因是在完全不同的范畴内。不愿受骗，是因为受骗会造成损害，是危险的，甚至是灾难性的。从这个意义上说，科学——人们可以正当地对其提出责问的科学——委实是历久不衰的智慧，也是一种功利。什么？"自己不愿受骗"真的就会少受损害吗？危险和灾难就会少些吗？你们对生活的特性有何了解，从而判断最大的益处在于绝对的不信还是绝对的信？假若绝对的信与不信这二者都必需，那么，科学从何处得到它赖以为基础的绝对信仰，即真理比任何东西都重要，也比任何信念重要呢？假如真理与非真理都不断证明自身的功利性，那么这种信念也就不可能产生了。实际情况确也如此。

这么说来，对科学的信仰无可争议地存在着，其原因不是根据这类功利的算计，而毋宁说，它完全不顾"追求真理的意志""不惜代价地追求真理的意志"不断向他表现出来的非功利性和危险性。噢，当我们把一个又一个信仰扼杀并奉献在科学的祭坛上，我们就清楚地懂得何谓"不惜一切代价"了！所以，"追求真理的意志"并非意味着"我不愿受骗",而是"我不愿骗人,也不愿骗自己"。我们别无选择。于是我们就有了道德的基石。因为人们只顾一个劲儿问自己:"你为何不愿骗人呢?"特别是当生活出现假象的时候,假象是肯定存在的!我指的是生活存心搞欺骗、错误、颠倒、错觉、迷惑,[198]但另一方面,它又总是显出叫人相信的$πολιτροποι$①,它可能是一种企图,说得和缓一些,可能是唐·吉诃德②式的狂热的荒唐,也可能是某种险恶的东西,即仇视生命的、毁灭性的原则……"追求真理的意志"③就可能变成追求死亡的、隐秘的意志。

于是,"为何要科学"这个问题又导回到道德问题上来了。如果生活、自然和历史是"不道德的",那么为何还要道德呢?毫无疑问,一个求真的人、以信仰科学为前提的人所肯定的世界是迥异于生活、自然和历史的世界的,但他在多大程度上肯定这"另一世界"呢?他是否因此而必须否定这"另一世界"的对立面——现实世界、我们的世界呢?……

---

① 【法文本注】$πολιτροποι$:变化多端,也指足智多谋。该词和荷马用来形容奥德修斯的$πολυμητις$(狡诈多谋的)很接近。对于本书所批判的那些道德的二元论者和禁欲主义者而言,这可算不上什么好品质。

② 【德文本注】唐·吉诃德:西班牙作家塞万提斯(Cerrantes,1547—1616)同名小说的主人公,可悲的骑士形象。这位糊涂的乡间穷贵族出门游侠,以实现他那脱离现实的骑士幻想。

③ 【德文本注】"追求真理的意志":尼采把这种意志理解为权力意志———一切生物的原则——的变种。对这种关系如果发生认识错误,那么求真意志就会变成死亡意志。尼采在此处批评了叔本华。

据说人们已经领悟（我也早就认为），我们对科学的信仰始终还是基于一种形而上学的信仰①。我们，当今的求知者、无神论者和反形而上学者，也是从那个古老信仰，亦即从基督徒的和柏拉图的信仰所点燃的千年火堆中取自己之火的，认为上帝即真理，真理是神圣的……可是，倘若②这信仰越来越不可信，倘若没有任何东西证明自己是神圣的，倘若上帝本身也证明自己是历时最久的谎言，那将会怎样呢？③

345

道德问题。——人格缺陷所造成的恶果随处可见。柔弱、浅薄、被窒息的、自我否定和否定一切的人格已不再适合于做任何好事，尤其不适合于从事哲学研究。

"无私"不论在天上还是在人间④均无价值可言；大问题需要大的关爱，而这，只有强人、完人、坚定自持的人方

---

① 【德文本注】"一种形而上学的信仰"：以形而上学为基础的哲学信仰，这种哲学为了解释这个世界便假设另一个超验的世界。比如柏拉图的理想世界，中世纪的上帝世界，抑或新时代里的纯知识世界。

② 【法文本注】wie，典型的尼采式提问用语。相关研究参见 Eric Blondel，前揭，p. 127。

③ 【法文本注】有关本节的研究，参见 H. Birault, "Sur un texte de Nietzsche : en quoi, nous aussi, nous sommes encore pieux"（《关于尼采的文本："我们虔诚到何种程度"》），载 *Revue de métaphisique et de moral*, 1962。

④ 【德文本注】尼采这里暗指基督教对人的根本要求，《圣经》频频使用"在天上在人间"这个习用语以示强调。

可办到。思想家要么以他个人特有的方式对待他的问题,这样他就会在问题中找到自己的命运、痛苦和至幸;要么以"非个人特有的"方式对待,即用冷漠而好奇的思想触角去接触和理解问题。[199]这二者实在有着天壤之别呀。如果是后一种情形,断不会产生什么结果,故不要对它抱任何指望;因为重大的问题——即使它是可以理解的——也不是懦夫和蛤蟆所能理解的,这是他们的习性使然,永远如此,而且,这习性是他们和一切勇敢的女人所共有的。

我至今尚未碰到有谁(书本里也没有碰到)是作为人在看待道德并把道德当成一个问题,当作自己的痛苦、折磨、至乐和激情,这究竟是何缘故呢?显然,道德至今根本不算一个问题,毋宁说是人们在经历猜疑、不和、矛盾之后而达到一致的东西,是思想家在其中歇息、松弛继而重新振奋的处所。我至今尚未发现任何人敢做道德的价值评估;我甚至发觉人们对科学尝试的好奇心也灭绝了,心理学家和历史学家那种被娇惯的尝试性的想象力也没有了,本来,这想象力可随便飞快捕捉到一个问题,又无需费劲知道到底捕住了什么。我几乎没有搜集到什么资料,可供撰写一本价值评估起源史①(那是某种不同于对

---

① 【法文本注】Entstehungsgeschichte:起源史,即道德情感和道德价值的起源史。此种历史必须与尼采称为"谱系"的东西区别开来。后者研究的是价值的本能起源问题,或者说一切价值的价值问题。尼采的 Entstehungsgeschichte 强调历史参照的必然性,并往往用来定义与其同时代的英国思想家如密尔、斯宾塞、达尔文等。值得一提的是,在《道德的谱系》的正文开头处,尼采在批判"英国心理学家们"时也用过这个词。

价值评估的批判,也不同于伦理学史的东西),以便激励人们对这一历史的爱好,增长这方面的才能。不过我的努力全是枉然,今天我才意识到。那些道德史学家(尤其是英国人)的确无足轻重,连他们自己通常也很轻信地服从某种道德的命令,充当替这道德扛招牌的侍从而不自知;仍在重复基督教统治下的欧洲那至今一直被人忠诚传诵的民间迷信:道德行为的本质特征就在于无私、否定自我、牺牲自我呀,就在于同情呀。

他们在这个前提条件下所犯的普遍错误,就是坚持认为各国人民,至少是顺民在道德原则上具有共通性,并且从中推导出对你我的绝对约束力;要么反其道而行之,当他们明白民族不同、道德迥异的这一真理后,又做出所有的道德均无约束力的结论。这两种做法皆等同儿戏。[200]他们之中的较为高明者也是犯有错误的,他们发现并批判一个民族对该民族的道德的种种看法、人对人的普遍道德的种种看法,也就是发现并批判关于道德的起源、宗教制裁、自由意志的种种偏见(也不排除是愚见),就误以为这样做是对道德本身进行批判了。

然而,"你应该……"这类准则的价值是独立于、迥异于这一类道德见解的,也是独立于、迥异于其错误似杂草丛生的道德,就好像一种药物对于病人的价值不取决于这病人是否有科学头脑,或者像老妪对药物一无所知一样。一种道德甚至可以从一种错误中产生,但是用这种观点来阐述道德价值问题至今尚未出现,也就是说,迄今无人核验过所有药品中那最著名的一种——道德价值。

那么,怀疑这价值乃是当今第一要务,是啊,这就是我们的工作呀。

346

我们的疑问。——你们不理解吗？事实上,人们总想尽力设法理解我们,我们也在给自己寻找各种说法并听别人怎么议论。我们是谁呢？就简单地用较陈旧的字眼自称吧:无神论者、①怀疑论者或非道德者②。但我们觉得很久没有被人这样叫了,我们成为这三种人是在晚年,所以人们不理解,也是你们这些好事者不能理解的,这理解需要很大的勇气。

不！我们不要再学某种硬要从无信仰中制造出某种信仰、目的和殉道的人,要摈弃他们的辛酸和激情！我们洞见这个世界绝非神圣,依照人的标准也绝非理性、仁慈和正义。我们因为看得分明,所以我们如同被蒸发干了似的,变冷变硬了；我们生活于斯的这个世界是非神圣、非道德、"非人性"的,可是,我们在很长时间内对它做了错误的、骗人的解释,原因就在于我们听任了自己的那个

---

① 【法文本注】Gottlose,亦见第 344 节"我们虔诚到何种程度",以及《道德的谱系》第二章,第 25 节(用来形容扎拉图斯特拉)。

② 【德文本注】"非道德者":尼采 1888 年 7 月 28 日致富克斯的信中承认非道德者这个类型,并在《瞧,这个人》(发表于 1908年)中自称为他们的第一个代表("我为何是一种命运",第 2 段),他们是"理性诚实"迄今达到的最高形式,将道德当成幻想对待。

崇拜意志,即听任了一种需要。人,是一种崇拜的动物!

但人又是怀疑的动物。我们原先猜疑这个世界是无价值的,[201]现在总算被我们猜中了,确定无疑了。这么多的怀疑,这么多的哲理! 我们还是不要说破自己也觉得可笑的事实吧:倘若人们需要发明一种价值,那么这虚构的价值定然超过现实世界的价值。但我们从虚构的价值退了回来,如同从人的虚荣和无理性的迷惘中退回一样,而长期以来,人们并没有认识到这一点。

这迷惘的最后表现形式是现代悲观主义,比较古老而强烈的表现形式是佛教教义,不过基督教也有类似的困惑,而且更暧昧、可疑,故而对人的蛊惑更甚。人作为"否定世界"的原则,作为衡量一切事物的价值标准,作为世界的法官——这法官最后把存在本身也置于他的天平上,而且发觉它的分量太轻[1]——我们逐渐意识到"人面对世界"的整体姿态是极度乏味的,十分讨厌的,当我们发觉"人与世界"并存,只是当中被这个小词"与"的傲气所隔,便不禁莞尔一笑了!

这是怎么回事呢? 笑是否意味着我们在鄙视人的这一方面进了一步? 在悲观主义、在鄙视存在——我们可以认知的存在——等方面也进了一步? 我们是否陷入一种矛盾的怀疑呢? (迄今,我们是怀着崇拜在这个世界上安家啊! 为了这个世界的缘故,我们才苟且偷生啊!)我

---

[1] 【德文本注】使人容易想起旧约《但以理书》中的一句话:"有人置你于天平上,而且发觉你的分量太轻。"

们怀着崇拜在其中安家的世界与我们所怀疑的另一个世界之间的矛盾,即一种对我们自己无情的、彻底的、最深刻的怀疑,这怀疑现在愈益迫使欧洲人就范了,并且将毫不费力地叫未来几代人做出惊人的抉择:"要么废除你们的崇拜,要么废除你们自己!"后者是虚无主义①,前者是否也是虚无主义呢? 这就是我们的疑问。②

347

信徒与信仰需要。——一个人需要多少信仰才能使自己发达兴旺呢? 需要多少"坚固物"的支撑才不致使自己动摇呢? 这,便是个人力量的测量仪(或者说得更明确些,是他的软弱的测量仪)。

[202]在我看来,古老欧陆的大多数人当今仍需要基督教,所以该教依然获得人们的信仰。人就是这样:对一种信仰他可以反驳千百次,但一旦需要它,又可以说它是"真理"③,其根据就是《圣经》上所载的那著名的"力量的

---

① 【德文本注】虚无主义:源于拉丁文 nihil[什么也没有]。教父奥古斯丁(Augustinus,公元 354—430)认为那些否认宗教信仰原则的人是"虚无主义者"。另一些人认为凡怀疑真理、伦理准则和社会制度权威,均为虚无主义形式。基督教、道德和现代科学需要对自己"有利的事情",尼采反驳这一立场的追随者,认为他们的观点不是肯定人生,而是人生的颓废现象。

② 【法文本注】尼采在本段最后提到了两种形式的虚无主义:积极的虚无主义和消极的虚无主义。有关这一点,参见 FP XI-II,9[35]。

③ 【法文本注】这句话道出了尼采的一个基本 (转下页)

证明"。

有些人需要形而上学,但也狂热要求获得某种确定性,这种要求时下在广大群众中已掀起科学的实证主义浪潮,此乃一种希望确确实实获得某种东西的要求(另一方面,由于对确定性的论证这种要求过于急迫,因而被视为是更轻松的、马虎的),这也是寻求支撑和依傍的要求,简言之,亦即人的软弱本性。这软弱本性虽则未创立各种宗教、形而上学理论、信念,但也对这些东西起了维护的作用。事实上,在实证主义哲学体系四周,弥漫着悲观主义的阴郁气氛、厌倦、宿命论①、失望、对再度失望的恐惧,或表现出仇恨、情绪不佳、激愤的无政府主义②、种种症状的软弱情感和矫饰。当代一些聪明绝顶之士因为满怀一腔激愤而迷失在可怜的褊狭角落失去了自我。比

(接上页注)观点,即理论和实践的传统划分的不合理性,换言之,在传统关系中,实践永远优先于理论。任何行为、任何"理论"知识在事实上只具有实践的——也就是在生存需求层面上的——意义和价值。恰恰是针对这一状况,尼采对真理概念和真理的信仰概念提出了质疑。

① 【德文本注】宿命论:指完全屈从于命运的力量,认为命运的力量是无法改变的。宿命论是尼采"永恒复返"理论的根本性要素,尤其表现在《扎拉图斯特拉如是说》(1883/1885)这部著作里。

② 【德文本注】无政府主义是指否定任何类型的(比如国家的和宗教的)权威,宣扬以无限的个人自由为基础的人类共同生活。尼采这里用"激愤的无政府主义"这一称谓或许是影射好战形式的"群体革命的"无政府主义,它自19世纪中叶起试图用暴力推翻欧洲现存的社会制度。其最重要的代表人物和积极活动者是俄国革命家巴枯宁(Michial Alexandrowitsch Bakunin,1814—1876)。

如，这激愤表现在所谓的"祖国情感"里（我把它比作法国的沙文主义①，"日耳曼式"的），或表现在仿效巴黎自然主义者②的美学信仰里（巴黎自然主义者仅仅拾取和揭示自然中某些引起人们恶感和惊惧感的东西，人们今天喜欢把它们称为"la vérité vraie"③），或表现在彼得堡式的虚无主义④里（这模式就是信奉无信仰，直至为此殉难），凡此种种激烈情感莫不首先表现出对信仰、依附和支撑的需要……

哪里缺乏意志，哪里就急不可待地需要信仰。意志作为命令的情感⑤，是自主和力量的最重要标志，这就是说，一个人越是不知道如何下命令，他就越是急不可待地

---

① 【德文本注】沙文主义：极端的爱国主义，源于科克尼阿兄弟（die Brüder Cogniard）的喜剧《三色帽徽》（1831年）中沙文这个人物，他是个新兵，爱吹牛说大话。

② 【德文本注】自然主义：19世纪下半叶滥觞于法国的自然主义倾向，在艺术和科学中追求忠实于自然、凭经验可以验证地再现现实，试图排除一切超感觉的元素，以生物学、社会学和历史学为基础对现实做实证主义的解释。在尼采看来，这类在道德和宗教等领域体验和研究现实以获取认知并使之系统化，其缺陷是不言自明的。

③ 【德文本注】La vérité vraie：千真万确。

④ 【德文本注】彼得堡式的虚无主义：可能是指俄国作家屠格涅夫（Iwan Turgenjew，1818—1883）的长篇小说《父与子》（1862年），小说首次成功地塑造了虚无主义者的形象。

⑤ 【法文本注】这句话对理解尼采的思想非常重要。尼采对传统哲学所理解的意志概念极尽批驳之能。参见前文第127节"古代宗教的余绪"；《善恶的彼岸》第19节。这样的批评为重新解释意志概念提供了自由场地。另参 FP X，25[389]；25[436]；27[24]。

渴望一个下命令的人，一个严令的人，越是急不可待地渴望神明、王公、上层阶级、医师、听人忏悔的神父、教条、党派意识。由此可以推断，世界的两大宗教，即佛教和基督教①之所以产生并迅速传播，皆因人的意志患病，病入膏肓。事实确实如此，[203]这两大宗教均找到那种因意志罹病转而产生的荒谬要求，乃至绝望要求，即要求"你应该如何如何……"，它们是意志软弱时代的狂热信仰的教师爷，给芸芸众生提供狂热信仰这一精神支柱，提供一种新的前景，使他们滋生新的愿望，享受这愿望。

狂热信仰乃是使弱者和失去自信者达到"增强意志"的不二法门，是对整个思想界、知识界的催眠术，有利于促进当今占统治地位的观念和情感，亦即被基督徒称为"营养过度"的信仰。倘若一个人对他必须接受命令的理由深信不疑，他就成了"信徒"；或情形相反，那就表现出人的自决力量和意向了，即表现出人的自由意志了②。这时，思想告别了任何信仰，告别了任何要求获得确定性的愿望，而习惯于以轻便的绳索和可能性支撑自己，即便面临深渊犹能手舞足蹈，这样的思想即为 par excellence③ 的自由思想啊！

---

① 【法文本注】注意此处两种宗教的排列顺序：佛教在前，基督教在后。这样的顺序并非偶然，在《不合时宜的沉思》中，尼采批评基督教以宗教之名试图同化整个世界。

② 【法文本注】旧词新用的又一个例子。在此，尼采弃绝了形而上学赋予自由意志这一概念的含义。

③ 【德文本注】par excellence，法文，不折不扣。

348

学者的出身。——在欧洲,学者出身于各个阶层和社会环境,犹如并不需要特殊土壤的植物,因此,他们在本质上应属于民主思想的载体,然而,这个出身却背叛了自身。

假若一个人将自己的目力训练到从一本学术专著、一篇科学论文便可抓住这位学者的智性特点——凡学者皆有这样的特点——那么他也就可以在这特点的背后进而发现这位学者"早先的历史",即他的家庭及其职业。

如果一位学者表露出这样的情感:"现在证明我已将它完成",这通常就意味着这学者的先辈仍然活在他的血液和本能中,在他看来,他"所完成的工作"是好的、有益的工作;他所说的"证明"是一种象征,表明这个祖祖辈辈一向勤劳的家族所干的都是"好职业"。例如,档案保管员和办公室文书之子的主要工作是整理资料,[204]将其分类存放,并制成图表加以说明。要是他们当了学徒,也会表现出这样的偏爱:用图表对一个问题作简要说明,这样做,他就认为问题已经解决了。世上也有与此相类的哲学家,说到底,他们只是"图表脑袋"罢了,父辈的行业特点变成了他们的工作内容,证明了他们分类和制作图表的才能。律师之子即使当了学者也必定是律师,关于他的事业,他首先考虑的维护公正,然后也许就真的获得了公正。人们要识辨基督教神职人员和神学教师之子,只消看其天真的自信便知。他们作为学者,自信地以为其事业已经得到证明,故而表现了一种热烈的敬业精神,完全习惯于别人对他们的信任了——这,仅为父辈的"行业"所赐罢了!相反,犹太人根据商界和犹太民族的历史状况,对于别人的信任则是非常不习惯的。让我们来观察一下犹太学者吧:他们重视逻辑,就是说,重视用说理的办法强迫别人同意。他们知道,纵然存在着反犹太人的种族恶感和阶级恶感,人们不愿相信他们,然而他们必定会以逻辑取胜的,没有什么比逻辑更民主的了。逻辑不顾人格的尊严,可以把鹰钩鼻说成直鼻。(在此附带说明一下,正是在逻辑化和在纯思维习惯方面,欧洲从犹太人那里得益匪浅,尤以德国人为甚。德国人是个该诅咒的无理性民族,当前仍需首先给它"洗洗脑筋"。凡犹太人影响所及之处,他们总是教导别人彼此更要疏离,推理更要精确,书写更要清晰。把一个民族带至"理性",便是犹太人的使命。)

349

再论学者的出身。——决意自我保存是陷入窘境的表示,也是对生命的基本本能进行限制的表示①(这本能旨在权力扩张,权力意志常常怀疑自我保存的本能并将

---

① 【法文本注】Des eigentlichen Lebens-Grundtribes。第349节的谋篇非常有意思:开头是分析生命与本能的关系,接着谈到权力和"生命的意志",结束的时候提出权力意志这一概念。

其牺牲)。[205]比如,患肺结核病的斯宾诺莎和其他哲学家就把所谓的自我保存本能看成是具有决定意义的东西,有人认为这是很有象征意味的,表明这些人恰恰是身陷困境的人啊!

现代自然科学同斯宾诺莎的教条纠缠在一起(尤其以达尔文主义为最,连同他那不可理喻的"生存斗争"①的片面理论),这恐怕与大多数自然科学家的出身有关,他们是"老百姓",其祖先贫穷、卑微,故切身体会到处世维艰。所以,在英国达尔文主义的周围弥漫着一种气氛,恰似英国人口过剩而造成的窒息空气和小民散发的贫困叹息。但身为自然研究者,应走出人的逼仄空间,到大自然中去,那里没有贫困状态,有的只是过度的丰裕和无穷的豪奢②。"生存斗争"只是一个例外情形,是一个时期内生存意志受到限制所致。而大大小小的斗争全是围绕着为获得优势、发展和扩张而展开,为了获得与权力意志③相称的权力,而权力意志正是生存意志啊。

---

① 【德文本注】"生存斗争":这种理论是以英国博物学家达尔文的名字命名的,说不同物种之间为生存而斗争,以选择生存能力更强的物种繁衍下去。

② 【法文本注】参见第 202 节"挥霍者"。此处令人想到尼采所定义的自然的两大基本特点:挥霍和冷漠。

③ 【德文本注】权力意志:尼采哲学的中心概念,也是尼采自 1885 年起计划写作但后来丢弃的主要哲学著作《权力意志——试图对世界做新的阐释》的书名。尼采为此书写的格言与笔记经由其妹伊丽莎白·福斯特-尼采(1846—1935)编辑并于 1906 年出版,部分做了篡改,书名为《权力意志——试图对世界做新的阐释》。尼采认为,权力意志是维持生存的手段,使全部演进变化的公式与"彼岸世界"的陈说和基督教仇视生活相对立,同时也是"生命"的原动力。

350

向 homines religiosi 致敬①。——反教会斗争的含义甚多,其中包括这一斗争,即普通、亲近、快乐、肤浅的人们反对重要、深沉、安逸之人的统治的斗争。这就意味着,邪恶之人和可疑之人早就怀疑存在的价值②和自身的价值了。民众普遍的本能意识,感性生活的乐趣以及"善良的心灵"反叛这种统治。

整个罗马教会乃奠基于南欧人对人类、天性的怀疑,北欧人一直认为这种怀疑是错误的。这怀疑又是南欧人从遥远的东方、从远古而神秘的亚洲、从亚洲人那内省之修身方法中继承过来的。基督新教无异于一场人民起义,对诚实、坦率、肤浅的人们有利(北欧总比南欧善良、肤浅一些③),[206]然而,只有法国大革命才把王权完整而庄严地交到"好人"(绵羊、驴、鹅,一切无可医治的肤浅、爱吵闹之人以及"现代思想"之笨伯)的手里。

---

① 【德文本注】homines religiosi:笃信宗教的人们。
② 【德文本注】"存在的价值":参阅原书第 11 页注 10(即本书"第二版前言"页 43 注④)。
③ 【法文本注】南北之间的差别始终存在于尼采的思想之中,显然与司汤达的分析有关。有关这对矛盾在宗教方面的分析,另见第 358 节"思想界的农民起义"。值得一提的是,在这两个文本里,尼采都把新教运动比作一场起义,一次反抗:Aufstand(该词在《道德的谱系》中被用来形容被压迫者对贵族统治者的反抗,另参《敌基督者》中保罗反抗犹太圣职的一段)。有关尼采对新教的分析,参见 W. A. Kaufmann,前揭,p.309 起。

351

向牧师致敬。——我想,民众(当今,谁不是"民众"呢)所理解的明智就是乡间牧师所表现出来的那种母牛似的闲静、虔敬与温良,他躺在草地上,认真、反复品味和审视着生活。对此,哲学家们颇不以为然,这大概是因为他们不够"大众"化,更不是乡间牧师一类吧。他们可能要到最后才相信,民众能够理解与他们相距最远的东西:求知者的伟大激情。求知者始终生活且必须生活在最重要问题和最深重责任的乌云里,而不是旁观、置之度外,不是冷漠、安稳、客观……

当民众找到"智者"的典型,他们就会对他顶礼膜拜,大加赞颂,用最美的言辞和最高的荣誉。这类人便是敦厚、严肃、纯朴、清心寡欲的牧师及其相类似者,民众对他们的赞美里包含对智慧的崇敬。除了对他们,民众还会对谁表示感谢呢?这些人来自民众,属于民众,犹如被遴选出来专为民众的福祉而献身似的,他们也自信是为上帝献身的。民众可以对他们倾诉衷肠而不被责罚,可以抛却忧愁、烦恼和心中的秘密(因为凡是能"与自己沟通"的人就能摆脱自我;向别人"告白"的人就能忘却心事),这儿存在生存所必需的东西,就是说,民众需要净化灵魂的疏导,需要用来疏导沟渠的洁水,需要关爱的急流和坚强,需要谦逊和纯洁的心灵,亦即随时准备为这个非官方机构所提供的心理保健服务,甚至准备为此献身的心灵,这是一种牺牲精神啊,牧师永是祭品啊……

[207]民众把这类富于牺牲精神、沉静严肃的"信仰"者视为智者,视为无所不知的人,自信的人(与民众不怎么自信相比),谁能防民之口,剥夺这类美誉和崇敬呢?然而,哲学家与民众的谦逊是截然相反的,在他们看来,牧师也是"民众",而非智者,因为他们根本不相信"智者"。他们正是在对智者的相信和迷信中闻到了民众的味道。在希腊,是谦逊发明了"哲人"①这个词,又是谦逊把自称明智的这一华丽的傲慢让给了思想界的这些演员——此乃毕达哥拉斯和柏拉图这类自傲的怪物的谦逊。

352

道德为何不可缺少? ——一般说来,赤身裸体者不堪入目,我说的是欧洲男性。(绝不指欧洲女性!)倘若魔术师用魔法突然剥去兴致极高的同桌共餐者的衣裳,我想,那不仅使欢乐气氛荡然无存,而且也倒尽胃口。我们欧洲人似乎不可缺少那种类似衣裳的假面具。

然则,"道德之士"的伪装,他们借助种种道德俗套和正派得体的概念做掩饰,我们善意地把自己的行为隐藏在义务、美德、集体意识、荣誉和否定自我等概念后面,凡

---

① 【德文本注】"哲人":尼采在此处讥讽希腊文 philosophos 的基本含义:爱智慧者、世间智者。这里讽刺哲学家是理想主义者、空想家。

此种种难道没有充足的理由吗？我的意思不是说要把人性的邪恶和卑下以及我们内在的丑恶、狂野的兽性掩盖起来，正好相反：作为驯服的动物，我们的外形委实可耻，故而需要道德的伪装。欧洲人的"内在人格"长久以来没有坏到"让人一看就懂"的地步（目的是为了好看），他们用道德伪装，乃是因为他们业已沦为多病、羸弱、残缺的动物。它要做"驯服"的动物，其理由是充分的：就因为它畸形、不完整、孱弱、笨拙……

并非可怖的猛兽需要道德伪装，而是平庸、畏葸、自感倦怠的群居动物①才需要。道德打扮了欧洲人，[208]且过于华丽——让我们承认这点吧——才使其显得高尚、重要、体面些，乃至"神圣"些。

353

宗教的起源。——宗教创始人的真正发明，一方面是找到了一种特定的生活模式及道德习俗，并使之成为disciplina voluntatis②，消除人的厌世情绪；另一方面是阐释这种生活模式，于是，这生活散发出最高的价值光辉，成为人们为之奋斗，有时甚至献出生命的至善之物。

这两个方面的发明，实际上以后一种更为重要，因

---

① 【德文本注】对把个人融入群体，尼采在此处提出批评，因为这种融入和一体化是以牺牲个人的个性为代价，减少并最后抹杀个人的创造性。

② 【德文本注】disciplina voluntatis：培养意志的学校。

为某种生活模式通常已经存在,人们只是不知道它与其他生活方式相比,其价值何在罢了;宗教创始人的重要性及其首创精神就表现在他发现并选择了这种生活模式,并首先认识到它的功用,知道如何阐释这功用。比如,耶稣(或者是保罗)①发现了一种小民百姓的生活②,那是在古罗马占领的地区,即在意大利版图以外的占领区。此乃一种简朴、崇尚道德而压抑的生活,耶稣对它做了诠释,赋予它至高无上的意义与价值,由此也赋予它蔑视其他生活方式的勇气,赋予它赫伦胡特兄弟会③教徒那宁静中的狂热,内心隐秘的自信,这自信日渐增强,终于准备"征服世界"④了(指征服罗马以及罗马帝国的上层阶级)。

释迦牟尼同样也发现了一类人,这类人散布在该民族的各个阶层,其社会地位不同,怠惰而善良(绝不冒犯他人),其生活是节制的,几乎没有什么需求——这也是

---

① 【法文本注】尼采在此以非常隐蔽的方式提出了《敌基督者》将要明确宣告的观点:保罗(而非耶稣)才是基督教作为带有教会体系的有组织的宗教的创始者。参见《敌基督者》第 42 节起。

② 【德文本注】尼采这里可能想起《使徒行传》中使徒保罗有关传教的游记以及保罗的信札。

③ 【德文本注】赫伦胡特兄弟会是从虔信主义教派(17—18世纪德国新教的一个教派)中产生的宗教团体,在教徒章程中规定以实现原始基督教的信仰和生活观念为目的。它源于赫伦胡特(萨克森)伯爵亲岑多夫 1722 年召集的"觉醒者"社团,其最高义务是维护兄弟般的情谊和博爱,在宗教和信仰方面避免任何争论。在兄弟会教区,每个成员以信仰被钉死在十字架上并且复活的耶稣为前提条件。

④ 【德文本注】"征服世界":参阅新约《约翰福音》5。

怠惰使然。释迦牟尼懂得,他必定能借助 vis inertioe[①]使他们接受这一信仰:承诺免除人世苦难(即劳动和行动的苦难)的轮回。这个"懂得"便是他的天才。

宗教创始人还必须从心理学上懂得某些普通人,他们尚未认清同是一个归属,正是他才把这些人捏合在一起。因此,宗教的创立总是一个漫长的认识过程。

354

[209]论"类群的保护意识"。——当我们开始领悟,我们在何程度上可以省去意识时,意识问题(更确切地说,是自我意识问题)才出现在我们面前。现在,生理学[②]和动物学史(它们用了两个世纪的时间才赶上莱布尼兹[③]预先提出的怀疑)把我们推到领悟意识问题的初

---

① 【法文本注】vis inertioe:惯性之力。尼采喜用譬喻,如见《道德的谱系》第二章第 1 节。

② 【德文本注】生理学:以普通生命现象为基础的,尤其是研究人肌体组织的生理过程和作用的科学。从写作《扎拉图斯特拉如是说》时起,尼采越来越喜欢使用生理学概念,以说明思想道德现象归因于起制约作用的生命过程;他发明了归结为生理的方法。

③ 【德文本注】莱布尼兹:德国哲学家、数学家、物理学家和外交家。他的哲学试图把中世纪神学思想与现代自然科学思想融合起来。他的两部奠基之作是《单子论》(1718 年)和《神正论》(1710 年)。

【法文本注】关于对莱布尼兹的褒扬,参见第 357 节"老问题:何谓德国式"。

始阶段。我们本来可以思考、感觉、希望、回忆,也本来可以根据词义"行动",而这一切并不需要"进入我们的意识"呀(正如有人形象性的说法),整个人生即使不在镜子中得到反映也是客观存在呀,正如我们的绝大部分生活,亦即我们绝大部分意愿、思想和情感没有这种反映也照样进行呀,这种论调,年纪稍长的哲学家听起来可能会感到有些刺耳。

假如意识在大体上是多余的,那么它究竟有何用呢?你想听听我对这问题的回答,听听我的回答中也许会有出格的猜度吗?

我以为,意识的敏锐和强度总是与人(或动物)的沟通能力成正比,而沟通能力又与沟通需要成正比。沟通需要不应作如下理解:似乎一个人擅长把自己的需要告知他人,并使他人理解,他就因此必须依赖他人了。我以为,哪里长久存在迫使人们彼此倾诉、彼此尽快而精确理解的需要,哪里就存在过剩的沟通能力和技巧,仿佛是一笔慢慢聚敛的财富,正等待一个继承人对它恣意挥霍一般,所有的民族及其世世代代莫不如此。(所谓的艺术家就是这种继承人,演说家、布道者、作家也是,还有一代代"晚辈",这个词的含义无异于,其本性就是挥霍者。)

假如这一观察是正确的,那么我就再做如下猜度:意识只是在沟通需要的压力下才产生的,[210]在人与人之间(尤其在发布命令者和服从命令者之间),意识从来就是必需的,有用的,也只是与这个"功利"相关才产生的。意识原本只是人与人之间的联系网络,也只是作为联系网络才必须发展。隐士和猛兽一样的人不需要它。我们的行为、思想、情感及内心活动进入自己的意识——至少一部分进入意识——这是那种可怕的、长期控制人的"必须"所造成的结果：犹如一头受威胁的动物，人需要帮助和保护，需要气质相投的友伴，需要善于表达他的危难，让别人理解自己，凡此种种，他必须先有"意识"，也就是要"知道"自己缺少什么，思考什么，要"知道"自己的情绪。

我再重复一遍，人如同每一种动物，总在不断地思考，但它对此并不自觉。变为自觉思考只是思考中最小的一部分，也可以说是最表面、最简单的一部分，因为有意识的思考是用语言、即用沟通符号进行的，由此而提示了意识的起源。简言之，语言的发展和意识的发展（不是理性的发展，仅是理性的自我意识的发展）是携手并进的。需要补充说明的是，人与人之间，不仅语言，而且眼神、表情或紧迫之事，均可作为沟通的桥梁。我们逐渐意识到自己的感官印象，将这印象固定并表达出来的力量增强了，这力量便是一种要通过符号把感官印象传达给他人的强迫。

发明沟通符号的人也是自我意识越来越强的人，人作为社会的群居动物，才学会意识到自己，他一直是这样做的，而且越来越自觉了。人们可以看出我的观点了：意识本不属于人的个体生存的范畴，而是属于他的群体习性；由此推断，意识只是由于群体的功利才得以敏锐地发展；所以，尽管我们每个人的最佳意愿是尽可能作为独特个体看待自己，"了解自己"，然而，把他带进意识的，恰恰不是他的独特个体,而是他的"群体";[211]我们的思想本身一直被意识的特点,即被意识中发号施令的"群体保护意识"所战胜,进而被改编,倒退为群体的观点。

从根本上说,我们的行为是无可比拟的个性化的、独特的,这毫无疑问;然而,一旦我们把自己的行为改编进入意识,它们就立即面目全非了……依照我对本原的现象论和主观视角论①的理解,动物意识的本质所造成的结果是:我们可以意识到的这个世界只是一个表面世界、符号世界、一般化世界;一切被意识到的东西都是浅薄、愚蠢、一般化、符号、群体标识;与一切意识相联系的是大量而彻底的变质、虚假、肤浅和概括,故而,逐渐增强的意识其实是一种危险。谁生活在最具有意识的欧洲人中谁就知道,这意识实则为一种病态!人们已经看出,欧洲人的意识不属于我在这里所论及的主观和客观的对象。这,还是留待那些仍然钻在文法(大众的形而上学)圈套里的认识论学者去判定吧。首先,欧洲人的意识不是"物自体"和现象的对象②,因为我们远远没有"认识"到足以

---

① 【德文本注】现象论和主观视角论:尼采反对现象论哲学的基本观点,按照这种观点,人所经历和认知的事物只是事物的表象,或者说只是意识中的事物,而非事物本身。与之相反,尼采则认为事物出现在意识中,事物才成了假象。主观视角论认为,人根本不可能把悟所认知的事物的全部。只能从不同的视角去观察事物。

② 【德文本注】"物自体"和现象:康德哲学理论著作《纯粹理性批判》(1781年)的中心概念。按照这种理论,事物本身独立于主观认识条件之外,故不可能认识;而现象则处于认识条件下,所以我们能够认识。

能下如此判断的程度。我们压根儿没有专门主司认识和"真实"的感官组织,我们所"知道"(或者相信,或者自以为是)的,恰恰是对群体利益有用的东西,而这里所说的"有用性",说到底也不过是一种信念和自以为是,说不定正是欲置我们于死地的灾难性的愚蠢呢。

355

"认识"的起源。——我在街头巷尾听到这一解释,听到民众中有人说:"他认识我。"于是自问:民众到底是怎样理解"认识"的呢?①当民众需要"认识"时,他们需要的到底是什么呢?他们需要的无非是把某种陌生的东西还原为某种熟悉的东西罢了②。

我们哲学家对于"认识"的理解是否更多一些呢?所谓熟悉,就是我们对某种东西已经习惯,不再对它感到诧异,[212]比如我们的日常生活,我们置身于其中的某一规律,我们十分在行的桩桩件件。什么?我们求知的需要不正是追求熟悉事物的需要吗?不就是那种在一切怪异、不寻常、值得疑问的事情中发现某种不再使我们为之焦虑不安的东西的意愿吗?难道不是焦虑的直觉责成我

---

① 【法文本注】"认识",erkennen 作为本段开头的关键词,既表示认识(connaître),也表示认出(reconnaître)。这从某种意义上反映了尼采对认识问题的逻辑定义:在认出的经验基础之上的认识(Erkenntnis)定位。

② 【法文本注】Bekanntes,与上注提及的 erkennen 是同一词根,指"被认识的"(connu),但此处有"出名的""有名望的"之意。

们去认识吗？难道认识者的快乐不正是重新获得安全感吗？……当哲学家把世界还原成"理念"时，他就说世界"已被认识了"。噢，难道这不是因为他对这"理念"太熟悉、太习以为常吗？难道不是因为他对这"理念"绝少感到不安和害怕吗？噢，这便是求知者的自满自足呀！看看他们的原则和对世界之谜的答案吧！每当他们在事物中和事物背后重新发现了什么——可惜都是我们耳熟能详的东西，比如是我们的基础知识，或者是我们的逻辑、意愿、贪求等等，他们是多么高兴啊！因为"熟悉的东西就是已经被认识的东西"呀。在这一点上，他们是一致的，①其中的胆小者认为，熟悉的至少比陌生的易于认识，而认识的方法是从"内心世界"②和"意识中的事实"③出发，因为它们是我们熟悉的呀！真是荒唐透顶！熟悉的就是习惯的，而习惯的却是最难"认识"④的。把习惯的当作问题，当作陌生的、遥远的、"我们身外"之物

---

① 【法文本注】有关认识的分析，参见 FP XII，5[10]："什么是'认识'？使某些陌生的东西变成已知的、熟悉的东西。第一原则：我们已习惯的东西在我们眼里不再是谜，不再是问题。削弱新的、陌生的感觉：任何变成有规律的东西，对我们来说不再形成问题。因此，寻找准则是认识者的第一本能，然而，一旦有了固定的准则，人自然就什么也不再认识了！"
② 【德文本注】"内心世界"：参阅本书第357节中相关注释。
③ 【德文本注】"意识中的事实"：这种表述出现在莱布尼兹《单子论》的许多文段里。
④ 【法文本注】注意尼采此处还是用 erkennen 表示认识，但通过引号，尼采赋予该词其原本的认识的含义。认识，首先是要确定构成问题的事物。

加以认识,真是相当不易啊……

与心理学和意识要素的评论(所谓的非自然科学)相比较,自然科学的最大可靠性正是建立在把陌生之物当作研究对象的基础上;而想要把不陌生之物当作研究对象,则几近于矛盾和荒谬……①

356

欧洲怎样才能变得更"艺术"?——生活的关怀时下依旧把某个职业强派给几乎所有的欧洲人,尽管在这过渡时期,许多东西已不再搞强迫了。少数人虽有选择职业角色的自由,不过也是表面上的自由罢了,大多数人的职业角色是被强派的。

[213]结果是令人奇怪的:几乎所有的欧洲人在年岁渐老时对自己的角色感到迷惑不解,他们成了自己"精湛表演"的牺牲品了;当初择业②时的偶然因素、情绪、专断是怎样地左右了他们,他们已全然忘却。他们本来可饰演别的角色,可现在为时晚矣!若是更深层地进行观察,则可看出他们的个性是从角色中,即从人为的特性中演变而来。在某些时期,人们坚信他们命中注定要以这个职业为生,而不愿承认此中的偶然因素。阶级、职业、世袭的行业特权借助这一信念得以建立以中世纪为特点的

---

① 【法文本注】有关认识的起源问题,参《善恶的彼岸》第34节。
② 【法文本注】尼采在此利用了Beruf的双层含义:职业和使命。

社会高塔,这塔的坚固耐久性确也值得赞颂。(耐久性在世上具有头等价值哩!)

但是,也有与此完全不同的时代,即真正的民主时代,人们越来越忘却上述的信念,而另一种大胆的信念、相反的观点在前台崭露头角,比如最初在伯里克利①时代,雅典人的信念颇引人注目,又比如当代美国人的信念现在越来越成为欧洲人的信念了。在这样一些时代,个人坚信自己无事不可为,无角色不可胜任,人人都在做自我尝试、即兴表演、全新的试验,而且带着愉悦的心绪。一切自然的停止了,变成人为的……

希腊人首先具备了这一角色信念,即艺术家的信念②,然后正如人们知道的那样,他们一步一步地经历了神奇的但也并非在每个方面都值得模仿的变化:他们真的成了演员,作为演员蛊惑、征服大众,最后甚至成了"世界的征服者"(因为 Graeculus histrio③ 战胜了罗马,不

---

① 【德文本注】伯里克利(Perikles,公元前 500—前 429),雅典政治家。依修昔底德的说法,他的统治名义上民主,实则个人专权。"伯里克利时代"的名人有诗人索福克勒斯和历史学家希罗多德。

② 【德文本注】"艺术家的信念":参阅尼采《悲剧的诞生》(1872年)以及本书新版时撰写的"自我批评":书中多次出现这样挖苦的文句:"世界的存在只有把它当作美学现象方可得到合理的解释。"

③ 【德文本注】Graeculus 意即"小小的希腊人";histrio 即"演员",两词在一起,即"小小的希腊演员"。

【法文本注】这一表达法可能出自塔西佗(XIV,XV,p.385)。塔西佗在其史记中描述了尼禄治下世风日下的景况:"无论名望、年龄还是荣耀,都无法激发人去从事古希腊或拉丁的戏剧小丑的艺术了,更有甚者,再也没有人敬仰这些本非人间所有的行为和歌唱了。"

是吗,正如无辜的人们惯于说,希腊文化……)。我所担心的,时下人们也明显感觉到的是:倘若人们来了兴致,紧步希腊人的后尘,那么我们现代人就全都站在同一条道上了。每当有人开始发觉他怎样扮演一个角色以及能扮演到何种程度,他就已经是个演员了……

[214]于是,涌现了在较为稳固、有较多限制的时代无法产生的新群体(在那样的时代,这些人要么被置于"底层",要么被束缚或被怀疑为寡廉鲜耻),由此屡屡出现最有趣也最愚蠢的历史时代,五花八门的"演员"成了这些时代的真正主宰;而另一类人则处境越来越不利了,尤以"建筑大师"为甚。目前,建设力量业已瘫痪,做长远规划的勇气累遭挫折,组织方面的人才匮乏。谁会斗胆去做几千年才能实现的工作呢?一个人要在信念中规划、承诺、预测未来,并为此信念做出牺牲,而这一信念正在消亡,即人只有作为伟大建筑中的一块石头才有价值和意义,为此,他必须首先是坚固的,是"石头"……最重要的,不是——演员!总之——哦,它会足够长久地保持沉默!

简单地说,从现在开始,社会是不会被建设,也不可能再被建设了,因为建筑材料奇缺,我们不再是社会的材料了。这就是当今的现实啊!然而,社会主义者①们,这些最短视、或许最诚实但也最麻木的人却相信、希望和梦想着相反的现实,并连篇累牍地撰文大加宣传,我觉得这

---

① 【德文本注】社会主义者:参阅本书第一卷第 24 节中的注释(即本书页 116 注②)。

也无关宏旨。他们用俯拾皆是的"自由的社会"一类词语来描写未来,自由的社会吗? 噢,这样的社会美则美矣,可诸位仁兄知否,这样的社会何以建设呢? 用"木质的铁"①来建设吗? 用著名的"木质的铁",甚至还不是"木质的铁"吗? ……

357

老问题:何谓德国式? ——让我们复核一下那些得益于德国人的哲学思想成果吧,它们是否在某种被允许的意识里依然对整个民族有益呢? 我们能否说,它们也是"德国心灵"之作,至少是"德国心灵"之象征呢,正如我们习惯于把柏拉图理念癖②、把他那几近宗教式的狂热模式视为"希腊心灵"之明证一样呢? [215]或者刚好相反? 这些成果是否在整个民族的思想中独具特色、属于特殊事物呢? 比如歌德那善意的异教徒信仰,俾斯麦在德国人中实行善意的马基雅维利主义,即他的所谓"现实

---

① 【德文本注】"木质的铁":这种表述常用来作例子,表明"形容词自相矛盾的用法"。形容词修饰词(木质的)所说的特性与主要概念(铁)是矛盾的。尼采把这种说法套在社会主义身上,就等于说他们想干不可能之事。

② 【德文本注】"柏拉图的理念癖":尼采用此说法一方面影射柏拉图的"理念论",说理念是亘古不变的、完美的、只存在于非尘世的远古图景,在表象世界,这图景只能被感知为影像,而且只能根据心灵的"重新回忆"能力方可领悟(参阅柏拉图《王制》第7卷),另一方面,尼采用"理念癖"或多或少贬斥"理念论"为病态狂热,甚至是走火入魔。

政治"①？我们哲学家是否有悖于"德国心灵"之需要？德国哲学家是否真是穷究哲理的德国人？

我想起三个例子。第一是莱布尼兹那无与伦比的观点②。他用这观点不仅反对笛卡尔③，而且也反对所有

---

① 【德文本注】俾斯麦(Ottos von Bismarck Schönhausen, 1815—1898)：1847年至1862年任普鲁士国会议员和外交家，自1862年起任普鲁士总理兼外交部长，对德意志帝国的建立(1871年)作出了重要贡献。尼采把俾斯麦的实用主义政治同意大利政治家和作家马基雅维利(Niccolò Macchiavelli, 1469—1527)的理念进行比较。马基雅维利的主要著作《君主论》1513年成书，1532年出版，论述建立和维护统治的各种问题，他认为建立和维护统治主要靠国家利益至上的原则。他的重要思想——权力是政治的决定性因素——成了普鲁士全部政治最重要的先决条件。
【法文本注】Realpolitik, 该词用来指代俾斯麦政治，尤其是他的反议会倾向。尼采从不错过任何机会，以表现他对俾斯麦的反感，以及宣布帝国以来德意志文化精神的衰败。在《偶像的黄昏》中，他如此说道："德国有没有哲人？德国有没有诗人？德国有没有好书？在国外有人这么问我。我脸红了。但带着在最绝望的情况下往往表现出来的莽撞，我回答道：'有的，俾斯麦！'"(《偶像的黄昏》，"德国人失去了什么？"，第1节)

② 【德文本注】"莱布尼兹那无与伦比的观点"：指莱布尼兹在论著《关于知识、真理和观念的沉思》(1684年)和《单子论》(1718年)中对笛卡尔"直觉意识的认知"这一概念提出批评。

③ 【德文本注】笛卡尔(1596—1650)：法国哲学家、数学家、博物学家，现代理性主义的奠基人。他从绝对理性这种假设得出结论：凡是人对其认识十分清楚的东西都是真的；既然人在"上帝观念"中对上帝有明晰的想象，所以上帝也是真的；事物的实质、思想及思想的扩张与外延也要将它们视为可想象的，因而是真实存在的。笛卡尔思想模式是这句话："我思故我在"，尼采后来在《善恶的彼岸》(1886年)"论哲学的偏见"这一文段(第16节)中对"我思故我在"加以反驳，说这是没有得到证明的先决条件和矛盾的实例。

被认为是正确的哲学家前辈。这观点便是：意识只是观念的偶然，而不是观念的必然和本质，那么，我们称之为意识的东西只是我们精神和心灵世界的一种状态罢了（也许还是一种病态），而绝非世界的本质。这一思想的深邃至今尚不可测，它是否是德国式的观念呢？有没有理由猜测，一个拉丁人绝不会轻易想到这个大转折的观点上来呢？——因为这是个大转折啊。

第二，让我们回忆一下康德给"因果关系"①打上的那个巨大的问号。他并不像休谟②那样怀疑自己的正确性，而是小心翼翼地界定范围，让"因果律"这一概念只在这个范围内具有意义（人们至今尚未完成这一界定）。

第三，让我们回忆黑格尔那强有力的冲击一切逻辑习惯的惊人举措。当时他勇于讲授物种是各自进化的，由此推动欧洲一代才俊掀起一场伟大的科学运动，促成了达尔文主义③。没有黑格尔就没有达尔文，黑格尔首

---

① 【德文本注】康德在《未来形而上学导论》(1783年)一文中批评休谟的"因果律"概念，认为因果律概念不能从经验中得到确认；康德则认为因果律是一种先验的概念，对一切经验知识都是最根本的东西。

② 【德文本注】休谟(David Hume, 1711—1776)：苏格兰哲学家、历史学家，主要生活在苏格兰和法国，当过图书管理员、外交事务秘书、外交部副部长，英国启蒙运动最重要的哲学家之一，他认为思想和知识仅仅依赖于经验（经验主义）。主要著作：《人性论》(1739—1740)，《人类理解研究》(1748年)。

③ 【德文本注】黑格尔《科学的逻辑学》(1831年)第2部第3段（"思想"）第1章（"生活"）中，表明了黑格尔思想从概念的辩证运动过渡到生活及生物种的辩证概念运动，这就在思想上接近了达尔文主义。

先把"进化"这一具有决定意义的概念引入科学界,其革故鼎新之举是否是德国式的呢?回答是肯定的,毋庸置疑。

在这三个案例中,我们都感到某个东西是被我们自己"发现"和言中的,我们对它既感激又惊喜。每个案例都是德国人自我认识、体验、把悟的深思熟虑的产物。莱布尼兹说过:"我们的内心世界更丰富、更广阔、更隐秘。"①对此,我们颇有同感。身为德国人,我们与康德一样,都怀疑自然科学知识的永久有效性,[216]也怀疑万事万物必须借助因果律加以认识。对我们而言,可知的东西价值甚低。即使没有黑格尔这个人,只要我们(与所有的拉丁人相反)本能地赋予"进化""变化"以更深刻的意义、更丰富的价值,那么,我们德国人也是黑格尔的信徒了。我们对"存在"的正确性是不大相信的,同样,我们也不喜欢承认人的逻辑就是唯一的逻辑(而是说服自己,人的逻辑只是一种特殊情况,也许是最怪异和最愚蠢的一种)。

第四个问题是,叔本华的悲观主义,亦即存在的价值问题,是否必然是德国人才有的呢?我以为不是。对上帝信仰的日趋式微以及科学的无神论的胜利是一个全欧的事件,对此,欧洲各国人民均功不可没,均应分享荣耀。而叔本华的悲观主义显然是因久盼这一事件而产生,这

---

① 【德文本注】尼采此处所说的,莱布尼兹在《单子论》中已作过解释。

是每位"心灵天文学家"可以推断出来的。

正是与叔本华同时代的德国人对无神论的胜利起到延误的作用,延误得最久,为害最烈。黑格尔便是最出色的延误者,他总是借助我们的第六感觉——"历史感"①劝说我们相信存在的神性,而身为哲学家的叔本华,是我们德国人拥有的首位自封的无神论者,不屈不挠的无神论者。他敌视黑格尔的背景就在于此。在他看来,存在的非神性是显而易见、毋庸争辩之事。每当他发现某人在这方面犹疑不定或拐弯抹角,他便失去哲学家的谨慎,火冒三丈。这恰恰显示了他的诚实品格。绝对诚实的无神论正是叔本华提出存在价值这个悲观问题的先决条件,此乃欧洲良心获得的重大胜利,是两千年以来教育人们崇尚真理的最卓有成效的行动,导致最终戳穿信仰上帝的谎言……

究竟是什么战胜了基督教上帝呢?是科学的良知和理智的纯洁。而它们正是从基督教道德本身、愈益严谨的诚实理念以及基督教良心的忏悔中被改编过来并升华而成的,可谓不惜代价。[217]把大自然视为上帝善意与呵护的明证,把历史诠释为上帝理性之荣耀,在解释个人的经历时,以为心灵的一切安排、暗示都是为了爱(正如虔诚之人长期以来所解释的),等等,这一切均一去不复返了,因为它们无不违背良知,有良知的人认为这些是不诚实的、不正当的,全是谎言、虚弱、怯懦,

---

① 【法文本注】有关历史感,参见第 83 节"翻译和改编"。

是男人的女儿态①。具备这种严肃态度,我们便是优秀的欧洲人了,是欧洲最持久、最勇敢的继承者了,即继承了战胜自我②的精神③。

当我们竭力排拒基督教的阐释、像对待一枚假币一样谴责基督教教义时,叔本华提出的那个问题便令人悚惧地冲着我们来了:存在到底有无意义?④ 这个问题需要经历数个世纪才能听到完整而深邃的回答。至于叔本华本人的答案,请原谅我这么说,是稍嫌草率和幼稚的,是不得已的调和,未能摆脱基督教禁欲主义道德观的窠臼。不过,他毕竟解除了对上帝的信仰……终归是他提出了这个问题,如上所述,他是作为一个优秀的欧洲人,而不是作为德国人提出的。德国人是否应以关注叔本华的姿态来证明其内心与叔氏所提出的问题相关和相近呢? 证明他们是否准备探讨并需要探讨这个问题呢? 叔

---

① 【法文本注】有关尼采所谓的"女性主义",或者"女儿态"的本能",参见 FP XI,34[85]:"这一本能,这一基督教所要求的信仰,是人云亦云的本能,是'人'这个动物的信仰,是羊群要求完全服从某个权威的要求……这一准备信仰的本能,是名副其实的女儿态的本能。"

② 【法文本注】Selbstüberwindung:超越自我、战胜自我。这是尼采的权力意志的最高形式,自我控制的最高形式。

③ 【法文本注】在 1886—1888 年尼采大量自我引用、自我引证的时期,以上文字曾被引用在《道德的谱系》第三章第 27 节。

④ 【德文本注】"存在到底有无意义?"这个问题与叔本华的著作《作为意志和表象的世界》"最严肃"的第 4 部分有关,叔本华在文章中说,他要观察"人类的各种行为":"因为这里关系到存在的有无价值,关系到福祸,但具有决定意义的并非哲学的死概念,而是人的内心本质。"

本华谢世后,德国人对他的问题做了思考,还出了书——诚然为时太晚!——但仍不足以促进大家与这个问题的密切关联,让叔本华的悲观主义就那么笨拙地搁置着。看来,他们对这个问题不是那么得心应手。

我说此话根本不是针对哈特曼①,我以为,这个恶棍简直太机灵,从一开始就对德国的悲观主义大肆嘲笑,[218]但他意犹未尽,最后居然给德国人留下遗言,要人们考虑在这个开国的时代②怎样把德国人变成傻瓜。我还不禁要问,难道人们应该把那只发出嗡嗡之声的老"陀螺"——班森③也算作是德国人的荣耀吗?班森的一生都是兴高采烈地围着他那愁苦的现实辩证法和"个人的厄运"旋转着,这难道也是德国式的吗(关于班森,我在此推荐他的那些曾被我引用过的文章,都是反悲观主义的,我的推荐说不定是他那闲雅的心态求之不得的呢。我想,人们拜读这些大作就茅塞顿开了)?那些学术上的"半瓶

---

① 【德文本注】哈特曼(Eduard von Hartmann, 1842—1906):德国哲学家,以"潜意识哲学家"闻名。形而上学理论融合了黑格尔与叔本华的哲学,也包含了谢林的潜意识概念、莱布尼兹的个性理论和现代自然科学的实证主义。哈特曼试用潜意识——在"世界进程"中自动产生并且形成思想和观念——解释世界。他常常被人视为弗洛伊德的思想先驱。

② 【德文本注】尤其指德意志帝国建立时期(1807—1871)。

③ 【德文本注】班森(Julius Friedrich August Bahnsen, 1830—1881):德国哲学家,依傍黑格尔和叔本华,提出一种形而上学的理论,按此理论,现实的本质是矛盾的、辩证的。主要著作有:《个性论》(两卷集,1867年),《世界的知识与本质的矛盾》(两卷集,1880/1881)。

醋"、老处女以及可爱的童男"使徒"美因兰德①之类也应算作真正的德国人吗? 美因兰德终究是犹太人啊(犹太人一旦作道德说教,姿态就显得可爱)! 以上所谈的几位对叔本华的悲观主义,对他的诚实的惊恐,对叔氏给这个无神性、愚蠢、盲目、疯癫、可疑的世界投去惶惑的眼神均未做过肯定,既不肯定他是德国人中的特殊案例,也不肯定是一个德国事件。反观时下在前台上演的一切,包括我们勇敢的政策、欢悦的祖国情愫②,这情愫以一种少见的哲理原理("德国,德国高于一切"③)看待一切事物,也就是本着 sub specie speciei④,亦即德国人 Species⑤ 观点,全都明白无误地证明了相反的结论。不! 当代德国人不是

---

① 【德文本注】美因兰德(Mainländer,1841—1876):本名菲利普·巴茨(Philipp Batz),代表一种依傍叔本华的救世哲学,包含人道主义思想和佛教思想,主要著作是《救世的哲学》(两卷本,1876—1886)。

② 【法文本注】此处的讥讽意味溢于言表。本句的句末将再次强调尼采思想与俾斯麦帝国政治下的精神状态的绝对分歧。从最初的作品(如《不合时宜的沉思》)起,尼采就开始了对德国和德国人的批判,其批判重点逐渐集中在德意志帝国成立以后各种形式的思想,以及精神生活的逐日消失。参见《偶像的黄昏》,"警句与特点",第23节;《瞧,这个人》,"为什么我写了这么好的书"之"瓦格纳状况"。

③ 【德文本注】"德国,德国高于一切",德国国歌(共3段)第一行歌词,作者是德国诗人和日耳曼学者法勒斯莱本(1798—1874),歌名为《德国人之歌》(1841年),后由海顿(1732—1809)谱曲,1922年成为德意志帝国正式国歌。1952年,第3段成为联邦德国国歌。

④ 【德文本注】sub specie speciei:种族的观点。

【法文本注】尼采以不无戏谑的语气模仿斯宾诺莎的 sub specie aeternitatis。

⑤ 【德文本注】species:种族。

悲观主义者！至于叔本华，容我再说一遍，他之所以成为悲观主义者，是基于他作为欧洲人的身份，而非德国人。

358

思想界的农民起义。——我们欧洲人正置身在茫茫的废墟世界，此间有些东西依旧高耸入云，而多数业已倾圮，甚而腐朽，形象森然。这景致有如图画，哪儿还有比这更美的废墟，四处蔓生着参差野草的废墟呢？

教会就是一座衰败沦落的废都。我们目睹基督教的最深层基础已经动摇了，人们对上帝的信仰已被推翻，对基督教禁欲主义理想的信奉正日薄西山、气息奄奄。不错，像基督教这样一座历史悠久而精心构筑的大厦，[219]这最后的罗马建筑，是不可能毁于一旦的，然而，地震的震撼、各种思想的咬啮、挖掘、凿击和湿润必然加速它的倾圮。最令人惊异的还是：曾经不遗余力维护和支撑这座大厦的人恰恰成了不遗余力地摧毁它的人，这就是德国人啊！看来，德国人似乎不大懂得教会的本质，难道是他们智力不逮吗？抑或还不够可疑？教会大厦乃是奠基于南欧人的自由和自由思想，奠基于南欧人对大自然、人和灵魂的怀疑，就是说，奠基于与北欧人迥异的人生体验和认识。

路德的宗教改革①，就其整体来看，是出于"单纯"对

---

① 【德文本注】路德的宗教改革：参阅本书第一卷第35节注2(即本书页124注①)。

"复杂"的义愤,说得谨慎些,这改革乃是一场误解,颇值得原谅的、粗俗而诚实的误解——人们并不理解一个胜果累累的教会之特征,而仅见其腐朽的一面;人们误解了每一种胜利的、自信的强权所能许可的怀疑,误解了它的宽容雅量……今天,人们总是怀着善意,不计较马丁·路德在一些诸如强权的主要问题上所表现出来的灾难性的短视、肤浅和轻率,这主要因为他来自民众,民众总是远离统治阶级,缺乏获取权力的本能。

于是,路德的工作,他重建罗马都会的意志只变成一项破坏性的工作,这自然并非他之所愿,也是毫无察觉的。他怀着诚实人的满腔仇恨,撕碎了那只老蜘蛛精心而历久编织的网。他把教会的神圣典籍发给每个人,这些书也就落入那些要消灭任何基于书本之信仰的语文学家之手。他破坏"教会",其手法是抛弃对 Inspiration der Konzilien① 的信仰,他知道,所谓神谕或神灵启示,正是导致创立教会的思想,倘若这思想继续在教会中存在并建设其大厦,那么"教会"的力量就能得以维持。马丁·路德还把同女人性交的权利②交还给牧师。民众,特别是民间女性对牧师所持的崇敬态度大多因为他们相信,

---

① 【德文本注】Inspiration der Konzilien,意即:教皇主持下的宗教会议的圣灵。1519 年,路德在莱比锡辩论会上声称:罗马教皇制度是人为的机构,即便教皇主持下的宗教会议也可能犯错。这一声明是导致教会分裂的决定性的一步。

② 【德文本注】与天主教神甫不同,新教神职人员允许结婚。路德本人 1525 年就与原来的修女博拉联姻。

在性的问题上特殊的人在这方面也特殊,于是,民众相信在人群里存在超人、神奇和拯救人的上帝,[220]而且这信念觅得了最高雅和最难于应付的辩护律师。路德在给牧师送去女人之后,又剥夺牧师聆听教徒的耳语忏悔的权利,这从心理学方面看是正确的,但也无异于取缔了牧师本身,因为牧师的最大用处乃是做神的耳朵,那耳朵是一口缄默的井,一座为教徒保守忏悔秘密的坟墓。路德提出"人人都是自己的牧师",在这句带有农民的狡诈的箴言背后隐藏着他对"高等人"①及其统治的刻骨铭心的仇恨。他粉碎了一个自知无法企及的理想,同时憎恶它的蜕变形式,并与之坚决斗争。事实上,这个永不可能成为僧侣的人对教会统治是排拒的,他在教会组织内部造成的,恰恰是他在国家组织中义无反顾地反对的"农民起义"——通过斗争而实现的"农民起义"②。

至于路德的宗教改革的结果,无论好坏,今天是可以做出大略评价的;可是,谁又能天真地据此对路德做简单

---

① 【德文本注】"高等人":尼采首先在其主要著作《扎拉图斯特拉如是说》(1883—1885)中对"高等人"这一观念进行研究。"高等人"的代表就是"超人",超人的特征是感性和才智的极度宏富。

② 【德文本注】"农民起义":尼采不仅认为公民的生活秩序与农民起义是相互矛盾的,而且他还联想到历史上1524—1525年的农民起义,当时德国中部和南部的农民受封建领主的压迫,要求减轻徭役和负担,公众爆发起义时,遭到血腥镇压。初始,路德在争斗的双方寻找平衡,但后来他坚决反对农民,究其原因,是他不愿看到基督新教被世俗的目的所滥用,农民正是利用它使其斗争合法化。

的毁誉呢？他对一切是没有责任的，他不理解自己的所为①。然而，毋庸置疑，欧洲的尤其是北欧那浅陋的思想以及这思想的善意化——倘若人们喜欢听这样一个道德字眼的话——是随着路德的宗教改革而向前迈进了一大步的。同时，宗教改革引发了思想界的动荡，对独立的渴望和对自由权的信仰，促进了思想"符合自然"。当人们承认宗教改革毕竟为我们当今所尊崇的"现代科学"做了准备并起了促进作用这一价值的时候，也应补充说明一点，即宗教改革对现代学者的蜕变是负有责任的，对他们缺乏崇敬、廉耻和深度，对整个知识界天真烂漫的忠诚和老实，简言之，对思想界的平民主义②也是负有责任的。平民主义是最近两个世纪的特点，迄今的悲观主义也没能把我们从平民主义里解救出来。

"现代理念"也属于这次北欧的农民起义，这起义反抗冷漠、暧昧、怀疑的南欧思想——把自己那硕大无朋的纪念碑建立于基督教会内的南欧思想。[221]末了，我们

---

① 【德文本注】"他不理解自己的所为"，参阅新约《路加福音》23：34："因为他们不理解自己的所为。"尼采把这句耶稣宽恕人的话——基督教基本道德之一——用在路德身上，就让人产生这样的想法：倘若路德知道或哪怕预感到他致力于宗教改革将会带来什么后果，那么他就会罢手不做了。

【法文本注】同一用法亦见第 369 节"并存于我们心中的"。

② 【德文本注】"思想界的平民主义"：即思想界的粗陋，平民化。在古罗马，平民是与贵族相对抗的广大社会阶层，大约在公元前 500 年至前 287 年期间，他们为争取阶级平等而斗争。尼采把近几个世纪的智性发展看成是思想平民化和愚化的过程。

还不应忘记,同"国家政权"相比,教会是什么?它首先是一种统治机构,它保障上层人士,它相信思想的力量,从而无需动用粗野的暴力手段。所以,教会在任何情况下都比国家政权显得高尚。

359

对思想的报复与道德背景。——诸君以为替道德辩护的最危险、最狡诈的律师在哪里呢?这儿有一位缺乏教育者,此人才思不足,不能体会思考的乐趣,但他所受的教育①又使他知道这种乐趣;他无聊、倦怠、蔑视自我,因为继承了一点财产,故而骗的最后一个安慰是"劳动的恩赐",在所谓的"每日工作"中忘却自我。他对自己的存在是感到羞愧的,或许也容纳一些小的恶习。他不得不读一些不配他读的书,参加一些他领悟不了的思想界的交流,以此博得虚荣,娇纵自己。他全身中毒,因为对他而言,思想、教育、财富、寂寞无不是毒剂,以至于他必然滋生习惯性的复仇心态和意志……

诸君猜想他必然拥有什么东西才能为自己制造超越英才的虚幻优越感呢?才能为自己,至少为自己的想象制造施行报复的欢愉呢?他需要拥有的不外乎是道德——我敢打赌!他需要道德的词藻,需要像咚咚作响

---

① 【法文本注】Bildung:在智力培养、智力文化层面上的教育。

的鼓声奢谈正义，需要智慧、神圣、美德，需要表面上奉行廊下派①(廊下派把人们未拥有的东西隐藏得多么巧妙啊！……)，需要伪装聪明的沉默、友好、温柔敦厚，全是人们称之为理想主义者的伪装的东西，无可救药的自我蔑视者及其虚荣心便在这伪装下大行其道。

但愿人们正确理解我的话吧：从这类思想的天敌中滋生了一批怪人，他们被民众冠上圣者、智者的名号并大加推崇；滋生了那些喧嚣不已地在创造历史的道德猛兽，[222]圣·奥古斯丁②即属这一类。惧怕思想、对思想进行报复——啊，这些作为驱动力的恶习就常常成了道德的根源，甚至道德本身啊！——还有，你我之间，即使那种在地球上某些地方曾经出现过的要求，即哲学家对智慧的要求(最愚蠢、最骄矜的一种要求)，难道至今在印度和希腊不也主要是一种掩饰吗？有时，这要求假借教育的观点将许多谎言神圣化，好像是为了悉心顾及正在成长中的年轻人似的，年轻人必须通过对某些人物的崇拜(通过误导)才能约束自己并得到保护呀……

----

① 【德文本注】廊下派：参阅本书第53页注2([译注]本注释有误，廊下派可参本书页97注③)。

② 【德文本注】圣·奥古斯丁(Aurelius Augustinus，公元354—430)：神学家。起先是塔加斯特、卡尔塔戈、罗马和米兰等地修辞学老师，387年皈依天主教，自395年起任希波雷吉乌斯(北非)主教，其著述对整个西方国家的神学和哲学产生影响。其影响巨大的著作《忏悔录》，从宗教角度对他自己在受洗之前的发展予以观察；其《上帝之城》论述了他的历史观，对基督教统治的中世纪影响尤烈。

在大多数情况下,哲学家的掩饰是为了自救,将自己从疲惫、年迈、冷漠无情中解救出来,这是一种临终的情感,也是动物濒死时的本能智慧——它们会离群索居,悄无声息,甘守寂寞,爬进洞穴,变得智慧起来……什么?智慧就是哲学家对思想的一种掩饰吗?

360

被混淆的两种动机。——我觉得我的最大进步之一,就是学会了区别一般行为动机和既定的、有指向性的行为动机。

第一种动机是一定量的积聚力,它等待为某一目的而消耗;第二种则相反,若用积聚力来衡量,它是微不足道的,大多是一种小的偶然因素罢了,因这偶然的缘故,那一定量的力便以一种既定的方式"爆发"了:好比火柴和火药桶的关系。我把一切"目的"和经常挂在人们口头上的"生活职业"算作这类小的偶然和火柴,它们与那迫切要求消耗掉的巨量的力相比是较为随意的,几乎是冷漠的,无所谓的。

可是,人们对此的看法刚好相反,他们习惯于把目的(目标、职业等等)视为推动力,这是自古的原始错误使然。目的只是一种指引力罢了。人们把舵手和轮船弄混淆了,[223]舵手从来就不是指引力……"目标""目的"难道不经常是一种美化自己的借口、事后为自己装门面的虚荣吗?这虚荣不想说轮船是跟着流水走的,轮船是偶然陷入流水中的,它"想"去那里是因为它——不得不去,不想说轮船有方向却根本无舵手吗?

看来,人们还需要对"目的"做些评论。

361

演员的问题。——演员的问题长期困扰着我。无论过去还是现在,我都无法肯定,人们是否能够由这个问题弄清"艺术家"这一危险的概念。迄今,人们是怀着无可原谅的"慈善"心肠在对这一概念进行探讨的。

也许,以下的种种情形不仅仅是演员本身的问题吧:心安理得的虚伪;伪装成一股迸发的强力;抛弃、淹没和窒息"个性";真心要求进入一个角色,戴一个面具,即要求虚假;种种过剩的适应能力,它已经不能在最方便和最狭窄的功利中获得自我满足了……

以上的种种本能大概在下层民众的家庭里也训练出来了,这训练不难。这些家庭处于不断变化的压力和强逼之下,要依附他人,要量入为出,为生计苦苦挣扎,不得不一再进行自我调整以适应新的环境,一再扮演不同的角色,久而久之,遂培养出见风使舵的能力,成了擅长"躲猫"游戏的艺术大师。这游戏在动物界被称为 mimicry [拟态]①,如今,这套技艺也溶化在人的血肉中了。终

---

① 【德文本注】mimicry:指无防卫能力的动物要用颜色和身体造型适应环境,以躲避危险,躲避其他有防卫和保护能力的动物。

【法文本注】尼采多次提到这一最早出现于 (转下页)

于，世代相沿承袭的适应能力变得肆虐专横了，它作为一种本能去指挥别的本能，由此也制造出演员和"艺术家"来了（首先是戏谑者、说谎者、傻子、小丑、类似吉尔·布拉斯①的经典仆役，因为这类角色是艺术家，甚至是"天才"的先驱哩）。

在高层社会里，也因类似的压力而滋生类似的人物，比如外交家。[224]不同的只是，他们那种演员的本能大多被另一种本能所控制。我以为，任何时代的"优秀"外交家都可以随意成为优秀演员的，只要他"随意"便可。至于犹太人，那真是个适应技巧出类拔萃的民族，人们顺着这个思路就可以在他们那儿看到世界史上培养②演员的排练，那真可谓名副其实的演员"孵化"场所。事实上，当前人们总会碰到这样的问题：时下哪一个优秀演员不是犹太人呢？犹太人还是天生的著作家呢，他们得益于演员天赋，遂执欧洲新闻界之牛耳，一展抱负。著作家本质上就是演员啊③，饰演的是"行家""专家"的角色。

（接上页注）英国自然主义科学领域的词语。比如《朝霞》第26节："动物们学习自我控制和伪装，比如一些动物使自己身体的颜色适应周围环境的颜色（……），它们假死，或者装成别的动物，或沙土、叶子、苔藓、海绵的形状和颜色（英国的自然主义者们称此为mimicry）。"尼采在许多文本里用此概念来分析人类，尤其是人的道德问题。

① 【德文本注】吉尔·布拉斯，参阅本书第77节注4。
② 【法文本注】Züchtung。注意尼采把该词和Zähmung对立起来。后一个动词是指驯服某一危险动物，消除其兽性，从而培养出驯服的（zahm）、没有反抗能力的动物。有关教育和驯服之间的矛盾关系，尤见《偶像的黄昏》，"试图'处罚'人类者"，第2—5节。
③ 【法文本注】参见第366节"面对一本渊博之书"。

最后说说女人。想一想女人的整个历史吧,难道她们不该最先成为女演员吗?人们听医生说,对女人施行了催眠术,人们就会爱上她们,继而,人们又接受她们的"催眠"!结果如何呢?结果是"她们献身"了。当然,即使她们献身……女人,如此富于艺术气质的女人呀……

362

我们相信欧洲的阳刚之气。——几百年来战事频仍,为历史上所未有。我们已经进入战争的经典时代,进入大规模(资金、人才、学科)的、博学精深却又十分大众化的战争时代。未来的数千年在回顾这时期的战争时将会怀着钦羡、崇敬的心情将其视为完美的事件。人们把这一切归功于拿破仑①(而不归功于法国大革命,这场革命标榜民众"博爱"②以及空泛而华丽的"人心交流"),因为这次战争的荣耀是从这民族运动中产生的,这运动是对拿破仑的反击,但如若没有拿破仑,也就不存在这民族

---

① 【德文本注】拿破仑(Naploleon Bonaparte,1769—1821):他在意大利的法国革命军中飞黄腾达之后于 1799 年推翻"五人执政内阁",结束那场革命,1804 年登上"法国皇帝"宝座,通过多次战争,至 1812 年占领了除俄国和巴尔干半岛外的整个欧洲。在他侵俄失败和欧洲民族解放运动之后,欧洲列强 1815 年在维也纳会议上才达到平衡。尼采也深陷赞美拿破仑的传统中,歌德和黑格尔亦如是。

② 【德文本注】"博爱":在法国政治大变革(1789—1799)时,政治上的要求体现在"自由、平等、博爱"这个口号中,尼采对此保持距离。

运动了。

男子汉大丈夫在欧洲再次压倒商人、庸人①,再次驾驭被基督教、十八世纪的狂热思想和"现代理念"所娇纵的"女人",[225]这也得归功于拿破仑。拿破仑视现代理念、文明②为私敌③,用这敌意证明自己是文艺复兴运动最伟大的后继者之一。他再度弘扬了具有决定意义的古代气质,那花岗岩一般坚强的古代气质。可谁知道,这古代气质会不会最终又驾驭民族运动,并且在积极意义上成为拿破仑的继承者和延续者。人们知道,拿破仑本想统一欧洲,进而让欧洲统治世界的。

363

男女对爱情的偏见。——尽管我对一夫一妻制的成见做过让步,但我绝不承认人们的这一观点:这种婚姻的

---

① 【德文本注】庸人(德文 Philister):Philister[腓力斯人]是公元前12世纪居住在巴勒斯坦南部的一个民族,来历不明。在抗击埃及法老拉美西斯三世军队失败后,他们作为埃及的殖民者迁居到巴勒斯坦沿海平原地区,从那里又向生活在山区的以色列部落进击,但遭到大卫的镇压(《撒母耳记》)。Philister 这个词成了"狭隘的小市民""庸人""市侩"的同义语,这主要归因于旧约带倾向性的描述。尼采在其著作《不合时宜的沉思》里攻击施特劳斯,认为此人是 Philister 的典型("知识庸人")。

② 【法文本注】此处用法清楚表明,尼采赋予了 civilisation 一词何种含义,以及该词如何与 cultur 相对峙。

③ 【德文本注】"拿破仑视现代理念、文明为私敌",参阅蕾蒙莎的《回忆录》第1部分,112页。

男女双方是平等的。根本就不存在所谓的平等。男女双方对爱情的理解是不同的,对爱情的前提条件,即一方不应要求另一方的情感及爱情观与自己雷同,理解也有差异。

女人的爱情观是显而易见的,那就是彻底的灵与肉的奉献,①毫无保留,毫无顾忌,甚至一想到奉献如若带上附加条件②就感到羞愧、惶然。在这种无条件奉献的情况下,男人的爱情便只是一种信念:女人别无选择。男人一旦爱上一个女人,他就要从女人那里得到爱。这样,他与女人之爱的前提条件就相距十万八千里。除非世上也存在要求自己完全奉献的男人,果如此,他们也就不是男人了。男人如果像女人那样去爱,他就会沦为奴隶;但女人如果像女人那样去爱,她就会成为更加完美的女人……

女人无条件放弃自己的权利,这激情的先决条件是男人不要有同样的激情,不要有同样的放弃。倘若双方都为爱情而放弃自我,我真的不知道会出现何种结果,[226]也许是人去楼空吧?女人希望男人把她当作占有物接受,希望完全献身于"被占有",故而期盼得到一个接受她的男人,而这男人又不付出什么,相反只应使他变得更丰富,亦即经由女人的奉献使他的力量、幸福和信念不断增强,我想,"女人奉献、男人接受"这一理所当然的矛

---

① 【法文本注】文字游戏:Hingabe(放弃)和 Hingebung(奉献)。

② 【法文本注】Verklausurlirte:有附加条件的爱,该词已出现在第 141 节"过于东方化"。

盾，人们是不可能通过任何社会契约，也不可能经由要求平等的良好意愿而超越的，那么，符合心愿的倒是，不要老是把这一矛盾的冷酷、可怕、难以理喻、不道德等属性置于眼前，因为从全面考虑，爱情乃是天性，大凡天性总是有点"不道德"[①]的。

女人的爱情还包括忠诚，它是从爱情定义中派生出来的；而在男人，忠诚很容易被当作爱情的后果，比如当作谢意、特殊的情趣、所谓的亲和力[②]等，但从不属于男人之爱的本质。所以人们有理由说，在男人身上，爱情和忠诚是天然对立的，他们的爱情即为占有的愿望，而非奉献和放弃，占有的愿望每次又以占有为结局……

男人绝少承认正是"占有"才维持了他的爱情，事实上，这正是他的占有欲更巧妙、更令人怀疑之处，在这方面，"占有"有可能在奉献之后得到强化。他不轻易承认，一个女人对他已经没有什么好"奉献"的了。

364

隐士如是说。——与人交往的技巧，大体上说，就是一种接受宴请、吃你信不过的食物的技巧（这需要长时间练习）。除非你饥肠辘辘地进餐，那么一切就会容易些

[①] 【德文本注】有点"不道德"：尼采后来在《道德的谱系》（1887年）中详细论述的观点，放在这里先说了。

[②] 【德文本注】亲和力：尼采这里采用歌德出版于1809年的长篇小说《亲和力》的书名。参阅该书第1部分第4章。

(正如梅菲斯特所说"恶劣的社交让你感受"①)。可是,当人们盼望出现虎狼之饥时,它却偏偏不来!啊,要喜欢别人,殊非易事!

第一个原则是:就像遇到一场事故,你要倾力以赴,②勇敢地介入,要孤芳自赏,把你的恶感[227]吞进肚子里。第二个原则是:用夸奖的办法使别人的情绪"变好",使其自我陶醉;或者抓住他的某个好的或"有趣的"个性特点,牵着他走,进而显示你的美德,制服别人。第三个原则是:自我催眠,双目凝视交往对象,宛如注视一个玻璃纽扣,直到再也感觉不到是高兴还是厌恶,继而不知不觉入睡,一动不动。这姿态犹如婚姻和友谊的常备药物,屡试不爽,不可或缺,然而在科学上尚未正式命名。它的俗名叫——忍耐。

365

隐士又说。——我们也同"人"交往,我们也穿着简

---

① 【德文本注】"恶劣的社交让你感受":源于歌德《浮士德》上部,第1637诗行。

② 【法文本注】尼采与司汤达的又一次碰撞。参见司汤达于1838年7月写给公爵夫人塔谢尔(Mme de Tascher)的信:"请相信,夫人,当不幸来临时,只有一种迎击方式,就是以最大的勇气与之对峙。灵魂将为这勇气而欣悦,将凝视这勇气,而不去凝视不幸,不去苦涩地品味个中细节。在这如戏一般的世纪里,唯一不可能被虚伪所模仿的品德正在于此。拥有这样的品德,我们应深感喜悦。"(《书信》,卷3,前揭,页264)

朴的衣裳,以便别人辨认、注意和寻找我们,我们也就这样进入伪装的人群中——他们当然是不愿这样自称的——我们也同一切聪明的假面具一样,以某种彬彬有礼的方式消除人们对我们的一切好奇心,包括与我们的衣着无关的好奇心。

与人"交往"还有其他的方式和技巧,比如,你想尽快摆脱他们,或者要让他们害怕,那你就装扮成"鬼",这是很可取的。试试看吧:别人来抓我们却抓不到,他们就会发怵,或者,当我们从锁闭的门中穿过,当我们熄灭灯火,或者在我们死后,这些都会引起旁人的悚惧。后者是卓越之士死后玩弄的技巧。(这类人会不耐烦地说:"你们怎么想的呢？我们甘愿忍受周围的怪异、寒冷和墓中的沉寂,甘愿忍受地下隐匿的、万籁俱寂的、不为人知的落寞,在我们,这落寞既可称为生,亦可称为死,倘若我们不知道自己还会变成什么——我们死后才获得生命呀,才变成人呀,噢,真是活生生的呢！我们死后的人呀！")

366

[228]面对一本渊博之书。——我们不是埋首书本并由书本产生思想的人。我们的习惯是在户外思考、散步、跳跃、攀登、舞蹈,最好在阒寂无人的山间,要么就在海滨。在这些地方,连小径也显出若有所思的情状。至于书籍、人和音乐的价值,我们首先要问:"它会走路吗？它会舞蹈吗？"……

我们很少看书,但我们读得并不比别人差——噢,我们能马上看穿一个人的思想是怎样产生的,可以知道他面对墨水瓶,弯腰驼背,伏案写作;噢,我们也很快读完了他的大作;他那被死死揪住的五脏六腑泄露了自己的秘密,我敢打赌! 正像他那斗室的空气、天花板和逼仄的空间泄露其秘密一样。这便是我合上一本诚实而渊博的书所产生的感觉,并油然而生感激,且如释重负……

学者的著作几乎总有某种压抑和被压抑的东西在其中,"专家"总会在著作中显露自己的形象、热情、真诚、愤怒、对"蜗庐"的溢美、驼背——凡专家均驼背。一部学术专著总是反映被扭曲的心灵。其实,每种职业都是扭曲的。

让我们与共度青春时光、现在学有所成的朋友重逢吧。噢,他们的结局常常与我们预期的相反! 噢,他们一直受科学的役使,弄得神魂颠倒! 置身于逼仄的一隅,被压抑得无知无感,失去自由和心态平衡,瘦骨嶙峋,全身棱角分明,只有一处是圆的。多年暌隔、一朝重聚真使他们激动不已,又无言以对呀。

任何一种职业,即使它是黄金铺地,其上方也有一块铅质的天花板压抑着,心灵是以扭曲。这是无法变更的事实。我们不相信通过某种教育技巧可避免这畸形的产生,世上的高超技巧都要付出高昂的代价。人们不惜一切代价,掌握了专业,然而最终又沦为专业的祭品。我同代的先生们,你们是不希望这样的,你们想付出"廉价"一些,更要活得舒适一些,对吧? [229]果如此,你们马上会得到另外的结果，你们就不是职业大师了，而是作家了：圆滑世故、见风使舵的作家。而作家是不会驼背的——但作为思想界的售货员和教育①的"载体"向你鞠躬时除外——作家本不足挂齿，但他几乎"代表"一切，饰演并"代表"专家，另一方面又极其谦卑地表现自己是受人豢养的，也是受尊敬和欢迎的。

我尊敬的朋友们！我宁愿为你们的驼背而祝福！为你们与我一样鄙视这拨作家和教育界的寄生虫而祝福！为你们不懂得如何与思想界做交易，而只拥有不可用金钱来衡量的见解，为你们不具备什么也就不代表什么，为你们唯一的意愿只是成为职业大师并崇尚绝技与才干，义无反顾地拒绝 litteris et artibus② 中一切虚假、半真半假、矫饰、煽惑、看似杰出的演戏一样的东西，总之，拒绝那一切不会显现于你们眼前的绝对正派的训育，我为你们这一切的一切祝福！（纵然天才善于掩盖上述缺点，却也根本无法克服，只要注意我们身边天资骄人的画家和音乐家即可明了。他们几乎无一例外地知道如何通过狡猾的创造性举止、临时措施乃至原则，随后人为地获得那种正直、训练有素和文化③之外表，然而又没有因此自己欺骗自己，让自感理亏的良知长期保持缄默。你们知道

---

① 【法文本注】此处仍是指智力教育层面上的文化：Bildung。

② 【德文本注】litteris et artibus：文学和艺术。

③ 【法文本注】cultur：在上下文语境中指知识，但同时带有一些心理学方面的意思，即与本能相关的学科，本能的教育。

吗？当代伟大艺术家哪个不是问心有愧而痛苦呢……)

367

怎样区别艺术品。——凡是思考、写作、绘画、作曲，乃至建筑和雕塑的作品，要么是独白式的艺术，要么是见证人的艺术。对上帝的信仰艺术、祈祷抒情诗的艺术表面上是独白式艺术，实则属于见证人的艺术，因为对虔诚的信徒来说，是不存在孤独的，[230]这，是我们无神论者发现的真理。

要鉴别一个艺术家的整个观点，我以为没有比这更深刻的方法了：他是从见证人的角度出发看待自己的作品(看待"自己")，还是"忘却了这个世界"呢？每一种独白式艺术的本质都是基于"遗忘"，实为遗忘的音籁。

368

Der Zyniker[①] 如是说。——我对瓦格纳的音乐的非难源于生理方面。我缘何当初要给这非难套上一个美

---

① 【德文本注】Der Zyniker："犬儒主义者"，大儒学派是古希腊的一个哲学流派，他们的生活态度和哲学源于锡诺普的第欧根尼(Diogenes von Sinope，公元前约 400—325)，这个流派的名字(kyon——狗)主要归因于真正的犬儒主义者有两个主要特点，一是几乎没有物质需求，二是不遵从任何习俗惯例，"厚颜无耻"，这又与古希腊人认为狗是动物中最无耻的观点不谋而合。

学模式呢？[1]

当我聆听瓦氏音乐时，我的"实际情形"是：呼吸不畅，脚对这音乐表示愤怒，因为它需要节拍而舞蹈、行走，需要狂喜，正常行走、跳跃和舞蹈的狂喜。我的胃、心、血液循环不也在抗议吗？我是否会在不知不觉中嗓子变得嘶哑起来呢？我问自己，我的整个身体究竟向音乐要什么呢？我想，要的就是全身轻松，使人体功能经由轻快、勇敢、自信、豪放的旋律而得到加速，正如铅一般沉重的生活经由柔美、珍贵的和谐而变美一样。我的忧郁冀盼在完美的隐匿处和悬崖畔安歇，所以我需要音乐。

戏剧同我有什么关系！戏剧弘扬道德可谓心醉神迷、歇斯底里，"民众"也以此为满足，这同我有什么关系！演员的那一套恶作剧表演同我有什么关系！……人们已经看出，我从根本上说是反戏剧的，瓦格纳则不然，他虽为音乐家，但本质上却是演员和剧作家，是有史以来最狂热的表演迷（Mimomane[2]），而且是作为音乐家的表演迷！……附带说一下，瓦氏曾有一个理论："戏剧是目的，音乐向来是戏剧的手段。"[3]可他的实践与理论是南辕北

---

[1] 【法文本注】把美学局限于"生理"层面，参见 FP XIV, 16 [75]："对我而言，任何美学的基础原则在于：美学价值以生物价值为基础，美学的舒适感以生物的舒适感为基础。"

[2] 【德文本注】Mimomane：对戏剧着魔的人。
【法文本注】尼采对戏剧的分析往往受到尚福尔的影响。比如后者说过："在剧院里，目的就在于效果。"（见 *Maximes*, *pensées*, *caractères et ancedotes*, Paris, GF-Flammarion, 第 16 节。）

[3] 【德文本注】参阅瓦格纳的著作《歌剧与戏剧》（1850—1851）的序言。

辙,即:"表演姿态是目的,戏剧和音乐向来是表演姿态的手段。"音乐被他当作阐述、强化和衬托戏剧表演及演员意识的手段,故瓦氏歌剧只是戏剧表演姿态的表演罢了!他除了具备别的本能外,还具备一个伟大演员所具备的起指挥作用的本能:[231]而且如我所言,同样是作为音乐家而拥有这种本能的。① 关于这,我曾苦口婆心地给瓦氏的一位真诚的追随者讲明,而且还有理由补充说:"请对自己更诚实一些吧,我们可不在戏院看戏啊! 即使上戏院,人们也只是作为群体才诚实,作为个体则欺骗,甚至自欺,人虽进了戏院,可心还留在家里,放弃说话和选择权,放弃自己的鉴赏情趣,甚至放弃那种在家里面对上帝和家人常有的勇气。从未有人把自己最敏锐的艺术思想带进戏院,连为戏院工作的艺术家也不例外。戏院里充斥着小民百姓、女人、道貌岸然的伪君子、投票的动物、民主主义者、邻人、同代人;在那里,个人的良知屈从于'大多数人'②搞平均主义的魅力';愚昧是当作淫荡和传染病毒在传播的;'邻人'取得支配地位,于是,人们纷纷变成这样的邻人……"(我差点忘说了,那位被我启蒙的瓦氏

---

① 【法文本注】有关作为音乐家的瓦格纳,尼采留下了许多文本,比如以下这段1888年的遗稿(FP XIV 15[6], 8):"瓦格纳的艺术家本质的特点何在? 历史主义、导演、分摊的艺术、因迷恋效果而着意制造效果、宣示、阐述、影射和表象的天才……"

② 【德文本注】"大多数人",尼采可能想到"功利主义"(Utilit arismus)的代表人物,他们致力于谋求所有人的最大利益(utilitas)和大多数人的福利。边沁(Jeremias Bentham,1748—1832)是这个原则的创始人。

追随者是怎样回答我对瓦氏音乐的生理性非难。他说："这么说,您只是不够健康,所以无法欣赏我们的音乐?")

369

并存于我们心中的。——我们艺术家是否必须承认,我们之间存在着巨大差异,我们的审美情趣和创造力两者是以极不寻常的方式相互独立和各自发展的——对于陈旧、清新、成熟、腐朽和败坏,我想说出它们不同的等级和节拍,比如,一位音乐家穷其一生所创作的作品与他好挑剔的耳朵和心灵所推崇、喜欢和偏爱的东西是相互矛盾的,他也无需知道这种矛盾!

一种令人尴尬又符合规律的经验显示,人的兴趣很容易超过自身创造力的兴趣,即使后者并不因此而瘫痪和受阻。但也可能出现相反的情形,这正是我要唤起艺术家们注意的。一位持续进行创作的人,一位人之"母"(在这个词的宽泛意义上),竟然对自己思想的"受孕"和"坐月子"无所知闻;[232]他没有时间对自己及其作品进行推敲和比较,也无心训练自己的审美情趣,而是将它遗忘,或任其停滞、坍倒,这种人所创作的东西是连他自己也无法置评的;对他本人及作品所想的所说的,全是愚昧不堪之论。

"了解孩子,没有人会比他的父母差。"我以为,此话对那些多产的艺术家来说,差不多是正常情况。姑举一例:整个希腊的诗歌和艺术界从不"知道"它创作了什

么……①

370

何谓浪漫主义？——也许有人记得，至少我的朋辈中有人记得，当初②我带着某些错误和过高的估计迈向现代社会之时，无论如何是以一个满怀希望之人的面目出现的。我对十九世纪哲学界悲观主义的理解——天知道是依据哪些个人经验——觉得它是一种象征，即象征着比十八世纪(休谟、康德、孔狄亚克③和感觉论者④的时代)更强劲的思考力，更大胆的勇气，更充满胜利的丰富生活。所以，我觉得悲观主义犹如我们文化的繁华，是文化所许可的最珍贵、最高雅，也最具危险性的豪奢，自然是文化鼎盛使然。

我以为德国音乐所表现的无非是德国人心灵中酒神的强大力量。⑤ 我听到地震的巨响，那自古积聚的原始

---

① 【法文本注】参见第 358 节"思想界的农民起义"和相关注释。

② 【德文本注】"当初"：指尼采撰写处女作《悲剧的诞生》(1872 年)之时。

③ 【德文本注】孔狄亚克(Étienne Bonnot de Condillac, 1715—1780)，法国哲学家，在本国传播英国经验主义，是感觉论的真正创始人。

④ 【德文本注】感觉论者：感觉论代表一种实证论唯物主义观，认为人的全部行为和态度都是生理刺激的作用和结果。主观性归结为感官性，思想只是感觉的一种形式。

⑤ 【德文本注】酒神的强大力量：首先指瓦格纳的音乐，尼采在《悲剧的诞生》中作过描述。

力终于爆发了；而对一切被称为文化的东西所深深震撼，我是漠然置之的。人们发觉，当初我对哲学上的悲观主义以及对德国音乐的特质——浪漫主义——做了错误的理解。

何谓浪漫主义？每一种艺术和哲学都可能被视为治疗手段和辅助手段，为倾力奋斗的、变幻莫测的人生服务，它们无不以痛苦和受苦之人为前提。而受苦者又分为两类：一种是因生活过度丰裕而痛苦，这类人需要酒神艺术，同时也用悲观的观点审视生活；[233]另一类是因生活的贫困而痛苦，他们需要借助艺术和知识以寻求安宁、休憩和自救，或者寻求迷醉、麻木、痉挛和疯狂。各种艺术和知识中的浪漫主义完全适合于受苦者的这两类需要，叔本华和理查德·瓦格纳也与之相宜。这二位是最负盛名、最典型的浪漫主义者，当初我是误解了他们。倘若人们承认我的话是公平的，那大概不会对他们造成什么损害吧。

生活丰裕的富翁，酒神，不仅观察可怕和可疑的事物，而且实施可怕的行动，肆意进行破坏和否定。他身上可能出现邪恶、荒谬和丑陋的东西，这是创造力过剩所致，这过剩的创造力甚至能把荒漠变成良田。反之，受苦者，生活赤贫者大多需要温和、平静和善良，在思想和行动里需要一个上帝，一个庇佑病人的真正上帝，一个"救主"。他们也需要逻辑，需要领悟现实，因为逻辑安抚人，使人产生信赖，总之，他们需要在乐观的境域建立一个温暖、狭小、隔绝、能抵御恐惧的空间。

于是，我开始学会理解与酒神悲观主义者相对立的伊壁鸠鲁和"基督徒"。事实上，后者只不过是伊壁鸠鲁①追随者当中的一种类型，类似于浪漫主义者。我的目光在观察最困难和最棘手的反推论形式（大多数错误皆因反推论而铸成）时愈益锐利了，即由作品推论作者，由行为推论施行者，由理想推论需要理想的人，由每种思维方式和评估方式推论在其背后起指挥作用的需求。

在美学价值评估方面，我现在使用这样的主要区别方法：每遇事就问："在此，是饥饿还是奢侈变成了创造力？"然而在开始之际，另一种区别方法似乎更值得推荐，它远比上述的方法明显，即把注意力放在创作动机上，看它是追求固定、永恒和现存，还是追求破坏、更新、变化和冀盼未来，[234]倘若我们审察更深入一些，便发现这两种追求还是模棱两可，意义暧昧，所以还不如使用前面提及的、我以为很合理的区别模式更一目了然。

对破坏、改变和变化的追求可能是一种孕育未来的过剩力量之表示（对这力量，我使用的术语便是大家已知的"酒神力量"②），但也可能是失败者、穷人和失意者产

---

① 【法文本注】参见《悲剧的诞生》开篇"论自我批评"的结尾部分，以及本书第45节"伊壁鸠鲁"。

② 【德文本注】尼采的"狄奥尼索斯的"（即"酒神的"）这一概念源于狄奥尼索斯神（酒神）的名字。狄奥尼索斯是宙斯和塞墨勒之子。这个概念加上"阿波罗的"（"日神的"）概念是表达尼采早期著作《悲剧的诞生》（1872年）中心思想的综合性比喻。尼采在（19世纪）80年代的遗稿中，对这两个术语的内涵作过描述："用'狄奥尼索斯的'这个词表达统一性的追求，超越人、（转下页注）

生的恨意。由仇恨而施破坏,这是势在必然,现存的一切无不在激怒这仇恨并使其发作。明于此,也就不难认识身边的无政府主义者了。

那期求永恒的意志也有两种解释,一方面它可能源于感激和爱,发轫于此的艺术必然是神化的艺术,比如鲁本斯①对酒神的赞颂,哈菲兹②的欢愉与揶揄,歌德的明丽和善意,这类艺术将荷马式的荣耀和光明播撒到万事万物③。但这意志也可能是受苦者、奋斗者和Torturierten④的那种暴君式的专断意志:它在自己的痛苦之特

(接上页注)日常生活、社会、现实和时间流逝的极限,激情而痛苦地扩大至更模糊、更完整、更飘浮的状态;心醉神迷地肯定整个人生,满怀泛神论的极大欢悦和同情,对生活中最恐怖、最可疑的事情亦赞同,甚至将其圣化;是生殖、孕育和轮回的永恒意志,是创造和毁灭二者之必然性的总体情感。用'阿波罗的'('日神的')这个词表达对完美的个人存在、对典型'个体'的追求,对一切造成单纯、杰出、强大、明晰、直率、典型之物的追求:法则之下的自由。"

① 【德文本注】鲁本斯(Peter Paul Rubens,1577—1640),弗兰德画家,是弗兰德人(比利时北部的日耳曼人)巴洛克艺术大师,长期侨居国外,主要在意大利,熟悉罗马巴洛克艺术早期绘画(卡拉瓦乔)和文艺复兴时期绘画(提香、达芬奇、米开朗基罗),然后回故乡创作出主要作品,600多幅油画和其他绘画大多表现神话、宗教和历史题材。

② 【德文本注】哈菲兹:波斯抒情诗人穆罕默德(Scham Od-Din Mohammed,公元约1330—1390)的别名。他那东方形式的诗歌讴歌美酒、少男的爱情、大自然之美,讽刺虚伪和庸人。他的《诗集》译本激励歌德写成《西东合集》(1819年)。

③ 【法文本注】有关永恒化的积极意义,参见FP XII,2[110];XI,41[6]。

④ 【德文本注】Torturierten:受刑讯者。

质和私密性上全部贴上必然规律和强制之标签,要对一切实施报复,把自己受折磨的图像强加并烙铸在其他一切事物上。

后者是浪漫的悲观主义的最具特征的形式,叔本华的意志哲学也罢,瓦格纳的音乐也罢,浪漫的悲观主义是我们文化命运中最近的伟大事件。(也可能还有一种截然不同的悲观主义,即古典悲观主义——这感觉和想象是属于我个人的,是挥之不去的 proprium 和 ipsissimum①。但"古典"这个字眼颇有些刺耳,过于陈旧、笼统而含混②,我姑且称之为未来的悲观主义吧,因为它一步步走来了!我看见它来了!这种酒神的悲观主义呀!)

371

我们很难被理解。——我们何须抱怨被误解、被曲解、被混淆、被中伤、被听错和未被人听到呢?这正是我们的命运啊,并且将会长期继续下去,说得保守点,也得延至1901年③。[235]不过,这也是对我们的奖赏呀,倘

---

① 【德文本注】proprium:特点;ipsisimum:私人的。两字合在一起,译为:私人特质。

② 【法文本注】尼采对"古典"的定义,如见以下文字:"经典的趣味,是简化、加强的意志,是表白幸福与繁殖的意志,是直面生理学的赤裸裸的勇气……"

③ 【法文本注】此处依然与司汤达有关。在关于《帕马修道院》给巴尔扎克的回信中,司汤达说"我想,读者要读懂我的书,要等到1880年以后"(《书信》,卷3,前揭,第1744号信,页404)。

若我们希望别的,便不能保持自己的荣誉了。

人们之所以混淆我们,是因为我们不停地生长,变换,剥掉老的外壳,每到春季蜕去旧皮,越变越年轻,越长越高,越长越壮,越来越对未来有信心,把我们的根越来越深地植进邪恶,同时愈益亲切而广阔地拥抱蓝天,用我们所有的枝叶贪婪地吸纳蓝天之光。

我们像树一样生长,这实在难以理喻,一如所有的生命!我们的力量不是集在一处,而是无处不在;不是在某个方位,而是在上下内外,四方八面,在树干、树枝和树根。我们已不再能够自由自在地做某事或变成某类人……这就是我们的命运:向上生长。如果,这甚至也是我们的厄运——因为我们住得离闪电越来越近!那么,我们也并不因此对它减少敬意,它仍然是我们不分享、不愿分享的崇高厄运……

372

我们为何不是唯心主义者?——从前,哲学家都惧怕感官,我们是否把这惧怕抛到九霄云外去了呢?时下,我们这些哲学界的当代人和未来者全都成为感官论者了,这倒不是依据理论,而是依据实践才有了这个结果……

从前的哲学家认为,感官会诱使他们走出那个萧索寒冷的"理念"王国,步入某个南方岛屿,担心他们的美德在刺目的阳光下消融。"耳朵里封蜡",这在当时几乎成了对穷究哲理者的制约,他们不再聆听生活的乐章,岂止不听,硬是否定这乐章呢。他们有一个古老的迷信,即认为一切音乐均为塞壬①的妙音。

现在,我们喜欢做相反的判断(说不定也是错误的):理念同感官相比,是更具危险性的蛊惑,它有冷静而贫血的外表,即使有这种外表,但又是靠哲学家的"血液"为生的,[236]将哲学家的感官甚至"心脏"消耗殆尽(如果诸君相信我们的话),这些古贤遂沦为无心肝之人:研究哲学成了吸血鬼的吸血行为了。斯宾诺莎这些人的形象,难道诸君不感到——似猜不透的谜团、不感到悚惧吗?难道君不见这儿上演的戏剧愈益苍白了吗?理念的诠释愈益唯心了吗?难道诸君没有想到背后有一个长期隐蔽的吸血鬼,它初始吞食感官,终则留下作响的白骨一堆吗?——我指的是哲学范畴、公式和措辞。(因为——请原谅我这么说——斯宾诺莎所剩的 amor intellectualis dei② 只不过是嘎嘎作响的噪音罢了,当被吮吸得一滴血不剩,还谈什么爱、什么神呢?……)总之,所有哲学的理

---

① 【德文本注】塞壬:希腊神话中半人半鸟的女妖,具演奏乐器和美妙歌唱之才。荷马在史诗《奥德赛》第12卷中描写奥德修斯如何躲避塞壬的诱惑:塞壬企图用曼妙歌声诱惑途经她的岛屿的这些航海者上岸,然后将其杀害。奥德修斯用蜡封住摇橹的同伴的耳朵,让同伴将自己绑缚在桅杆上,这样他虽可欣赏塞壬迷人的歌唱,却不致被诱惑送命。当奥德修斯终于按捺不住歌声的诱惑,大声请求同伴放开他时,同伴听不见他的乞求。

② 【德文本注】amor intellectualis dei:意为:精神上对上帝之爱。参阅斯宾诺莎《伦理学》(1677年)第5部分第36原理。

想主义迄今都是某种类似疾病的东西,除了在比如柏拉图那里。在那里,它是对过于健康而可能危险所持的谨慎,是对过于强大的感官的恐惧,它体现的是苏格拉底聪明的弟子柏拉图的聪明。

或许是我们现代人不够健康,所以不必要求柏拉图的唯心主义?而我们之所以不惧怕感官,是因为……

373

偏见的"科学"。——根据等级划分的原则,智力中等的学者,根本看不见原本重要的问题和疑窦,因为其目力和勇气均不能及,更主要的原因是,不管促使他们做研究的动机和计划如何,他们的愿望和探索浅尝辄止,小注即满。

例如,促使迂腐的英国人赫伯特·斯宾塞[①]以自己的方式狂热行事并画条希望之线、愿望地平线的那种东西,以及他虚构的那种"利己主义与利他主义"的最终和解,都使我们这样的人几乎感到恶心。倘若人类持有斯宾塞的观点,而且是不可更改的观点,那我们一定会觉得,如许人类岂止可鄙,简直是该灭绝的了!斯宾塞认定

---

① 【德文本注】斯宾塞(Herbert Spencer, 1820—1903),英国哲学家、社会学家。认为达尔文的进化论是物理、伦理、社会和宗教各种现象的原则。道德与"生存斗争"相适应,人的意志以自我保存和类群保存为目的,快乐原则先于同情原则,凡是促进社会和谐,凡是本着利己和利他精神促进生活的都是好的。所以说,斯宾塞把进化论同功利主义结合起来了。

的最高愿望对旁人则是一种讨厌的可能性。[237]这本来就是他无法预见的问号啊!……

现在许多唯物主义的自然科学家的那种信念也是如此,他们对此信念甚感满意,即相信在人的思想和价值观方面具有同等标准的世界,相信借助我们那微不足道的理性便可应付的"真理世界"。什么?难道我们真要把存在降低成账房先生那简易的计算练习和数学家的闭门造车吗?最重要的是,人们不应该剥除生命的含混性。先生们,这正是良好意愿,即对超越于你们视野的一切东西表示崇敬的良好意愿所追求的呀!

你们以为对世界的解释只有一种是正确的,你们也是以这种解释指导科学研究的,而这解释仅仅依靠计数、计算、称重、观察和触摸啊,这种方式即使不叫它是思想病态和愚蠢,那也是太笨拙太天真了。那么,相反的方法是否可行呢?即首先理解存在的最表面和最外部的东西,即它的表象、皮肤、可感觉的肌肤,或者仅仅领悟这些东西?看来,诸君所理解的所谓"科学地"解释世界实在愚不可及,荒诞不经。我们把这话讲给那些机械论者听,这些人当今非常乐意与哲人为伍,而且误以为机械论是关于一切规律的学问,一切存在均建立在这些规律的基础上。然而,本质机械的世界也必然是本质荒谬的世界!

假定人们衡量音乐的价值,是根据从它那儿算出了多少数字,多少可以用公式来套,那么,对音乐进行如是"科学"的评价是何等荒谬啊!那样做究竟领悟、理解和认识了音乐的什么呢?什么也没有!……

374

我们新的"无限"。——人们生存中的观察特点会发展到何种程度,是否还有另外的观察特点;是否有某个无法解释、[238]无意义甚而"荒谬"的存在;另一方面,一切存在从本质上说是否都是在进行自我解释呢,凡此种种,即使最勤奋、最认真的分析①和理性的自我检验也无法证实。这是符合情理的,因为人在思考、分析时不得不从自己的立场和视角出发,而不能超越自己的立场和视角。要想知道旁人的思想和视角里可能存在的东西,只是一种无望的好奇心罢了。例如,是否有哪些生物能感觉到时光的倒流,或交替地进退呢?(果如此,就存在另一种生命、另一种因果概念了?)

我们若是以自己的这一角落为出发点,命令别人只能从这个角落获得观察的视角,我想,我们至少今天离这种骄横还远着哩。对我们来说,世界再次变得"无穷无尽"了,所以,我们也不能排斥这一可能性,即世界本身也包括对它的解释的无穷性。莫大的惶恐再次揪住了我们,可是,谁有兴趣再按旧的方式把这个不可知世界、这个怪物再次神化呢?把未知事物当作"陌生人"②顶礼膜

---

① 【德文本注】"分析":尼采此处使用的"分析"(Analysis)一词系数学教学术语,是解几何题的计算程序。尼采一方面以此说明理性思维过程中实证的精微细致,另一方面又强调这类思维活动在道德和宗教等超验(超感性)领域的局限性。

② 【法文本注】注意此处从中性名词(das Unbekannte)转为阳性名词(den Unbekannten)。

拜呢?

啊,未知事物里包括多少无神论的解释呀,又包括多少荒谬、愚昧、走火入魔的解释呀!而我们那特有的人性的、太人性的①解释才是我们熟悉的啊……

375

我们缘何像伊壁鸠鲁的信徒。——临到最后确信某事,我们现代人总是小心翼翼的。存在于每个坚定信念里和每个绝对的"是"与"非"里的陶醉和灵智,免不了受到我们疑心的窥伺,这该作何解释呢?

一方面,或许可以把这看成是一个"曾被烫伤的孩子"的谨慎,失望的理想主义者的谨慎;另一方面,也可以把这看成是某人欢悦的好奇心,此人当初终日流连于墙角,因逼仄的角落而绝望,今天却在辽阔无垠的"真正自由"的天地里东游西荡,纵情享乐。于是,就形成了一种几近伊壁鸠鲁式的认知倾向,[239]它是不会轻易让事物的可疑性溜走的。

同样也形成了对道德大话和大姿态的憎恶,形成了一种趣味,拒斥一切蠢笨的、矮胖丑陋的对立,并骄傲地自觉于在有所保留方面的训练。因为我们的骄傲就在于,当我们那追求确定性的渴望向前猛冲时,我们能轻轻

---

① 【德文本注】"人性的、太人性的"暗示尼采的著作《人性的,太人性的》(1878—1880)。

勒紧缰绳,就像骑手在最狂野的骑行中犹能自控那样:因为一如既往,我们骑着疯狂而烈性的骏马,若我们犹豫不决,那至少可能是出现了危险令我们犹豫不决……

376

缓慢的时日。——一切和母亲一样生产"作品"的人,都有这样的感觉:他们始终相信,他们以每件作品划分的每一生命阶段,都已达到了目标本身,他们也将始终耐心领受死亡,怀着"我们已对此有所准备"的情感。这不是疲倦的表现——而毋宁是某种秋日的晴朗和温煦,这每每是作品本身、一件件作品的成熟状态留给他的创作者的。在此情况下,生活节奏(tempo)变得,变得似蜂蜜一般浓稠,缓步迈向那间歇(Fermaten),直至相信死亡的长久间歇(lange Fermate)。①

377

无家可归者。——当今,欧洲人有资格不同凡响地、引以为荣地自称为无家可归者不乏其人。我的智慧和 Gaya scienza② 暗中特别想给这些人士以关爱,因为他们

---

① 【德文本注】尼采此处借用音乐作品的旋律节奏比喻人的生命过程。tempo:音乐速度,节奏;Fermaten:间歇;lange Fermate:长时间歇,比喻死亡。

② 【德文本注】Gaya scienza:快乐的科学。

命途多舛、希望无着！设法给他们一点安慰,委实不难,但这又有何用呢?

我们这些未来之子,当下怎能有在家之感啊!我们厌恶所有理想,虽然在这个脆弱、破碎的过渡时期,一个人甚至能靠它来感到宾至如归;但就其"现实性"而言,我们却并不相信它能持久。现在维持不破的冰层已经十分薄弱,待到春风吹拂,我们这些无家可归者将打破冰层,[240]打破一切薄弱的"现实"……

我们不"保存"什么,也无意倒退到过去,我们绝非完全"自由"。我们不为"进步"而工作,犯不着首先塞住自己的耳朵,以便不闻市场上塞壬对未来的歌唱,她唱的"平等权利""自由社会""不再有主仆之别"等对我们毫无吸引力!我们认为,在地球上建立公正和睦的王国,并不值得欢迎(因为这王国断然是太中庸、太中间式①)。我们喜欢与自己气质投合者,即喜好冒险和征战的人,不听天由命、不作茧自缚、不妥协调和、不任人阉割的人。我们以征服者自诩,正在深谋远虑建立一种新制度,甚至建立一种新奴隶制,因为任何一种对"人"的提升和强化也包含一种新的对人的奴役,是吗?难道我们必须恶劣,以这个时代为家吗?以这个极爱名誉、自称最人道、最仁慈、最正义、一直阳光普照的时代为家吗?可惜的是,我

---

① 【德文本注】尼采此处在语言和内容上玩弄一个与中国相关的称谓"中间的王国"(Reich der Mitte),配给这个本来是纯地理的概念以一个额外的向度。在他看来,中间,中间的东西只能是中庸的东西。

们恰恰对这类冠冕堂皇的字眼产生了丑恶的隐念,将其视为极度衰弱、疲惫、风烛残年、力量式微的表征!一个病人用华丽而廉价之物美化自己的羸弱,这于我们何干!但愿这病人把羸弱当成美德向世人炫耀吧!噢,毋庸置疑,他的羸弱给人的印象是温柔敦厚,噢,多么温柔敦厚呀!多么正义呀!多么本分呀!多么富于"人情味"呀!

有人劝说我们要信奉"以同情为本的宗教",噢,我们十分清楚这些歇斯底里的小男人和小女人的底细,他们恰恰需要这一具有掩饰和美化作用的宗教!我们不是Humanitarier①,从来不敢冒昧称自己"热爱人类"——我们这种人不大会演戏呀!或者说不够资格充当Saint Simonist②,不够法国化。人们必须具备过敏的情欲和焦躁,才会在情欲难抑之时去接近人类……噢,人类!在所有的老妪群落里还有比你更老、更可怕的老妪吗?(这定然有些像"真理"问题,留待哲学家去回答吧。)不,我们不爱人类!

[241]另一方面,我们也早就不是地道的"德国人"了。"德意志"这个词眼下颇为流行,因而我们没有资格同民族主义和种族仇恨对话,也不可能对民族的心灵疥

---

① 【德文本注】Humanitarier:这种构词法具有讥讽意味,意谓:人类的乐善好施者,或人类之友。

② 【德文本注】Saint Simonist:圣西门的信徒和门生。圣西门(Claude-Henry Graf de Saint-Simon,1760—1825),法国教会改革家,空想社会主义的代表人物,他的学说对社会学的奠基人孔德产生了影响。

癣和血液中毒感到愉悦。现在,欧洲各国人民彼此像惧怕传染病一样隔离和封锁着。此外,我们过于放任、尖刻、挑剔,同时又消息灵通、见多识广。我们宁愿归隐山林,离群索居,"不合时宜"①,要么沉浸于曩昔,要么幻想未来,唯有这样方能省去满腔的激愤。我们知道,壮怀激烈乃命中注定,皆因我们亲眼所见的政策导致德国思想界的虚荣、自负,也导致这思想的一片荒芜,此乃一种小气的政策。它难道不是迫不得已把自己的杰作置于两种深仇大恨之间才能让它免于顷刻间再次分崩离析吗?它难道不是想要欧洲永远保持这样小国割据吗?

我们这些无家可归者,亦即"现代人",按种族和出身实在过于复杂、不纯,故而不愿参与那骗人的种族自我欣赏和不道德活动,这东西时下在德国被标榜为德国精神②之象征,却也为"历史意义"上的民族所不齿,他们觉得这东西十分荒唐,不正派。一言以蔽之,我们是优秀的欧洲人,欧洲的继承人,欧洲数千年思想最富有、最有责任感的继承人,此应成为我们的誓言③。这一身份也使得我们不再需要基督教的呵护,我们对它只有恶感,其原因恰恰是我们成长于基督教,我们的先辈皆为诚实的、义

---

① 【德文本注】"不合时宜",尼采暗示他的著作《不合时宜的沉思》(1873—1876)。

② 【法文本注】Gesinnung,指精神状态,此处用来定义德国。

③ 【法文本注】有关优秀的欧洲人这一概念,参见 FP XI, 31 [10]:"流浪汉、没有祖国的人、旅行者,他们已经不会爱他们自己的民族,因为他们爱许多民族,他们是优秀的欧洲人。"

无反顾的基督徒,为信仰而牺牲了财产、血肉之躯和地位,也使祖国受到损害。我们也照样做了。为了什么呢?难道是为了我们的无信仰,为了所有的无信仰?不,你们知道得更清楚,我的朋友们!潜藏在你心中的"是"比一切的"不是"与"或许"更强烈。你们以及你们的时代因为这"不是"与"或许"而成病态;而你们这些漫游者漂洋过海、浪迹天涯,则是一种信念迫使你们这样做的呀!

378

我们将再度澄清。——我们是思想富翁①,是慷慨大度者,犹如大街上开放的井泉,不会拒绝任何人汲取饮用。[242]遗憾的只是,我们不知道在应该自卫时自卫,没有任何举措使自己免受污染、混浊和昏暗。我们生活于斯的时代将其"最时髦的"垃圾倒给我们,时代的脏鸟将其粪便撒向我们,童稚将其废物掷给我们,倚在我们身上休息的疲倦旅人将其大大小小的痛苦一并抛给我们,这一切的一切,我们均无力阻止。

然而,我们将一如既往,把别人抛给我们的一切埋于心灵深处——蛟龙盘踞的深渊。我们不会忘记这样做。

---

① 【德文本注】"思想富翁":对《马太福音》5:3的反讽:"思想贫乏者十分快乐,因为天国属于他们。"(和合本译为:"虚心的人有福了,因为天国是他们的。"——编者)"思想贫乏者"只有在彼岸时天国才对其敞开,与他们相反,尼采主张"思想富翁"应享受尘世此岸人生。

我们必须再度澄清……

379

傻子插话。——本书的作者并非 Misanthrop[①],愤世嫉俗在当今是要付出高昂代价的。倘若人们像当初的梯蒙[②]那样一门心思、不折不扣、简直出于憎恶癖而憎恶人类,那么人们也就用不着蔑视了。可是,我们有多少无上的快乐、忍耐和善良都依仗这蔑视呀!我们乃"上帝遴选出来的人"[③],擅长蔑视,蔑视是我们的偏爱、特权、艺术乃至美德。我们,我们这些最现代的人啊!

反之,憎恨会制造平等、对立,憎恨中虽有荣耀,但终将产生惶恐,且相当多的惶恐。而我们这些无所畏惧的人,[④]也是当代很有智慧的人,对自己的优势了然于胸,故能恃智而无恐,立足于当世,别人很难宰割、禁闭和放逐我们。我们的著作,别人既不能禁亦不能付之一炬。

这个时代宠幸天才,它爱我们,也需要我们,虽则我们必须让它知道,我们是擅长蔑视的艺术家;我们与人交

---

① 【德文本注】Misanthrop:憎恶人类者。

② 【德文本注】梯蒙:在雅典喜剧中遭讽刺的雅典怪人梯蒙(大约公元前5世纪人)是憎恶人类的典型。

③ 【德文本注】"上帝遴选出来的人":即"选民"。这个提法在《圣经》中俯拾皆是,比如在《罗马书》中。

④ 【德文本注】"我们这些无所畏惧的人":尼采这里采用了《快乐的科学》第五卷的副标题("我们这些无所畏惧的人")并对此作了解释。

往,屡次战战兢兢,我们宽厚、忍耐、与人为善、礼貌谦恭,却难弃与人保持距离的成见;我们热爱大自然,因为它绝少世俗气;我们热爱艺术,因为它是艺术家对世人的逃避,或是对人对己的嘲讽……

380

[243]"漫游者"①如是说。——为了从远处审视我们欧洲的道德,为了把它同其他的道德、过去或未来的道德作一比较,人们就必须有旅人一样的作为:这旅人欲知城内的塔高几何,为此而离开了城市。

"对道德偏见的偏见"②——倘若它们不是超越偏见的偏见——是以超越道德的某个立足点为前提的,这个点即善与恶的彼岸,为达彼岸,人必须攀登、飞翔。在某种情况下,这彼岸就是我们自己的善与恶的彼岸③,是超越整个"欧洲"的自由,这里的"欧洲"应理解为那些起统帅作用的价值评估的总和, 它们已深入人们的血肉

---

① 【德文本注】"漫游者"的形象在尼采的全部著作中占有较大的篇幅。比如在《人性的,太人性的》下卷第二篇就有了"漫游者和他的影子",在其扛鼎之作《扎拉图斯特拉如是说》第三卷里,漫游者被当作主要人物加以描写,他在漫游时思考万事万物,尤其是思考"漫游"本身。

② 【德文本注】尼采沿用其著作《朝霞——对道德偏见的偏见》(1881年)的副标题。

③ 【法文本注】值得一提的是,尼采在本书的结尾处衔接了快乐的知识和善恶的彼岸,在《扎拉图斯特拉如是说》之后,尼采确实也用"善恶的彼岸"来命名自己的书。

之中。①

人们偏偏要朝那彼岸进发、攀升,这或许是一种愚行,一种不智的"你必须",因为我们这些认知者也具有"不自由意志"(特异的)。② 问题是能否登上彼岸,这取决于诸多条件,主要视我们身体的轻重而定。

人们必须轻装简从,方可将自己追求知识的意志放逐远方并超越时代,方可为自己创造雄视千古的慧眼和一片明丽的天空!人们必须抛弃种种桎梏,恰恰是这些东西压迫、阻碍和贬低当今的欧洲人,使其负荷沉重不堪。要想成为彼岸之人,获得时代最高的价值标准,就必须首先在内心"征服"这个时代,此乃对力量的考验,不仅要征服时代,还要克服对它的一贯厌恶和矛盾心态,克服自身的"时代病"、不合时宜、浪漫情调……

381

理解问题。——有人撰文,不仅希望别人看懂,而且也希望别人看不懂。当某人觉得某本书不好理解,那么,这绝不是对这本书的指责和埋怨,这或许正是作者的意

---

① 【法文本注】比较《善恶的彼岸》第 202 节对欧洲的这一价值学特点的进一步分析:"我们发现,在各种根本道德的批判方面,整个欧洲已同化,包括那些受欧洲影响的国家;显然,欧洲人知道了苏格拉底从前自以为不知道的东西,以及这条老蛇从前承诺教给我们的东西。今天,我们知道了什么是善和恶。"

② 【法文本注】对观第 358 节"思想界的农民起义"结尾部分。

图哩,[244]他就是不愿让"某人"读懂啊。

任何高尚的思想或意趣要推销和介绍自己,必须择其知音。既有选择,当然也就会树立藩篱以摒拒"其他人"。大凡写作风格的所有准则盖源于此:站得老远、保持距离、不准"入内",也就是不让人懂;但另一方面又寻觅知音,让那些与我们听觉相似的人细听其心曲。

朋友们,这里我之所以私下谈我自己的情况,是因为我不想让自己的愚昧无知及活跃性情妨碍你们对我的了解。我不希望我的活跃妨碍诸位,纵然它能迫使我迅速应付某事。我在处理较为深奥的问题时,就像洗冷水澡一样,快进快出。有人说,不可在水里浸得太深,其实这是怕水的迷信,是冷水之敌,是无亲身体验之论。噢!冰冷的水迫使你动作迅速!但顺便问一句:对事物只做蜻蜓点水式的接触和闪电般的观察,是否就不能理解和认识它呢?是否非要像母鸡孵蛋一样终日穷究这事物不可呢?是否必须像牛顿在谈论自己时所说的那样,Diu noctugue incubando① 呢?至少有一些真理尤其害羞而敏感,除非突然出手捕获它们——要么当场逮住它们,要么任由它们去……

我的简明风格还有另一价值。我必须把一些让我颇费思量的问题中的许多东西说得简明些,使人听来要言不烦。我作为非道德者必须当心,别毁了别人的清白无辜,我指的是两性之中的笨伯和老处女,这些人从人生中

---

① 【德文本注】Diu noctugue incubanclo:夜以继日对此深思。

获得的除了清白无辜便一无所有,再者,我的文章还应该鼓励和提升他们,激发他们追求美德。我不知道,世上还有什么别的东西比看到欢欣鼓舞的老"蠢驴"、被美德的甜蜜感弄得激情难抑的老处女更令我高兴的了。"我看见了这个",扎拉图斯特拉如是说。我已经说得过多,实在有违简明的初衷。糟糕的是,我对自己也无法掩饰我的愚昧,有时,我真为此而汗颜,当然有时也为这汗颜而汗颜。

也许,我们哲学家今天面对知识没有一个不是十分尴尬的:科学在不断发展,同仁中腹笥渊博者[245]甚至也发觉自己知之甚少①;然则,倘若是另一种情形——倘若我们知之过多,那又将如何呢?说不定还更糟呢!我们的要务一直是:切勿把自己的角色搞错,尽管我们也必须博学多闻,但与学者是有区别的。我们的需求不同,成长不同,消化也不同。我们有时需要的更多,有时又需要的更少。一位天才需要多少营养,这是没有定则的,倘若他的兴趣旨在独立、变化、冒险、来去匆匆——这些只有动作迅捷者方能胜任——那么,他还是宁可活得自由些,食谱窄一些为好,而摒弃羁束和阻塞。一个优秀的舞蹈家向营养索要的不是脂肪,而是最大的柔韧性和力量。我不知道,哲学家的思想所渴求的东西与优秀舞蹈家有何不同。舞蹈即是哲学家思想的典范、技艺,也是它唯一的虔诚、"对上帝的礼拜"……

---

① 【法文本注】同一问题的分析另见《善恶的彼岸》第205节。

382

伟大的健康。——我们是新人,无名之辈,难于被理解的人,属于那尚未被证实的未来的早产儿。为了达到新的目的,我们需要一种新的手段,即新的健康,它比迄今的一切健康更强健、更坚韧、更精明、更大胆、更快乐。

谁的心灵渴望经历那一切延续至今的价值,经历一切值得希求之事,决意乘船周游理想之"地中海"沿岸;谁想从自己的冒险经历中体验一下那些实现理想之人的勇气,诸如艺术家、圣者、立法者、智者、学者、虔诚者、预言家、老式的非凡者等等,那么,谁就必须具备伟大的健康。因为这类人不可避免地会一再牺牲健康的,所以还必须一再重新获得健康!

我们,寻求理想的阿尔戈船员①,在漫漫旅途中也许是勇大于谋,饱尝了沉船的苦难,可现在我们更健康了;而且是一再地恢复了健康。我们为此得到的报偿是:[246]发现了广袤无垠的至今无人看出其疆界的新大陆,以及所有理想国度的彼岸,②一个充满华美、奇异、可疑、

---

① 【德文本注】阿尔戈船员:希腊英雄,他们乘坐"阿尔戈"船,从伊奥尔戈去科尔喀斯寻求金羊毛。其冒险之旅有点类似奥德修斯的迷航。

② 【德文本注】彼岸:《快乐的科学》出版 4 年后,尼采的《善恶的彼岸》(1886 年)才问世。尼采不想让人以基督教转世论的思想理解"彼岸",即尘世此岸的对立物,彼岸是一种力求达到的状态,通过容忍善与恶的矛盾继而消除善与恶的矛盾。

恐惧和非凡的世界,以至于我们无法控制自己的好奇心和占有欲。噢,再也没有什么别的东西可使我们满足了!我们怀着对良心和知识的热烈渴求,并且眼界大开之后,又怎会以当代人为满足呢? 我们无疑带着厌恶、严肃的心态去看待当代人的种种目的和企求,说不定还不屑一顾呢。这当然是够损的,但又势在难免呀!

另一种奇特而诱人、充满危险的理想又呈现在我们面前,我们是不会劝告任何人去追求它的,因为我们不会轻易给任何人这权利,它是那种精神的理想:这种精神天真地也即无意地出于满溢的丰富和强力玩弄迄今所谓神圣的、善的、不可触动的、神性的东西;对于这种精神来说,民众正当地视为其价值尺度的至高之物已经意味着太多别的东西,如危险、衰败、贬抑,或至少意味着休养、盲目、暂时的忘我。这看似一种符合人性甚至是超人性的、善意的理想,可是它又常常显出不符合人性,比如,跟迄今世界上全部的严肃相比,跟姿态、言词、音调、目光、道德和使命方面所有种类的庄严相比,它都装作一副活灵活现的、无心的滑稽样——尽管如此,一种伟大的严肃也许由此开启,人们才打上问号,心灵的命运才现转机,时针才移动,悲剧才开始……①

---

① 【法文本注】参见第 342 节的同名标题。尼采用同一句话来结束第五卷(第二版结尾)和第四卷(第一版结尾),这是很有意义的。这个才刚开始的悲剧,是由上帝之死所带来的虚无主义的悲剧,价值沦落的悲剧。"欧洲的悲剧时代被定义为:与虚无主义的抗争"(FP XII,5[50],另见 FP XII,7[31])。欧(转下页注)

383

后记。——末了,我慢悠悠地画上这个阴郁的问号,并要提醒读者注意正确阅读,噢,这被人遗忘和不为人知的阅读道德哟![1]

就在这当口,我听到一声淘气的、幸灾乐祸的高声朗笑,原来是这本书的精灵们一并向我袭来,揪住我的耳朵,命令我要循规蹈矩。它们向我吼道:"我们再也无法忍受,[247]快,快停止你这鸦噪般的音乐。我们周围不是明丽的早晨吗?不是碧草如茵的土地吗?不是舞蹈的王国吗?曾有过比这更美好的欢悦时光吗?谁在给我们唱歌,一支清晨之歌,歌声里充满阳光,节奏轻快,飘飘欲仙,非但没有吓走蟋蟀,[2]而且还邀它们同歌共舞?隐士先生呀,未来的音乐家呀,你至此一直用这神秘之声、晦

(接上页注)洲的这一悲剧时代,同时也将是永恒复返理论出现的时代(参见 FP XIII,9[95])。

[1] 【法文本注】正确阅读的艺术,按尼采的词汇,就是"语文学"。这一艺术的重要性已得到充分阐释,以下这段文字并不特别有名,但对于揭示"语文学"这门学科却富有意义:"在这个人们读得太多的时代里,语文学是学习和教导阅读的艺术。只有语文学家才会缓慢地阅读,在六行字之间沉思大半个小时。这并非就是结果本身,但正是基于这样的习惯,他才获得了应有的尊敬。"(《人性的,太人性的》FP I,19[1])

[2] 【法文本注】尼采也许是在影射 Grille 的双重含义。该词也指异想天开、任性妄为。尼采常常自称为"捉蟋蟀的人",也就是梦想者、沉思者。参见第 103 节"论德国音乐",同一用语用来形容贝多芬。

气之语、阴森低沉之音、土拨鼠一般的鸣叫无偿款待(regaliert①)我们,在你的荒郊野岭,与其这样,还不如给我们吹奏单调而土气的风笛呢!不!不要那样的音调②!让我们开始唱一些更优美、更欢悦的曲调吧!"

你们喜欢这样,是吧,不耐烦的朋友?那好吧!谁敢不依从你们呢?我的风笛已在恭候,我的喉咙也在恭候,它有点儿嘶哑,还是请你们凑合着听吧!这样,我才蛰居山中。但不管怎样,你们听到的至少是新颖之声;至于你们听不懂,或误解了歌手,这与歌手何干!就算是"歌手的诅咒"③吧。你们本可对他的音乐和方法听得更明白些,本可按他的笛声节拍舞蹈得更精彩些。你们愿意吗?……

---

① 【德文本注】regaliert:无偿款待。
② 【德文本注】"不要那样的音调":参阅席勒的诗歌《欢乐颂》(1785年)。
③ 【德文本注】"歌手的诅咒":参阅乌兰德(Ludwig Uhland,1787—1862)的叙事诗《歌手的诅咒》(1815年)。

附录

"自由鸟"王子之歌

1 致歌德①

不朽,

只是你的比喻!

尴尬的上帝

被诗人骗取……

滚滚世界车轮,

把一个个目的碾碎,

怨者称这是痛苦,

愚者称这是游戏……

---

① 【德文本注】"致歌德":讽刺地模仿歌德《浮士德》第二部《神秘合唱曲》,反其意用之。

主宰一切的世界游戏啊，
混淆着真实与虚伪，
而永恒的愚蠢
将我们卷入其中……

2　诗人的天职

前不久，我坐在浓荫匝地的树下
歇息、提神，
林中隐约传来敲击声，
轻轻地、娇柔地、节奏分明，
我心中不悦，满脸怒容，
最终还是让步，
犹如一位诗人
合着敲击声唱吟。

我唱吟，鸟儿跳跃，
伴着我的每个音韵，
我忍俊不禁，
开怀大笑一刻钟。
你是诗人？你是诗人？
难道你也满肚子坏主意？
——"是的，我的先生，您是诗人。"
啄木鸟耸耸肩，仿佛在把我嘲弄。

我究竟期待谁,在这丛林?
哪个窃贼值得我来伏击?
这是想象,抑或是判定?
蓦然,我的诗骑上强盗的后背
凡是意欲脱逃的,
诗人都将其追杀,化为浩然诗情。
——"是的,我的先生,您是诗人。"
啄木鸟耸耸肩,仿佛在把我嘲弄。

诗如箭吗? 当它射中
蜥蜴的高贵部位,蜥蜴发抖、蹿跃、烦躁不宁!
噢,这些可怜汉中箭而死,
或者像醉汉踉跄一生!
——"是的,我的先生,您是诗人。"
啄木鸟耸耸肩,仿佛在把我嘲弄。

你真的嘲弄我吗,啄木鸟?
我是满肚子坏主意吗?
更坏的是我的良心?
担心我盛怒啊!
诗人把诗句织进盛怒、多么恶毒,且义愤填膺。
——"是的,我的先生,您是诗人。"
啄木鸟耸耸肩,仿佛在把我嘲弄。

3　在南方

栖息在弯弯的枝丫，
惬意的摇荡使我不复疲倦，
一只鸟儿邀我来此做客，
这鸟巢便是我的憩园。
我在何方？噢，在远方，噢，山遥水远！

泛白的大海已入梦乡，
海上停泊绛色之帆，
岩石、无花果树、灯塔、海港，
伴着羊群的歌唱，四周田园牧歌景象，
南方的纯洁呀，请接纳我吧！

按部就班——这不是生活，
亦步亦趋——铸造德国式的艰难，
我冀盼风儿将我高举，
学会同鸟儿一道翱翔，
漂洋过海，向南方！

冷静！烦心的事儿，
将促使我达到理想！
在飞翔中我学会模仿，
体验到新生活、新游戏的

活力、元气与勇敢。

孤独中思考,我以为是明智之举;
若孤独中歌唱,便是愚妄!
于是,你们听到一支歌儿,且备受你们赞扬,
你们,可怜的小鸟儿呀,
悄然聚集在我身旁!

你们年轻、漂泊无定、虚妄,
我觉得,你们天生适合于爱,
适合于消磨时光?
我还是斗胆承认吧——在北方,
我曾爱过一个女人,她衰老得叫人惊惶,
这老妪的名字,就叫"真理"……

4　虔诚的碧芭

只要我的肉体美丽,
就一直保持虔诚,
我知道上帝爱女人,
漂亮的尤其使他倾心。
故而,上帝必然宽恕
那个可怜的修道士:
此君与别的修道士无异,
非常乐意与我共处。

此君并非白发苍苍的教父!
不,他还年轻,双颊红润,
尽管受朦胧的内心谴责,
嫉妒又痛苦。
我不爱老翁,
他不喜老妇,
上帝对此安排
多么奇妙、明智!

教会知道如何生活,
核验人心和人脸,
它要对我宽恕。
是呀,谁不对我宽恕?
我用小嘴悄声说话,
行屈膝礼,然后外出,
用新的小罪过,把老罪过灭除。

人间礼赞
爱美人的上帝,
内心的谴责,
只好自我原谅。
只要我肉体美丽,
就值得保持虔诚。
当我风华不再、老态龙钟,

鬼才爱我!

5　神秘的小舟

昨夜,众人皆睡,万籁俱寂,
巷内,微风隐约叹息,
无论枕衾,
罂粟,
抑或催眠药物,
都不能赐我安宁。

终于,我打消睡意,
奔向海滩,
月光皎洁,柔和似水,
我与人、小舟相遇,在温软的沙滩,
牧人和羊,二者睡眼惺忪,
小舟离岸入海,似昏昏欲睡。

不知过了一小时、两小时
还是一年? 蓦然,
我的知觉和思想陷于永恒的一律:
无边的深渊敞开了!
——这事已经过去。

——清晨来临,在黑暗深渊,

横着一叶小舟,安息,安息……
发生了什么?众人同声呼喊,
那是什么?是血吗?
——什么也没有发生!昨夜我们全都
睡呀,睡呀,噢,睡得多美,多美!

6 爱的表白

(爱的表白,诗人已入墓穴)

啊,神奇呀!他依旧在飞?
在高升,可又不再扇动双翼?
究竟是什么将它托举、提升
什么是他的目标,什么将他束缚、吸引?

现在,他生活于苍穹,远离尘嚣,
宛如星辰,永恒不朽。
无论谁羡慕他的飘飞,
他都予以同情,只顾高翔于天。
啊,信天翁①呀,
你以永恒的动力推我扶摇直上九霄,
每当我将你驰念
不禁泪若江流——诚然,我爱你!

---

① 【德文本注】信天翁:主要分布于南半球,栖息于海洋的一种大型海鸟,体大如鹅。

7 忒奥克里托斯的①牧羊人之歌

我躺着,五内俱焚,
一只臭虫食我。
那边,灯光,喧嚷!
我听见他们舞蹈……

她本想在此刻
与我幽会,
我期盼,像一只狗,
无奈没有丝毫迹象。

她不是对我信誓旦旦?
怎会空言欺骗?
要不然,她遇谁跟谁,
一如我的山羊?

她的丝裙来自何方?
噢,我还有什么自尊可信?

---

① 【德文本注】theokritisch:"忒奥克里托斯的",尼采用这个词不仅表达他对忒奥克里托斯(公元前 3 世纪)的敬意,而且他强调这个复合词的第二部分(kritisch,意为"批判的"),提起这个人名就表明他对这位希腊诗人那些热情奔放的田园牧歌体诗持敬而远之的态度,此诗便是明证。

这树丛中
难道还有别的"公羊"?

爱的期盼啊,
多么使人神不守舍,毒化灵魂!
在这郁热之夜,
花园里毒菌丛生!

爱情,无以复加的苦痛,
令我消瘦、憔悴,
我不再吃任何食物,
再见了,她的折磨!

月亮沉入海中,
星儿无比厌倦,
灰色的一天降临,
我甘愿走向毁灭!

8 居心叵测之徒

居心叵测之徒
激起我怒火满腔!
他们的名誉是一种折磨,
他们的赞赏是自我厌倦、羞惭。

我没有套上他们的绳索
行于当世,
故而,他们投给我的眼神
充满绝望、恶毒的嫉恨。

让他们尽情
诅咒、嘲笑我吧!
他们无助的双目寻觅
将永远在我身上受骗上当!

9　愚者的绝望

噢,我用愚人的心与手,
把文字写在墙上桌上,
难道只是为我装饰?……

你们说:"愚人之手胡乱涂抹,
应快清洁墙、桌,
直至纤尘不染。"

好吧,我就遵命,
使用海绵、扫帚,
既是评论家,又是运水工。

一俟工作完成,

我高兴见到你们——聪明绝顶之人
用智慧把墙、桌玷污……

10　Rimus remedium① 或曰：病态诗人何以自慰

时间呀，你这满口涎唾的女巫
启开你的朱唇，
缓缓滴落分分秒秒，
纵然我厌倦得大声呼号，亦是枉然：
"该死的，该死的
永恒之咽喉！"

世界乃是情绪炽热的公牛，
对一切呼声充耳不闻；
痛苦，用飞刀
在我肢体上刻着："世界没有心肝，
你们何须为此哀怨，岂不愚蠢！"

倾注所有的罂粟毒剂，
倾注吧，激情！将毒剂注入我脑！
你久久测试我的手，我的额，
还问"该付多少报酬？"
——哈哈！该死的少女

---

①　【德文本注】Rimus remedium：短诗乃一种治疗手段。

该死的少女的嘲笑!

不!归去吧!
外间寒意料峭,我听见雨声淅沥,
见你之时还要更多的温情?
——拿着吧!这是金块,闪光的金块!
我该叫你"幸运"?
为你——激情祝福?

门开了!
雨点飞溅到我的床头,
风吹灯灭——灾祸丛集,
谁若在此刻不是诗情勃发,
我敢打赌:
谁就已经毁灭!

11 我的幸福

我重见圣马可的鸽子,
广场,①清晨,静谧,
柔柔清凉中,我悠然而歌,

---

① 【德文本注】"广场":尼采指威尼斯市的圣马可广场,它在该市的中心地带,是吸引国内外游客的主要场所。广场鸽有许多传说,甚至被赋予历史意义,比如,威尼斯人1204年占领君士坦丁堡时,这些鸽子就是传递这信息的信使。

歌声宛如鸽的狂热,直冲霄汉,

继而又返回地面,

仅让一首诗悬于鸽的羽翼,

——我的幸福,我的幸福!

你,静静的苍穹,丝绸般闪着蓝光,

庇佑万物,犹如辉煌屋宇。

这建筑实令我爱、惧、妒……

我要将其灵魂侵吞,

还是应将这灵魂奉还?

不,免谈此事吧,神奇而悦目的你啊,

——我的幸福、我的幸福!

你,冷峻的塔楼,雄狮般激昂地①

耸入云天,凯旋,轻松自如!

你那深沉的声调响彻广场,

你是不是法语的 accent aigu②?

我立即在你身旁伫立,

我知道,是因为你那丝绸般柔和的强留……

---

① 【德文本注】尼采仰望并描绘雄峙整个城市上空的"卡姆帕尼勒"塔。他把该塔同威尼斯的市徽——雄狮联系起来做比较。这建筑似乎向尼采显示威尼斯历史的兴盛和反映该市往昔的强权。1902 年该塔倾毁,1905 年至 1912 年在原址上重建一座高 99.6 米的新塔。

② 【德文本注】accent aigu:闭音符(´)。

——我的幸福,我的幸福!

音乐,请停止吧!先让阴暗加深,
直至褐色的温馨之夜降临!
乐声响得过早,
金色装饰物尚未在玫瑰色的辉煌亮丽中闪耀。
许多时日过去了,
尚有余暇咏诗、蠕行、在落寞中私语
——我的幸福,我的幸福!

12 驶向新的海域

我决意到那边去,
从此,对自己、对自己的举措深信不疑,
大海敞开襟怀,我的"热那亚"号船驶入蔚蓝。

万物向我闪光,新奇层出不穷,
正午在时空上面安眠,
只有你——无穷无尽
可怕地对我凝神!

13 西尔斯马利亚①

我安坐于此,等候,等候——漫无目的,

---

① 【德文本注】西尔斯马利亚,瑞士的一个小镇,尼采曾在此逗留。

那善与恶的彼岸,

我一会儿享受光明,一会儿享受黑暗,

全是游戏、海、正午,漫无目的之时光,

蓦然,女友来了! 一个变两个,

扎拉图斯特拉与我擦肩而过……

14　Mistral① ——舞曲

北风啊,你驱逐乌云,

追杀悒郁,清扫苍穹,

声震寰宇,我多么爱你呀!

我们是否为同一嫩枝的

初生花蕾,是否

由同一命运预先注定?

我在光洁的石径,

舞蹈着向你狂奔,

我舞,你呼啸、唱吟,

你,自由的、奔放无羁的弟兄,

无需舟楫,

跨越狂暴、恣肆的汪洋。

觉醒时听见你的呼唤,

---

① Mistral:法国普罗旺斯地区寒冷的北风。

我迅即向石阶猛冲,
来到海滨那黄色岩壁。
多么幸运啊,你也刚好莅临,
从山那边来,凯旋,
犹如钻石般亮丽的急流奔涌。

在宽阔平坦的天幕,
我看见你的骏马飞奔,
看见载你的马车,
看见你手的抖动在挥鞭击打马背,
如闪电一般迅猛。

我看见你跃出马车
疾速向下俯冲。
一如箭矢,
直插深渊,
又似一缕金光
穿透朝霞绽放的玫瑰红。

你在万物脊梁上起舞,
在波峰浪尖戏水弄潮,
创作新舞的你,多么幸运!
让我们千姿百态地共舞,
自由——我们的艺术,
欢乐——我们的科学!

让我们从每朵花儿,
摘取花瓣,当作我们的荣誉。
再将花瓣编成花环,
让我们像吟游诗人(Troubadouren①),
在圣者和妓女、
上帝和凡人间狂舞!

不能与风共舞者,
必定作茧自缚。
被束缚的残疾老朽,
虚伪的愚人,
虚荣的笨伯,
卫道的蠢女,
都从我们天堂滚开!

让我们扬起马路上的灰尘
吹进所有病者的鼻孔,
让我们赶走一切病源!
让我们掘开整条海岸线——

---

① 【德文本注】Troubadouren:11世纪至14世纪法国普罗旺斯地区的爱情诗人,其诗歌创作并非狭义的爱情诗,而是带色情题材的贵族社交艺术,诗文和韵律适宜于器乐伴奏的朗诵。为了对贵族妇女(大多已婚)表示敬意,有人就面对显贵受众朗诵这类情诗。

干涸的胸腔之 Odem、①失去勇气的眼睛的
整条海岸线!

让我们驱逐天上的阴郁以及
世间黑暗、阴云的制造者,
让我们把天国照亮!
我们怒吼吧……噢,我们
自由奇才中的奇才,让我们与你一道震吼!
我的幸福犹如风暴!

倘若我这幸福永驻,
就请你带着它的遗赠与花环
扶摇直上九霄!
请你把花环掷得更高更远,
风啊,你沿着天梯
将它挂在星儿上吧!

---

① 【德文本注】Odem:呼吸。

图书在版编目(CIP)数据

快乐的科学 / (德)尼采著；黄明嘉译. —上海：华东师范大学出版社,2025. —(尼采全集:注疏版).
ISBN 978-7-5760-6037-9

Ⅰ.B516.47
中国版本图书馆 CIP 数据核字第 2025BM7704 号

华东师范大学出版社六点分社
企划人　倪为国

本书著作权、版式和装帧设计受世界版权公约和中华人民共和国著作权法保护

尼采全集·注疏版
快乐的科学

著　　者　[德]尼采
译　　者　黄明嘉
责任编辑　彭文曼
责任校对　王　旭
封面设计　卢晓红

出版发行　华东师范大学出版社
社　　址　上海市中山北路3663号　邮编　200062
网　　址　www.ecnupress.com.cn
电　　话　021-60821666　行政传真　021-62572105
客服电话　021-62865537　门市(邮购)电话　021-62869887
地　　址　上海市中山北路3663号华东师范大学校内先锋路口
网　　店　http://hdsdcbs.tmall.com

印刷者　上海景条印刷有限公司
开　　本　890×1240　1/32
插　　页　2
印　　张　14.75
字　　数　260千字
版　　次　2025年7月第1版
印　　次　2025年7月第1次
书　　号　ISBN 978-7-5760-6037-9
定　　价　99.80元

出版人　王焰

(如发现本版图书有印订质量问题,请寄本社客服中心调换或电话021-62865537联系)